高职高专经济管理类"十四五"规划
理论与实践结合型系列教材·物流专业

智慧供应链运营管理

ZHIHUI GONGYINGLIAN YUNYING GUANLI

主　编　阮喜珍
副主编　刘　烨　符入今

中国·武汉

内 容 简 介

本书根据现代智慧供应链运营管理实际工作的要求,以智慧供应链业务流程为主线,围绕岗位职业能力组织教学内容,充分考虑了高职教育突出技能性和实用性的特点和要求,努力做好"岗课赛证"一体化教学设计,使专业知识与思政内容高度契合互融,确保教学内容分布合理、详略得当。

本书适用于高职教育物资、物流、运输、营销管理、工商管理、连锁经营等专业供应链课程的教学,也适合作为经济管理人员特别是物流从业人员的岗位培训用书。

图书在版编目(CIP)数据

智慧供应链运营管理/阮喜珍主编.—武汉:华中科技大学出版社,2024.5
ISBN 978-7-5772-0474-1

Ⅰ.①智… Ⅱ.①阮… Ⅲ.①智能技术-应用-供应链管理-运营管理 Ⅳ.①F252.1-39

中国国家版本馆 CIP 数据核字(2024)第 102051 号

智慧供应链运营管理
Zhihui Gongyinglian Yunying Guanli

阮喜珍　主编

策划编辑：聂亚文
责任编辑：黄　军
封面设计：孢　子
责任校对：张汇娟
责任监印：周治超

出版发行：华中科技大学出版社(中国·武汉)　　电话：(027)81321913
　　　　　武汉市东湖新技术开发区华工科技园　　邮编：430223
录　　排：武汉创易图文工作室
印　　刷：武汉科源印刷设计有限公司
开　　本：787mm×1092mm　1/16
印　　张：17.25
字　　数：442千字
版　　次：2024年5月第1版第1次印刷
定　　价：49.80元

本书若有印装质量问题,请向出版社营销中心调换
全国免费服务热线：400-6679-118　　竭诚为您服务
版权所有　侵权必究

序言

"智慧供应链运营管理"这门课是国家级高等职业教育现代物流管理专业标准新修订版中出现的新课程,也是高职高专现代物流专业的核心课程。物流专业教学模式改革正高歌猛进,特别是产教融合、工学结合的教学模式的推广和项目教学方式的采用,对教学内容选择、教材编写、教学方法设计提出了新的挑战;为了提高学生的实操能力,各个层面的物流竞赛如火如荼,思政教育的重要性越来越突出;随着物流科学技术的不断发展,传统的物流模式及物流技术不能满足发展的需要,智慧物流的兴起对物流供应链的内容提出了新的要求,尤其是基于大数据和物联网智慧供应链的萌芽,以及柔性供应链和敏捷供应链的出现,供应链不断得到创新性发展。为了适应物流领域教学和技术发展提出的现实要求,加之智能物流设备的使用、"1+X"考证、物流管理专业新标准执行、网络教学和学习的需要,我们编写了《智慧供应链运营管理》一书来填补智慧供应链运营管理领域高职高专教材的空白,以尽快满足教学的需要和广大物流工作者学习、培训的需要,为物流的发展提供更多的智力支持,为社会创造良好的效益。

本书在教材结构上,体现了继承与创新相结合的原则;在知识结构上,做到理论知识与实践经验紧密结合,专业知识与思政内容高度契合互融;在内容上,一是突出智慧物流供应链,二是增加思政内容,三是做到"岗课赛证"一体化教学设计,克服已有教材内容陈旧而不能满足智慧供应链发展需要的弊端,对教学内容进行科学组合,做到分布合理、详略得当。本书采用了满足项目教学需要的内容体系,每个项目中都有思政板块和小的实训项目,项目末尾都有1~2个大的实训项目。

考虑到高职教育突出技能性和实用性的特点和要求,本书围绕智慧供应链运营管理实务操作的相关知识和技能要求进行编写,主要有以下几个特点:采用通俗易懂的语言,既注重理论与方法的系统介绍,又穿插一些小案例、知识链接和小思考,增强趣味性;着重介绍怎么做、如何做,注重案例和图表的运用,力求通俗易懂;每个项目均以相关案例引入,后面附有思考题、技能训练和案例分析;为了满足思政教育的需要,本书设置了思政目标,把思政教育高度融合至专业教学内容之中。

本书根据现代供应链管理实际工作的要求,以工作任务为核心,以智慧供应链业务流程为主线,围绕岗位职业能力设置能力模块;以理论与实践一体化教学为指导,以工作情景为导向设置项目、组织教学内容。本书按照智慧供应链及运营管理概述、供应链运营管理战略、智慧供应链运营管理方法、智慧供应链环境下企业的生产运作、供应链管理中信息技术的运用、智慧供应链的组织结构与流程重构、供应链的设计与构建、供应链成本分析与控制、智慧供应链绩效评价与激励机制、智慧供应链的创新这十个能力模块组织教学内容,并设计了十个综合项目。本书适用于高职教育物资、物流、运输、营销管理、工商管理、连锁经营等专业供应链课程的教学,也适合作为经济管理人员特别是物流从业人员的岗位培训用书。

本书由武汉职业技术学院的阮喜珍教授主编。在本书的编写过程中,我们参考和引用了许多学者的研究成果,在此谨向有关作者表示诚挚的谢意!在本书的出版过程中,我们得到了华中科技大学出版社的领导和编辑的大力支持以及同行专家和相关合作企业的关心、帮助和指导,在此一并表示感谢!

由于编者水平有限,本书难免存在缺点和不足,恳请读者批评指正。

编写组
2024 年 3 月

目录

项目1 智慧供应链及运营管理概述 /1
 任务1.1 认识供应链 /2
 任务1.2 智慧供应链概述 /6
 任务1.3 供应链管理概述 /12

项目2 供应链运营管理战略 /30
 任务2.1 供应链管理战略 /31
 任务2.2 供应链管理战略规划 /41
 任务2.3 供应链管理战略的一体化 /44
 任务2.4 供应链战略联盟 /49
 任务2.5 选择供应链合作伙伴 /55

项目3 智慧供应链运营管理方法 /63
 任务3.1 快速反应方法（QR）的实施 /64
 任务3.2 有效顾客响应方法（ECR）的系统构建 /68
 任务3.3 企业资源计划（ERP） /75
 任务3.4 智慧供应链管理方法 /83

项目4 智慧供应链环境下企业的生产运作 /92
 任务4.1 供应链管理环境下的生产计划与控制 /93
 任务4.2 基于供应链的采购管理 /98
 任务4.3 基于供应链的库存管理 /103
 任务4.4 供应链配送管理 /111
 任务4.5 供应链环境下的营销管理 /116

项目5 供应链管理中信息技术的运用 /124
 任务5.1 供应链管理与信息系统 /125
 任务5.2 供应链管理应用系统 /130
 任务5.3 制造业供应链管理信息系统 /139
 任务5.4 零售业供应链管理信息系统 /145
 任务5.5 基于大数据的智慧供应链 /149
 任务5.6 基于物联网的智慧供应链 /156

任务5.7　敏捷供应链　/158

项目6　智慧供应链的组织结构与流程重构　/167
　　任务6.1　传统企业的组织结构与业务流程　/168
　　任务6.2　基于业务流程重组(BPR)的企业组织结构　/171
　　任务6.3　供应链管理环境下的企业组织与业务流程　/176

项目7　供应链的设计与构建　/186
　　任务7.1　供应链设计的基本问题　/187
　　任务7.2　供应链的构建　/193

项目8　供应链成本分析与控制　/204
　　任务8.1　供应链成本及供应链成本管理　/205
　　任务8.2　供应链成本控制的方法　/210

项目9　智慧供应链绩效评价与激励机制　/226
　　任务9.1　供应链绩效评价　/227
　　任务9.2　供应链绩效评价指标体系　/235
　　任务9.3　标杆管理和供应链绩效报告　/239
　　任务9.4　供应链激励机制　/244

项目10　智慧供应链的创新　/250
　　任务10.1　智慧供应链创新应用环境　/251
　　任务10.2　中国智慧供应链的创新模式与发展趋势　/253

参考文献　/268

项目 1　智慧供应链及运营管理概述

· 思政目标 ·

◎培养互利互惠的思维方式；
◎树立相辅相成的竞争意识。

· 知识目标 ·

◎理解智慧供应链的概念及特征；
◎认识智慧供应链的类型及结构模型；
◎掌握智慧供应链运营管理的含义及内容；
◎了解智慧供应链管理的相关理论。

· 技能目标 ·

◎能用所学知识对供应链运营管理状况进行分析；
◎能结合企业具体情况提出供应链运营管理的一些改进措施；
◎能运用智慧供应链运营管理的相关理论分析实际问题。

 / 【引例】 /

宝钢塑身——供应链管理

　　十多年前，宝钢是中国最大的现代化钢铁联合企业，其供应链管理策略体现在如下两个方面。

　　第一，掌控上游资源。与鞍钢等老牌国企相比，宝钢全资拥有的"梅山矿业"每年只能提供 400 万吨原矿。而宝钢年产钢铁产品 2 000 万吨，需要铁矿石 3 000 万吨左右，占中国整个进口量的 1/5。这意味着，宝钢生产钢铁所需的原材料，绝大部分必须依靠进口。这一点使宝钢较早地考虑了原材料的供应问题，在采购上采取战略供应链方式，与多家上游企业建立长期稳定的合作关系。宝钢相继与巴西淡水河谷公司（CVRD）、澳大利亚哈默斯利公司、河南永城煤矿、河南平顶山煤矿等合资办矿，保证资源的长期稳定供给，并与多家矿山公司签订了长期供矿协议，与多家世界知名船东签订了长期运输协议，确保原料资源的稳定供应和运输能力保障。通过与上游企业的合作,宝钢获得了宝贵的资源,并把原材料成本波动限制在一个可控制的范围内。

第二,锁定下游市场。从2004年3月开始,宝钢为福特汽车在欧洲的生产厂提供钢板。这是该公司拓展海外市场后获得的一笔重要合同。在双方合作初期,福特汽车称,宝钢的试用品符合质量标准,其欧洲工厂将开始购买宝钢的产品,宝钢将提供不到5%的福特当年在欧洲所需碳钢板。在此之前,2003年6月,宝钢与一汽集团签订总体合作协议,双方约定在钢材供应、钢材使用技术开发、钢材加工、物流管理等方面实现进一步的全方位合作。宝钢在长春直接管理一汽的钢板仓库,并再建一个钢材加工中心,在沈阳建立一个配送中心,对钢材进一步加工、切割后,为一汽的客户提供配送服务。同年7月,宝钢又与上汽集团签订总体合作协议,双方宣布共同打造有竞争力的供应链,应对经济全球化所带来的激烈竞争。在此之前,双方的合作已经有15年的历史。11月,宝钢又一次在中国汽车版图上落子,与东风汽车在武汉签署总体合作协议。宝钢闪电般地与三大汽车生产商结为战略同盟,令竞争对手与合作伙伴都有些应接不暇。宝钢集团时任董事长兼总经理谢企华对此的评价是:这只是从原来产业链上下游的销售关系,扩展成相互支持的战略合作伙伴关系。结盟使得宝钢供应链的末端得到大大延伸。

宝钢供应链运营管理从侧重内部资源的管理和协调转向外部资源的整合和利用,从企业内部业务集成转向企业间的业务协同,将整个生产系统打造成供应链躯干,并通过互联网开展电子商务,达到集成、敏捷和互动的效果,这一系统的理念是"以客户需求为中心,构建高效、快速响应的供应链系统"。宝钢供应链中有五大系统:企业决策支持系统;应用模型技术、专家系统;客户关系管理系统;供应商关系管理系统;电子商务平台。其中,宝钢股份的"宝钢在线"电子商务平台,构建了企业与外部业务单位之间高效便捷的信息沟通渠道。

【分析】当今企业间的竞争,已超越技术、成本和管理等专业领域的单项角逐,而是包括企业内部供应链优劣高下在内的综合竞争。

资料来源:http://wenku.baidu.com/view/610e4f03cc175527072208f2.html.

任务1.1 认识供应链

1.1.1 供应链的概念

对于供应链(Supply Chain),目前尚未形成统一的定义,许多学者从不同的角度给出了许多不同的定义。早期的观点认为,供应链是制造企业中的一个内部过程,它是指把从企业外部采购的原材料和零部件,通过生产转换和销售等活动,再传递到零售商和用户的一个过程。传统的供应链概念局限于企业的内部操作层面,注重企业自身的资源利用。

而到了最近,供应链的概念更加注重围绕核心企业的网链关系,如核心企业与供应商、供应商的供应商乃至与一切前向的关系,与用户、用户的用户及一切后向的关系。此时,对供应链的认识形成了一个网链的概念,像丰田、耐克、尼桑、麦当劳和苹果等公司的供应链管理都从网链的角度来实施。哈理森（Harrison）进而将供应链定义为"执行采购原材料,将它们转换为中间产品和成品,并且将成品销售到用户的功能网"。这个概念强调供应链的战略伙伴关系问题。

供应链是围绕核心企业,通过对信息流、物流、资金流的控制,从采购原材料开始,制成中间产品以及最终产品,最后由销售网络把产品送到消费者手中的将供应商、制造商、分销商、零售商直到最终用户连成一个整体的功能网链结构。它不仅是一条连接从供应商到用户的物流链、信息链、资金链,而且是一条增值链,物料在供应链上因加工、包装、运输等过程而增加其价值,给相关企业带来收益。形象一点,我们可以把供应链描绘成一棵枝繁叶茂的大树:生产企业构成树根;独家代理商则是主干;分销商是树枝和树梢;满树的绿叶红花是最终用户。在根与主干、主干与枝的一个个节点,蕴藏着一次次的流通,遍体相通的脉络便是信息管理系统。

供应链上各企业之间的关系与生物学中的食物链类似。在"草—兔子—狼—狮子"这样一个简单的食物链中（为便于论述,假设在这一自然环境中只存在这四种生物）,如果我们把兔子全部杀掉,那么草就会疯长起来,狼也会因兔子的灭绝而饿死,连最厉害的狮子也会因狼的死亡而慢慢饿死。可见,食物链中的每一种生物之间是相互依存的,破坏食物链中的任何一种生物,势必导致这条食物链失去平衡,最终破坏人类赖以生存的生态环境。

同样的道理,在供应链"企业 A—企业 B—企业 C"中,企业 A 是企业 B 的原材料供应商,企业 C 是企业 B 的产品销售商。如果企业 B 忽视了供应链中各要素的相互依存关系,过分注重自身的内部发展,生产产品的能力不断提高,但企业 A 不能及时向它提供生产所需的原材料,或者企业 C 的销售能力跟不上企业 B 产品生产能力的发展,那么我们可以得出这样的结论:企业 B 生产能力的发展不适应这条供应链的整体效率。

1.1.2 供应链的类型

供应链总体上可分为内部供应链和外部供应链。内部供应链是指企业内部产品生产和流通过程中所涉及的采购部门、生产部门、仓储部门、销售部门等组成的供需网络。外部供应链则是指发生在企业外部的,与企业相关的产品生产和流通过程中涉及的原材料供应商、生产厂商、储运商、零售商以及最终消费者组成的供需网络。内部供应链和外部供应链二者共同组成了企业产品从原材料到成品再到消费者的供应链。可以说,内部供应链是外部供应链的缩小化。如对于制造厂商,其采购部门就可看作内部供应链中的供应商。它们的区别只在于外部供应链范围大,涉及企业众多,企业间的协调更困难。

按照供应链驱动力的来源,供应链可以分为推动式供应链、拉动式供应链和推拉结合式供应链。

1. 推动式供应链

推动式供应链的运作以产品为中心,以生产制造商为驱动原点,这种传统的推动式供应链管理是以生产为中心,通过尽量提高生产率、降低单件产品成本来获得利润。通常,生产企业根据自己的 MRPII/ERP 计划从供应商处购买原材料,生产出产品,并将产品经过各种渠道（如分销商、批发商、零售商）一直推至客户端。在这种供应链上,生产商是核心或关键成员,对整个供应链起主导作用,其他环节如流通领域的企业则处于从属的地位。这种供应链方式的运作和实施相对较为容易。然而,由于生产商在供应链上远离客户,对客户的需求远不如流通领域的零售商和分销商了解得清楚,这种供应链上企业之间的集成度较低,反应速度慢,在对客户需求缺乏了解的情况下生产出的产品和驱动供应链运作的方向往往是无法匹配和满足客户需求的。

同时,由于无法掌握供应链下游特别是最末端的客户需求,一旦下游有微小的需求变化,反映到上游时这种变化将被逐级放大,这种效应被称为"牛鞭效应"。为了应对这种"牛鞭效应",适应下游特别是最终端客户需求的变化,在供应链的每个节点上,都必须采取提高安全库存量的办法,储备较多的库存来应付需求变动。因此,整个供应链上的库存较高,响应客户需求变化较慢。传统的供应链管理几乎都属于推动式的供应链管理,其结构原理如图1-1所示。

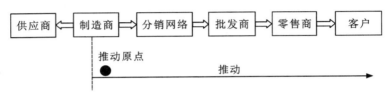

图 1-1 推动式供应链的结构原理

【知识链接 1-1】

供应链中的"牛鞭效应"

供应链有很多种,比如纺织供应链、机械制造供应链、IC供应链、食品供应链、IT供应链等。但是在这么多不同的供应链底下,不管你的企业属于哪一类供应链,有一个问题你一定要去解决,即"Bullwhip Effect",翻译成"牛鞭效应"。一条鞭子,你稍微一甩,尖的那个地方的波动就会比较大。市场是消费者的天下,当市场发生微小的变化时,你就可以看到,越往上游走,发生的变化越大,这是一个非常典型的"牛鞭效应"。2000年,某国际知名网络厂商曾经发表过一篇文章,称其因为这个效应一年就损失了20亿美元。至于上述现象产生的原因,我们通过一个简单例子就可以说明。假如一生产商需要100个产品,该生产商可能给三家外包商各下100个产品的订单,看他们谁先做完。等到哪一家做完了,就把另外两家的订单取消掉,这是一般的做法,因为要保护自己,库存压力就可以转嫁给供货商。这样,供货商们总共拿到300个产品的订单,而实际需要的只有100个产品的订单。供货商们拿到这300个产品的订单之后,也是用同样的做法,又找他们上一层的供货商,各给他们300个产品的订单。越往上游走,订单数目就越大。虽然实际上真正需要的只是100个产品的订单,到了第三层以上时,就变成大约10 000个产品的订单,这是可怕的放大效应。

2.拉动式供应链

拉动式供应链管理的理念是以顾客为中心,通过掌握市场和客户的实际需求以及对其需求的预测来拉动产品的生产和相关服务的提供。因此,这种供应链的运作方式和管理被称为拉动式的供应链管理。这种运作和管理需要整个供应链能够更快地跟踪,甚至超前于客户和市场的需求,来提高整个供应链上的产品和资金流通的效率,减少流通过程中不必要的浪费,降低成本,提高市场的适应力。特别是对下游的流通和零售行业,这种运作和管理更是要求供应链上的成员间有更强的信息共享、协同、响应和适应能力。例如,目前发达国家采用"协同规划、预测与补货"(CPFR)策略和系统,来实现对供应链下游成员需求拉动的快速响应,使信息获取更及时,信息集成和共享度更高,数据交换更迅速,缓冲库存量及整个供应链上的库存总量更低,获利能力更强,等等。拉动式供应链虽然整体绩效表现出色,但对供应链上企业的管理水平和信息化程度要求较高,对整个供应链的集成和协同运作的技术、基础设施要求也较高。

以计算机公司为例,其对计算机市场的预测和计算机的订单是企业一切业务活动的拉动点,生产装配、采购等的计划安排和运作都是以其为依据和基础进行的,这种典型的面向订单的生产运作可以明显地减少库存积压,满足个性化的特殊配置需求,并加快资金周转。然而,这种供应链的运作和实施相对较难。其结构原理如图1-2所示。

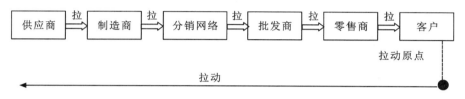

图 1-2　拉动式供应链的结构原理

拉动式供应链运作模式的驱动力来源于最终用户,这种供应链运作模式的集成度较高,信息交换迅速,可以根据用户的需求来实现定制化服务,因此整个供应链上的库存量较低。拉动式供应链运作模式的核心是通过订单式生产(Make to Order,MTO)方式或以销定产来应对不断变化的市场,提前将不确定需求转化为确定性需求。相比推动式供应链,拉动式供应链的优点在于减少商品无序流转,促进商品实现按需生产;另一个优点就是可以降低企业库存。但是,拉动式供应链运作模式对企业的市场把握能力、供应链成员之间在业务流程上的配合度要求高。推动式供应链相对容易实施,但容易导致大量的库存。

至于如何选择供应链运作模式,有哪些影响因素,这跟企业的管理文化、管理能力、产品本身特性及供应链核心企业对市场需求的预测能力是相关的。

3. 推拉结合式供应链

拉动式供应链有着特殊的优势,但如果生产所需要的零部件、原材料也采取这种模式,整个产成品生产制造的时间过长,供应链对市场的响应速度也会变慢,且不容易形成规模经济。所以,需要将拉动式和推动式结合起来形成混合式的供应链模式,即推拉结合式供应链运作模式。推动部分与拉动部分的接口处被称为"推拉边界点"(也称"切入点")。在推拉边界点之前,是推动式的大规模通用化半成品生产阶段,有利于形成规模经济;生产按预测进行,中间产品生产出来后就保持"中间的"这种状态。在推拉边界点之后,也就是收到客户订单后,根据订单将半成品加工成最终产品,实现快速有效的客户反应。因此,切入点之前是推动式的通用化生产阶段,切入点之后是拉动式的差别化定制阶段。推拉结合式供应链的结构原理如图1-3所示。

但在一个企业内部,对于有些业务流程来说,有时推动式和拉动式方式共存。如戴尔计算机公司的PC生产线,既有推动式运作又有拉动式运作,其PC装配的起点就是推和拉的分界线,在装配之前的所有流程都是推动式流程,而装配和其后的所有流程是拉动式流程,完全取决于客户订单。这种推拉共存的运作对制定有关供应链设计的战略决策非常有用。例如,供

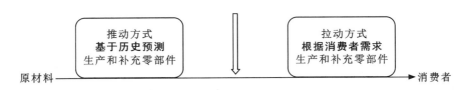

图 1-3　推拉结合式供应链的结构原理

应链管理中的延迟生产策略就很好地体现了这一点。企业在采取延迟生产策略时,通过对产品设计流程的改进,使推和拉的边界尽可能后延,便可有效地解决大规模生产与大规模个性定制之间的矛盾,在充分利用规模经济的同时实现大批量客户化生产。

除了上述类型划分之外,还可以对供应链进行如下的划分。

根据供应链存在的稳定性划分,可以将供应链分为稳定的供应链和动态的供应链。基于相对稳定、单一的市场需求而组成的供应链稳定性较强,而基于相对频繁变化、复杂的需求而组成的供应链动态性较高。在实际管理运作中,需要根据不断变化的需求,相应地改变供应链的组成。

根据供应链容量与用户需求的关系,可以将供应链划分为平衡的供应链和倾斜的供应链。一个供应链具有一定的、相对稳定的设备容量和生产能力(所有节点企业能力的综合,包括供应商、制造商、运输商、分销商、零售商等),但用户需求处于不断变化的过程中,当供应链的容量能满足用户需求时,供应链处于平衡状态;而当市场变化加剧,造成供应链成本增加、库存增加、浪费增加等现象时,企业不是在最优状态下运作,供应链则处于倾斜状态。平衡的供应链可以实现各主要职能(采购/低采购成本、生产/规模效益、分销/低运输成本、市场/产品多样化、财务/资金运转快)之间的均衡。

根据供应链的功能模式(物理功能和市场中介功能),可以把供应链划分为两种:效率型供应链(Efficient Supply Chain)和反应型供应链(Responsive Supply Chain)。效率型供应链主要体现供应链的物理功能,即以最低的成本将原材料转化成零部件、半成品、产品,以及在供应链中的运输等;反应型供应链主要体现供应链的市场中介功能,即把产品分配到满足用户需求的市场,对未预知的需求做出快速反应等。

任务 1.2　智慧供应链概述

1.2.1　智慧供应链的基本理论

1.智慧供应链的概念

"智慧供应链"是结合物联网技术与现代供应链管理的理论、方法和技术,在企业中和企业间构建的,实现供应链的智能化、网络化和自动化的技术与管理综合集成系统。这一概念由复旦大学罗钢博士后在 2009 年上海市信息化与工业化融合会议上首先提出,经过了如下四个发展阶段:传统供应链管理阶段;技术与管理结合阶段;技术与管理融合阶段;智慧供应链阶段

（技术与管理的综合集成阶段）。

智慧供应链利用技术手段促进供应链各个环节在信息流、物流和资金流方面实现对接，尽量减少因信息不对称而导致的运营和管理上的问题，最终从根本上解决供应链的成本和效率问题。智慧供应链可以有效缩短企业的市场响应时间，尽量在有效降低资源消耗的基础上不断提高其产品质量。随着传统供应链的发展，技术的渗透性日益增强，很多供应链已经倾向于具备信息化、数字化、网络化、集成化、智能化、柔性化、敏捷化、可视化、自动化等先进技术特征。在此基础上，智慧供应链将技术和管理进行综合集成，从而成系统地指导现代供应链管理与运营的实践。

2. 智慧供应链的特点

与传统供应链相比，智慧供应链具备以下特点。

第一，技术的渗透性更强。在智慧供应链的语境下，供应链管理和运营者会主动系统地吸收包括物联网、互联网、人工智能等在内的各种现代技术，在管理过程中努力适应新技术带来的变化。

第二，可视化、移动化特征更加明显。智慧供应链更倾向于使用可视化的手段来表现数据，采用移动化的手段来访问数据。

第三，更人性化。在主动吸收物联网、互联网、人工智能等技术的同时，智慧供应链更加系统地考虑问题，考虑人机系统的协调性，实现人性化的技术和管理系统。

3. 打造智慧供应链的意义

打造智慧供应链的意义可以从四个层面来认识。

第一，随着中国经济进入高质量发展时期，智慧供应链能够帮助打造创新、高效、绿色的供应链，在各行各业实现供应链的高质量发展，为经济提质增效贡献力量。

第二，全球科技正在向智能化方向发展，供应链的智慧化、智能化发展能够为新兴技术的应用提供新的场景驱动。

第三，从产业发展层面来看，国家及各省份都在大力推进现代服务业发展，并积极推进先进制造业和现代服务业融合发展。智慧供应链依托互联网、工业互联网、云计算等信息技术，能为制造业供应链带来广泛变革与创新，有助于推进"两业"融合。

第四，随着中国城乡居民收入的增长，中国已进入新消费时代，个性化消费、多元化消费、定制化消费、体验式消费已成为新趋势。新消费时代呼吁传统供应链的改进，智慧供应链有效连接供需双方，将提升消费体验，推进产业链、价值链重构。

4. 供应链智慧化升级的策略与路径

1）柔性供应链

柔性供应链指的是能够对客户个性化需求做出迅速反应的供应链。伴随着零售领域不断出现的新趋势和新要求，企业开启柔性供应链变革，核心是打破传统的批量化流水线式生产，构建网络化生产方式，更灵活地应对市场需求。服装、鞋包、钢铁、电子、原材料等各行各业都在构建柔性供应链，打造柔性供应链需要企业做到以下几点：

（1）完善工厂系统，使用智能系统自动采集作业时间、传递工序工艺、协同安排订单生产，在生产端实现小批量、大单、单件个性化定制共线生产；

（2）使用大数据技术来预测市场需求趋势，对海量数据进行分析建模，调节生产规模，实现碎片化订单集中化生产；

（3）在企业外部，对供应区域进行划分，根据时限与区域选择供应商。

2）敏捷供应链

敏捷供应链指的是围绕核心企业，控制资金流、物流、信息流，整合供应商、分销商、制造商、零售商和消费者，建立统一的、无缝化程度高的功能网络链条，打造动态战略联盟。敏捷供应链模式可以分为基于订单需求和基于流程优化两种。

打造敏捷供应链，企业可采取以下措施：提高生产制造系统的敏捷性；提高市场响应的敏捷性；提高物流系统的敏捷性；提高产品供应的敏捷性；提高信息系统的敏捷性；建立供应链敏捷性评价体系。

3）大数据供应链

信息技术为对海量数据的存储、分析与运用提供了可能性，在供应链管理过程中，借助先进的技术手段与管理工具，对商品、信息、资金流动过程中产生的数据进行及时、有效的处理和分析，能够促进企业之间的合作与配合。

企业可以通过在供应链管理中使用大数据来升级现有的供应链管理模式，充分挖掘、利用供应链中大数据的价值。

4）物联网供应链

在供应链的生产、仓储、配送、分销、运输、零售等环节，物联网技术发挥着重要作用。物联网技术对供应链智慧化改造升级的作用主要体现在物流领域。使用物联网技术，可以帮助物流企业实现对物品的实时追踪监控和管理，与商品有关联的主体能够即时地共享信息和数据，极大地提高了信息流动效率，避免了信息失真的问题。

【案例分析1-1】

智慧供应链在招商银行中的应用

智慧供应链是当前招商银行集最丰富的供应链金融产品、智能化的IT系统、专业化的定制解决方案于一体的供应链金融服务体系。2013年9月，招商银行在北京发布"智慧供应链金融平台"，致力于为企业的供应链管理提供供应链核心信息和专业化、定制化的金融服务。此后，招商银行"智慧供应链金融"取得了多个奖项并获得政府及业内专家的一致认可：2013年12月，中金在线为招商银行颁发"2013年度中金在线财经排行榜最佳供应链金融银行"；2014年6月，工信部中国电子商务创新推进联盟为招商银行颁发"首届在线供应链金融创新大奖"；2014年8月，招商银行获得《首席财务官》杂志评选的第八届中国CFO最信赖银行"最佳供应链金融"单项奖。中央网信办信息化发展局副局长董宝青评论道："招商银行这种新锐先锋创新型银行，力推在线供应链金融，在线供应链金融的成绩非常显著，增长很快"，"数字化、网络化、自动化、智能化，然后是'智慧化'，招商银行不仅在理念上领先，在行动上领先，更在结果上领先，占据了在线供应链市场的先机和份额"。

招商银行的智慧供应链在传统产品的基础上,实现"参数化"产品创新,聚焦跨境金融、在线融资等创新趋势,建立了更全面的产品体系;系统方面,融合大数据和互联网技术,开发了当前行业内最具领先优势的"智慧供应链系统";定制方案方面,按国家政策导向和实体经济需求,定制最贴合行业特征的综合金融解决方案。具体来说,招商银行的智慧供应链具备以下三大技术特点。

(1)参数化的产品创新。智慧供应链金融创新丰富了产品创新模式,将传统境内供应链产品与跨境产品相融合,形成一体化的产品体系;从线下操作转变为线上全流程运行,将原本简单的订单融资、保理融资、存货融资、预付款融资等基础产品,通过参数化定制打造成为涵盖贸易全流程的特色供应链金融产品,如内外贸信用转递产品、账权—货权组合融资产品、流量融资产品、线上自助融资产品等,构建了更为全面的供应链金融产品体系。

(2)智慧化的供应链金融系统支持。智慧供应链系统利用大数据、云计算、互联网整合了行内的会计核算系统、信贷系统、CRM系统,同时获取外部信息源(期货市场、大宗商品交易市场、海关等)、核心企业、融资客户(通过网上银行对接),从而实现融资网上申请、在线审批、即时放款、贷后自动监测预警等多项功能,形成了业务的全流程在线处理。智慧供应链系统在设计和开发过程中融合了当前最新供应链金融市场需求和大数据的创新理念,是集产品创新、信息管理、线上融资和业务监控于一体的全方位服务平台,为招商银行全面产品体系和行业定制方案提供了技术支持和实现路径。

(3)定制化的行业综合金融解决方案。国民经济各行业的生产交易模式差别巨大,甚至同一行业的细分领域也不完全相同,产业链条上各类企业的金融需求更是千差万别,传统的供应链金融产品不能完全贴合企业的金融需求,同时,在健康医疗等行业还存在着供应链金融服务的空白地带。招商银行定制化的行业综合金融解决方案为覆盖金融服务空白需求、个性化满足客户金融需要提供了契机。

【案例分析1-2】

京东——技术驱动,打造智慧供应链

作为大型电商企业,京东一直以来都重视物流配送。2015年,京东开始发展无人仓、无人机、无人车。到2017年,京东在全国范围内建设了7个"亚洲一号"智能物流中心,使用新兴技术来代替人工,实现货物存取、包装、入库及出库的全程自动化。京东与西安航天基地签订了合作协议,加大对人工智能和大数据技术的投资。

智慧物流从上到下可以分为三个部分:智慧化平台、数字化运营和智能化作业。其中,智慧化平台的运营起着主导作用,数字化运营带动智能化作业,智慧化平台发布的指令由智能化作业负责执行。为全面推进智慧供应链的构建,京东专门组建了聚焦智慧供应链创新和应用的Y事业部。

2017年,Y事业部发布了"Y—SMART SC"京东智慧供应链战略,把数据挖掘、人工智能、流程再造和技术驱动作为源动力,形成覆盖"商品、价格、计划、库存、协同"五大领域的智慧供应链解决方案。

京东在供应链管理服务的优化方面主要体现在两点:一是供应链技术的整体打造,包括对外赋能和输出;二是围绕零售最核心的供应链库存管理,提升周转、拉升现货率、降低滞销,优化这些关键指标。

京东打造智慧供应链取得了一系列成效。通过依托大数据、人工智能等技术,京东提高了补货环节的自动化、智能化水平,实现了自动化补货,替代了传统的人工劳动,优化了库存系统,提升了库存管理的精度。京东还积极建设人工智能平台,如YAIR零售人工智能算法平台,同时推出配套的应用产品,强化与合作企业之间的沟通互动关系,实现共同发展。

资料来源:https://zhuanlan.zhihu.com/p/424014280.

1.2.2 供应链的网链结构模型

按照供应链的定义,供应链的网链结构模型如图1-4所示。

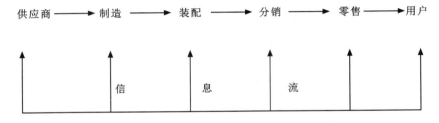

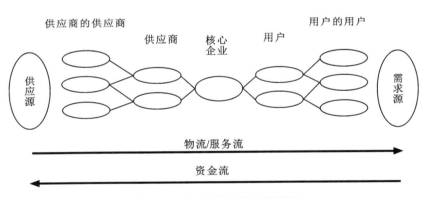

图1-4 供应链的网链结构模型

供应链由所有加盟的节点企业组成,其中一般有一个核心企业(可以是产品制造企业,也可以是大型零售企业,如美国的沃尔玛),节点企业在需求信息的驱动下,通过供应链的职能分工与合作(生产、分销、零售等),以资金流、物流/服务流为媒介,实现整个供应链的不断增值。为了有效指导供应链的设计,了解和掌握供应链结构模型是十分必要的,下文着重从企业间关系的角度考查供应链的几种拓扑结构模型。

1.供应链的链状模型Ⅰ

结合供应链的定义和结构模型,不难得出一个如图1-5所示的简单的供应链模型,我们称其为模型Ⅰ。模型Ⅰ清楚地表明,产品的最初来源是自然界,如矿山、油田、橡胶园等,最终去向是用户。产品因用户需求而生产,最终被用户所消费。产品从自然界到用户经历了供应商、制造商和分销商三级传递,并在传递过程中完成产品加工、产品装配形成等转换过程。被用户消费掉的最终产品仍回到自然界,完成物质循环。

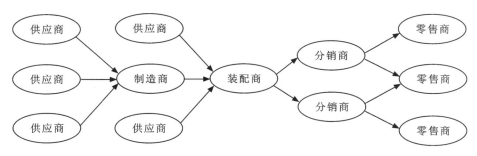

图 1-5　供应链的链状模型 I

2.供应链的链状模型 II

供应链的链状模型 II 如图 1-6 所示。其中字母的含义如下:A——自然界;B——供应商;C——制造商;D——分销商;E——用户。

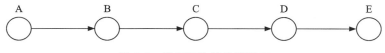

图 1-6　供应链的链状模型 II

在供应链上除了存在物流(产品流)和信息流外,还存在着资金流。物流的方向一般都是从供应商流向制造商,再流向分销商。在特殊情况下(如产品退货),产品在供应链上的流向与上述方向相反。但由于产品退货属非正常情况,退货的产品也非本书严格定义的产品,所以本书将不予考虑。我们依照物流的方向来定义供应链的方向,以确定供应商、制造商和分销商之间的顺序关系。模型 II 中的箭头方向即表示供应链的物流方向。在模型 II 中,定义 C 为制造商时,可以相应地认为 B 为一级供应商,A 为二级供应商,而且还可递归地定义三级供应商、四级供应商;同样地,可以认为 D 为一级分销商,E 为二级分销商,并递归地定义三级分销商、四级分销商。一般地讲,一个企业应尽可能考虑多级供应商或分销商,这样有利于从整体上了解供应链的运行状态。

3.供应链的模型 III:网状模型

事实上,在模型 II 中,C 的供应商可能不止一家,而是有 $B_1,B_2,\cdots,B_n$ 等 n 家,分销商也可能有 $D_1,D_2,\cdots,D_m$ 等 m 家。动态地考虑,C 也可能有 $C_1,C_2,\cdots,C_k$ 等 k 家,这样模型 II 就转变为一个网状模型,即供应链的模型 III(如图 1-7 所示)。网状模型更能说明现实世界中产品的复杂供应关系。在理论上,网状模型可以涵盖世界上所有厂家,把所有厂家都看成是模型上的一个节点,并认为这些节点之间存在着联系。当然,这些联系有强有弱,而且在不断地变化着。通常,一个厂家仅与有限个厂家相联系,但这不影响我们对供应链模型的理论设定。网状模型对供应关系的描述性很强,适合于对供应关系的宏观把握。

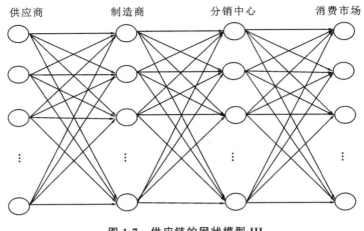

图 1-7 供应链的网状模型 Ⅲ

任务 1.3 供应链管理概述

1.3.1 供应链管理的基本理论

1. 供应链管理的含义

所谓供应链管理,就是为了满足顾客的需求,在从原材料到最终产品的过程中,为了获取有效的物资运输和储存、高质量的服务以及有效的相关信息所做的计划、操作和控制。

供应链管理的范围包括从最初的原材料到最终产品到达顾客手中的全过程,管理对象是在此过程中所有与物资流动及信息流动有关的活动和相互之间的关系。因此,它是一种集成的管理思想和方法。供应链系统的功能是,将顾客所需的产品在正确的时间按正确的数量和正确的质量及状态送到正确的地点(即"6R":Right Product;Right Time;Right Quantity;Right Quality;Right Status;Right Place),并且使总成本最小。

2. 供应链管理的内容

供应链管理研究的内容主要涉及四个领域:供应、生产作业、物流、需求。它是以各种技术为支撑,尤其以 Internet/Intranet 为依托,围绕供应、生产作业、物流(主要指制造过程)、满足顾客需求来实施的,如图 1-8 所示。供应链管理主要包括计划和合作控制从供应商到用户的物料(零部件和成品等)和信息。供应链管理的目标在于提高用户服务水平和降低总的交易成本,并且寻求这两个目标之间的平衡(这两个目标之间往往有冲突)。

3. 供应链管理的理念和目标

供应链管理的理念是指在供应链管理的过程中,构成网络的相关方应坚持的理念,主要包

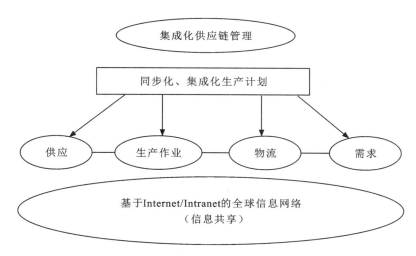

图1-8 供应链管理涉及的领域

括:面向顾客理念;双赢和多赢理念;管理手段、技术现代化的理念。

供应链管理的目标包括:根据市场需求的扩大,提供完整的产品组合;根据市场需求的多样化,缩短从生产到消费的周期;根据市场需求的不确定性,缩短供给市场与需求市场之间的距离;降低整体供应链的物流成本和费用,提高整体供应链的运作效率,增强整体供应链的竞争力。

4. 智慧供应链运营管理模式

1)智慧供应链网络优化

以数字化、集成化、个性化为特征的智慧供应链,对物流、信息流和资金流网络优化提出了更高的要求,以增强智慧供应链网络的柔性、弹性和鲁棒性。面对具有可视化、可感知、可调节功能的智慧供应链网络,可以应用智慧供应链网络动态管理机制、集成优化方法和仿真优化方法,提高智慧供应链网络自适应、自组织、自修复能力。

2)智慧供应链服务创新

智慧供应链增强了自我创造生态闭环和创新服务模式的能力,能够以全时空触客界面提供全方位服务,实现无界服务模式、协同服务模式等服务模式创新。在"客户画像"精度持续提高的前提下,智慧供应链管理可以依托数据、体验和平台等新型生产要素,以更加精准有效的个性化靶向服务提高客户满意度和忠诚度,增强智慧供应链竞争优势。

3)智慧供应链数据管理

数据管理是融合人类智慧与人工智能以提升供应链智能化水平的重要途径,通过数据采集、存储、管理、分析和使用的全过程管理,可以提高数据价值和价值增值能力。智慧供应链数据管理涵盖数据质量管理、数据价值管理、数据资产管理,覆盖供应链全员、全程、全链的生产环境和市场环境,有助于提升数据资源、数据资产在智慧供应链运营管理中的价值和作用。

4)智慧供应链协同运营

在智慧供应链管理环境中,供应链成员的信息、资源和能力得以充分整合,增强了智慧供应链成员之间协同运营的能力。借鉴信息物理系统(Cyber Physical Systems)和免疫诊断(Immunodiagnosis)思想,可以开展实时动态决策、柔性运营管理、自治弹性管理,以智能化决策管理、柔性管理和弹性管理提升智慧供应链协同运营能力。

1.3.2 供应链运营管理的相关理论

1. 价值链的含义

价值链(Value Chain),又名价值链分析、价值链模型等,是由哈佛大学商学院教授迈克尔·波特(Michael Porter)1985年在《竞争优势》一书中提出的。价值链是对增加一个企业的产品或服务的实用性或价值的一系列作业活动的描述。价值链在经济活动中是无处不在的,上下游关联的企业与企业之间存在行业价值链,企业内部各业务单元的联系构成了企业的价值链。价值链上的每一项价值活动都会对企业最终能够实现多大的价值造成影响。

【知识链接 1-2】

企业内部价值链和行业价值链

价值链包括价值生产活动的整个过程,而企业是价值生产过程整个系列中的一个部分。价值链包括企业内部价值链和行业价值链。

企业内部价值链由这个企业的所有价值活动构成。企业内部价值链分析可分为两部分:内部成本分析和内部差异价值分析。企业内部价值链成本分析的主要步骤有:找出创造企业价值的主要作业活动;对每一主要作业活动进行成本动因分析;在成本动因分析的基础上进行竞争优势分析。

行业价值链包含行业中所有的价值创造活动,它始于基本原材料而终止于产品运送给最终客户。企业外部价值链分析是一种产业分析,需要将某一企业的上游企业、下游企业和同行竞争者列出,并找出主要供应商(上游企业)及主要顾客(下游企业)进行成本与利润分析,最后决定良好的并购、外包、与供应商及顾客联盟合作等策略。

波特认为:"每一个企业都是在设计、生产、销售、发送和辅助其产品的过程中进行种种活动的集合体。所有这些活动可以用一个价值链来表明。"企业的价值创造是通过一系列活动实现的,这些活动可分为基本活动和辅助活动两类,基本活动包括内部后勤、生产作业、外部后勤、市场和销售、服务等,而辅助活动包括采购、技术开发、人力资源管理和企业基础设施等。这些互不相同但又相互关联的生产经营活动,构成了一个创造价值的动态过程,即价值链,如图1-9所示。

企业的基本增值活动,即一般意义上的"生产经营环节",包括材料供应、成品开发、生产运行、成品储运、市场营销和售后服务等。这些活动都与商品实体的加工流转直接相关。企业的辅助性增值活动,包括组织建设、人事管理、技术开发和采购管理等。这里的技术和采购都是广义上的。技术开发既包括生产性技术的开发管理,也可以包括非生产性技术的开发管理,例如决策技术、信息技术、计划技术;采购管理既包括生产原材料的管理,也包括其他资源投入的

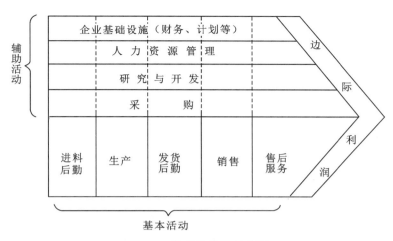

图 1-9 波特价值链示意图

管理,例如,聘请有关咨询公司为企业进行广告策划、市场预测、法律咨询、信息系统设计和长期战略规划等。

价值链的各环节之间相互关联,相互影响。一个环节经营管理的好坏可以影响到其他环节的成本和效益。比方说,如果多花一点成本采购高质量的原材料,生产过程中就可以减少工序,少出次品,缩短加工时间。

【知识链接 1-3】

价值链和供应链

价值链和供应链具有不同的定义、产生背景和发展历史。虽然两者涉及的活动范围相同,但价值链集中在价值的创造,供应链则注重产品的供应。

价值链管理依据价值链的理论,将企业的业务流程描绘成一个价值增值和价值创造的链状结构。价值链管理是一种基于协作的策略,即企业应该从总成本的角度考察其经营效果,而不是片面地追求诸如采购、生产和分销等功能的优化。总体而言,将价值链的概念应用于企业的经营管理中而形成的价值链管理具有以实现企业价值最大化为目标、以实现顾客价值最大化为原则、以系统论的观点为指导思想这三个基本特点。

2. 价值链分析的基本原理

价值链分析方法(Value Chain Analysis,VCA)视企业为一系列的输入、转换与输出的活动序列集合,每个活动都有可能相对于最终产品产生增值行为,从而增强企业的竞争地位。信息技术的应用和关键业务流程的优化是实现企业战略的关键。企业通过在价值链过程中灵活应用信息技术,发挥信息技术的使能作用、杠杆作用和乘数效应,可以增强企业的竞争能力。

对于企业价值链进行分析的目的在于明确企业运行的哪个环节可以提高客户价值或降低生产成本。对于任意一个价值增加行为,关键问题在于:①能否在降低成本的同时维持价值(收入)不变;②能否在提高价值的同时保持成本不变;③能否在降低工序投入的同时保持成本、收入不变;④更为重要的是,企业能否同时实现前三条。

价值链的框架是将从基础材料到最终用户的产品流转链条分解为独立工序,以理解成本行为和差异来源。通过分析每道工序系统的成本、收入和价值,业务部门可以获得成本差异和累计优势。价值链一旦建立起来,就会非常有助于准确地分析价值链各个环节所增加的价值。价值链的应用不仅仅局限于企业内部。随着互联网的应用和普及,市场竞争日益激烈,企业之间组成价值链联盟的趋势也越来越明显。企业更加关心自己核心能力的建设和发展,发展整个价值链中的一个环节,如研发、生产、物流等。

完整价值链是一个跨越公司边界的供应链中各节点企业所有相关作业的一系列组合。完整价值链分析就是核心企业将其自身的作业成本和成本动因信息与供应链中节点企业的作业成本和成本动因信息联系起来共同进行价值链分析。具体来说,完整价值链分析的步骤如下:

(1)把整个价值链分解为与战略相关的作业、成本、收入和资产,并把它们分配到有价值的作业中;

(2)确定引起价值变动的各项作业,并根据这些作业,分析形成作业成本及其差异的原因;

(3)分析整个价值链中各节点企业之间的关系,确定核心企业与顾客和供应商之间作业的相关性;

(4)利用分析结果,重新组合或改进价值链,以更好地控制成本动因,产生可持续的竞争优势,使价值链中各节点企业在激烈的市场竞争中获得优势。

总之,公司完整价值链分析对核心企业和节点企业之间关系的影响可以从以下两个方面表现出来。

(1)核心企业与节点企业之间的广泛联系。如核心企业对联盟供应商个体提供价值链中其他联盟企业的有关数据,与供应商就其成本结果与网络平均数的差异进行分析,并对供应商可能的作业过程及其改善、改善后的预期结果进行讨论,会增加供应商对相互之间意图、需要和过程的了解,加强价值链中各企业之间的相互影响和凝聚力。

(2)价值链中联盟企业间成本信息的客观透明。当供应链运营成本的变化结果变得透明时,联盟企业就可以自己判断实现价值链增值的可能性以及因提高利润而得到的正常利润分成,有利于核心企业和节点企业之间以及节点企业相互之间进行广泛联系、协商和决策,也有利于保证价值链中联盟企业的诚信。

3.价值链分析法的实施

在一条完整的价值链中,需要充分考虑价值链上顾客和供应商之间的相互依赖关系,使价值链上所有节点企业具有共同的价值取向,共同进行完整价值链分析。

供应链中作业的相互依赖是连续性的,前期发生的作业会影响后续发生的作业,而本身的作业并不受影响。也就是说,供应链上一层作业会影响供应链中下一层资源的消耗。因此,采用包括基准分析、战略分析和趋势分析在内的成本分析方法对供应链中的连续作业进行分析,研究供应链中影响作业成本的因素和作业之间的相互依赖水平,可以最终使公司利用分析结果帮助节点企业改进和管理作业,协调、控制公司与节点企业之间的关系,提高供应链运行效率,支持企业战略成本管理。

以作业成本计算原理为基础可以解决实施价值链分析中的一些会计系统问题。利用作业成本分析和成本动因的会计信息,可以优化、协调整个供应链的作业绩效。

【案例分析 1-3】

快递企业价值链分析

一般来说，快递企业核心业务的服务流程主要包括收件、分拣(包括分发处理和接收处理)、运输、派件等环节，它们构成了快递企业价值链的主要活动，为快递企业创造价值。根据通用的企业价值链模型，可以构建快递企业核心业务价值链，如图 1-10 所示。

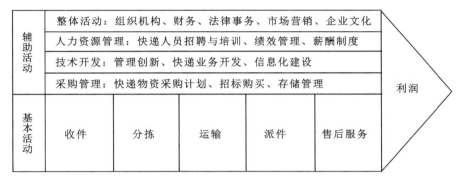

图 1-10　快递企业核心业务价值链

快递企业价值链基本活动包括如下几个方面。

(1) 收件：主要包括预约取件、收件准备、接收取件信息、验视快件、面单填写和快件包装等方面。

(2) 分拣：主要包括快件入仓、分拨、出仓、留仓件处理及快件操作信息上传等方面。

(3) 运输：是占快递成本最高的环节，也是快递作业活动中最重要的作业活动。

(4) 派件：作为快递服务流程中的最后环节，是快递企业服务质量的重要体现。

(5) 售后服务：是快递企业快递服务的延续，是保持或提高消费者可察觉收益的活动。

快递企业价值链辅助活动包括如下几个方面。

(1) 整体活动：包括组织机构、财务、法律事务、市场营销、企业文化等。

(2) 人力资源管理：包括人力资源计划、岗位人员配置、人员招聘、人员培训、绩效考核、薪酬制度等。

(3) 技术开发：包括管理创新、快递业务开发、信息化建设等。

(4) 采购管理：包括快递物资采购计划、招标购买、存储管理等，其中涉及办公设备、物流设施、包装物资等的采购。

1.3.3　核心竞争力

1. 核心竞争力的含义

随着经济全球化、信息化、知识化的迅猛发展，企业竞争已发展为基于产品开发设计、生产制造、配送与分销、销售与服务的跨时空价值链体系之间的整体竞争。企业的核心能力是某一组织内部一系列互补的技能和知识的组合,它具有使一项关键业务达到业界一流水平的能力,是能够提供企业竞争优势的知识体系。

现代企业的核心竞争力是一个以知识、创新为基本内核的企业某种关键资源或关键能力的组合,是能够使企业在一定时期内保持现实或潜在竞争优势的动态平衡系统。通俗地讲,核心竞争力就是一种独特的、别人难以靠简单模仿获得的能力,我们可以定义为企业借以在市场竞争中取得并扩大优势的决定性力量。例如,日本本田公司的引擎设计及制造能力、美国联邦航空公司追踪及控制全世界包裹运送的能力,都使它们在本行业及相关行业的竞争中立于不败之地。一家具有核心竞争力的公司,即使制造的产品看起来不怎么样,也能获得持久的发展。例如,美国万宝路公司生产极多相关性很低的产品,但它利用核心能力,使公司整体蓬勃发展,扩大了原来局限于香烟的竞争优势。

企业核心竞争力的表现形式多种多样,这些不同形式的核心能力存在于人、组织、环境、资产/设备等不同的载体之中。由于信息、专长、能力等在本质上仍是企业/组织内部的知识,而组织独特的价值观和文化属于组织的特有资源,所以,我们可以认为,企业的核心竞争力在本质上是企业特有的知识和资源。

2. 基于价值链的企业核心竞争力

竞争优势是竞争性市场中企业绩效的核心。竞争优势有两种基本形式:成本领先和差异化。竞争优势来源于企业在设计、生产、营销、交货等过程及辅助过程中所进行的许多相互分离的活动。这些活动中的每一种都对企业的相对成本地位有所贡献,并且奠定了差异化的基础。竞争者价值链之间的差异是竞争优势的关键来源,价值链作为一种战略性工具,在分析相对成本地位、差异化以获取竞争优势时作用重大。

【案例分析 1-4】

某钢铁公司基于价值链的核心竞争力分析

过去几年,钢铁工业的高速增长使得钢铁工业价值链和上下游产业链以及生态价值链之间表现出的矛盾越来越突出,产业链条之间出现了不协调的发展态势。

对于某钢铁公司来说,从内部看,资源消耗、废物排放量增大,资金流、信息流加大,原有管理体制和运行机制不适应千万吨级钢铁企业运行管理的要求;从外部看,采购、销售、物流量剧增,对国际市场的依存度提高,对上下游企业及社会的影响力增强,企业的价值空间增大。企业的核心能力以及对外部资源的整合能力不能有效支撑企业实现"做强"的战略目标。图 1-11 为该钢铁公司价值链分析示意图。

【分析】 该公司在行业内具有一定的规模经济优势,但在产品品种、地理位置、资源以及企业管理方面优势不明显。因此,应从战略高度优化资源配置,培育企业核心竞争力,实现可持续发展。具体措施如下:加强战略管理,进行战略定位;加强战略成本控制,提高成本优势;重构企业价值链系统;调整产品结构,提高差异化优势;加强客户关系管理,培养战略客户群;实施科技创新,提升企业核心竞争力。

人力资源管理	企业基础设施（总体管理、财务、会计、法律、质量管理、政府事务）				利
	招聘	培训	开发	薪酬	
技术开发	自动化技术、信息技术	机械设计及维修、工艺技术、产品开发	信息系统开发	市场研究、信用系统开发	用户应用技术研究
采购	运输服务	原材料、冶金备件、能源、机械设备	物资供应		润
	原材料进货检验、冶金备件进货检验、交货、仓储、库存控制管理、动力能源供应、进货材料搬运、半成品搬运	长流程：以铁矿石、煤炭为原料的高炉—转炉—热轧，其中包含高炉—烧结—焦炉还原—炼钢—精炼—连铸—再加热—热轧—成材 短流程：以废钢、电力为原料和能源的电炉炼钢—精炼—连铸—热轧—成材	订单处理、生产调度、产成品搬运、产成品库存管理	促销、销售队伍、报价及定价、销售渠道、客户管理、新产品、市场调研	质量异议处理
	内部后勤	生产经营	外部后勤	市场营销	服务

图 1-11 某钢铁公司价值链分析示意图

1.3.4 业务外包

1. 业务外包的概念

1990年，美国学者普拉哈拉德(C. K. Prahalad)和哈默尔(Gary Hamel)在其《企业核心能力》一文中正式提出"业务外包"的概念。根据他们的观点，所谓业务外包(Business Outsourcing)，指企业基于契约，将一些非核心的、辅助性的功能或业务外包给外部的专业化厂商，利用它们的专长和优势来提高企业的整体效率和竞争力。通过实施业务外包，企业不仅可以降低经营成本，集中资源发挥自己的核心优势，更好地满足客户需求，增强市场竞争力，而且可以充分利用外部资源，弥补自身能力的不足。同时，业务外包还能使企业保持管理与业务的灵活性和多样性。

业务外包是近些年发展起来的一种新的经营策略，即企业把内部业务的一部分承包给外部专门机构。其实质是企业重新定位，重新配置企业的各种资源，将资源集中于最能反映企业相对优势的领域，塑造和增强企业自己独特的、难以被其他企业模仿或替代的核心业务，构筑自己的竞争优势，获得可持续发展的能力。如波音(Boeing)——世界最大的飞机制造公司，却只生产座舱和翼尖；耐克(Nike)——全球最大的运动鞋制造公司，却从未完整生产过一双鞋；等等。业务外包的虚拟化合作方式，不仅使得企业产品生产的成本趋于降低、效率得到提高，而且还可以推动企业不断顺应市场需求嬗变的态势，降低风险，从而营造企业高度弹性化运行的竞争优势。

2. 业务外包的主要模式

根据不同的标准,可以将业务外包划分为不同种类,如部分外包和整体外包,各业务职能外包,以及利用中介服务的外包和无中介的外包等。

1) 根据业务活动的完整性划分

根据业务活动的完整性,可以将业务外包分为部分外包和整体外包。所谓部分外包,指企业根据需要将业务各组成部分分别外包给该领域的优秀服务供应商。如企业的人力资源部分外包,是指企业根据需要将劳资关系、员工聘用、培训和解聘等分别外包给不同的外部供应商。一般来说,部分外包的主要是与核心业务关联不大的辅助性活动,如临时性服务等。当企业的业务量突然增大,现有流程和资源不能完全满足业务的快速扩张时,可以通过部分外包,利用外部资源,不仅获得规模经济优势,提高工作效率,而且可以尽快解决企业业务活动的弹性需求。而整体外包时,企业将业务的所有流程,从计划、安排、执行以及业务分析全部外包,由外部供应商管理整个业务流程,并根据企业的需要进行调整。在这种外包模式下,企业必须与承包商签订合同,合约内容应包括产品质量、交货期、技术变动以及相关设备性能指标的要求。整体外包强调企业之间的长期合作,长期合作关系将在很大程度上抑制机会主义行为的产生,因为一次性的背叛和欺诈在长期合作中将导致针锋相对的报复和惩罚。实施机会主义行为的外包伙伴可能会失去相关业务,因此,这种合作关系会使因机会主义而产生的交易费用降到最低限度。

2) 根据业务职能划分

根据业务职能,可以将业务外包划分为生产外包、销售外包、供应外包、人力资源外包、信息技术服务外包以及研发外包等。业务外包理论强调企业专注于自己的核心能力部分,如果企业的某一业务职能不是市场上最有效率的,该业务职能又不属于企业的核心能力,那么就应该把它外包给外部效率更高的专业化厂商去做。根据核心能力观点,企业应集中有限资源强化其核心业务,对于其他非核心职能部门则应该实行外购或外包。

3) 根据合作伙伴间的组织形式划分

根据合作伙伴间的组织形式,可以将业务外包分为利用中介服务的外包和无中介的外包。在有中介的外包模式中,厂商和外包供应商并不直接接触,双方与中介服务组织签订契约,由中介服务机构去匹配交易信息,中介组织通过收取佣金获利。这种利用中介组织的外包模式可以大大降低厂商和外包供应商的搜索成本,提高交易的效率。如麦当劳在我国许多城市的员工雇佣就是采用这种模式。而在无中介的外包模式中,厂商和外包供应商可以借助于互联网进行,如美国CISCO(思科)公司将80%的产品生产和配送业务通过其"生产在线"网站实行外包,获得CISCO授权的供应商可以进入CISCO数据库,得到承包供货的信息。

3. 外包供应商的选择

在业务外包中,厂商和外部供应商之间实际上形成一种合作伙伴关系,外包供应商的表现在很大程度上影响制造商对市场的服务水平。因此,外包供应商的选择在制定业务外包策略中占有比较重要的位置,如何选择最为合适的供应商是企业管理者需要认真考虑的问题。而外包供应商的选择相当困难,一旦决策失误,企业就会面临更大的管理问题。一般来说,选择外包供应商时首先要有明确的目的——是获取资源,还是降低成本?目的不同,对外包供应商的选择依据也不同。当企业决定采用成本节约方案时,希望供应商低价也就不足为奇了。其次还要有科学的评价体系来评价潜在的外包供应商,如可以从投入品质量、成交价格、交货期限、技术能力、服务水平以及满足程度等方面对潜在的外包供应商进行考核。显然,外包供应商能力是企业评价和选择供应商的关键,一味追求低价可能会损害外包业务的质量,并最终影响企业的市场表现。

【案例分析 1-5】

某地产公司的业务外包

某地产公司多年来一直采取全产业链的发展模式,自主研发产品、自建房屋,后期的销售及物业管理也由公司下属的事业部全权负责,公司总部进行垂直管理。

随着公司的发展壮大,这种模式逐渐暴露出公司内务部门冗杂、管理成本过高等问题,并直接影响了该地产公司的扩张速度。为此,该公司将多个部门的业务进行了外包,以期达到节约成本、扩大公司规模的目的。然而在业务外包之后,一系列新问题又摆在了该地产公司董事长的面前。业务外包之前,在外地每开发一个项目,公司都要在当地成立项目组,从研发到建筑、销售、物业,每个环节都需要大量的员工支持,往往是直接从总部派遣中层领导对项目团队进行管理,基层员工则从当地进行招聘。而当这一项目结束后,除了物业部门还会长期履行职能之外,前期的相关部门人员经常会处于工作停滞的状态。

不断招聘带来的另一个后果则是成本的直线上升。公司的财务总监就曾多次大倒苦水,抱怨公司在成本控制上越来越吃力。而且很多建筑公司都在进行业务外包,效果很好。问题就是究竟将哪些业务部门分离出去。最终,公司的管理层做出决议,将设计部、产品推广部、物业部撤销,改为聘请外部团队负责原有各项职能,几个部门的大部分员工被解聘,部门领导被分散到其他部门担任相应的职务;公司下属的建筑公司股权 100% 转让给某建筑集团,基层员工全部平移到新公司;除了研发部、拿地部予以保留外,销售部由于工作业绩一直颇受认可,加上得到公司元老级人物、主管该部门的副总裁的力挺而暂时得以"幸存"。

实施业务外包之后没多久,新的状况就开始接踵而至,令该地产公司的领导层头痛不已。首先出现问题的是外包的物业。在将物业进行外包之后,其旗下的多个楼盘都出现了物业公司推卸责任的情况。业主反映的很多问题,都被物业公司委以"开发商之前遗留的问题"为借口而迟迟无法得到解决。不久前,其中一个楼盘的业主委员会甚至将新入驻的物业公司炒掉,此事经当地相关媒体曝光之后,给该地产的品牌也造成了不小的负面影响。

其次是新项目的设计问题。聘请的设计公司提供的设计方案数易其稿仍无法达到要求,将设计工作移交之后,外包单位应该根据公司提供的思路和需求及时、准确地做出设计方案,而设计方的代表也抱怨沟通不畅,思路传达不清晰,给设计工作带来难点。

【分析】企业实行业务外包可以从以下三点着手:一是对企业有一个清晰的定位,明确自己的核心竞争力和赢利点,并制定可供实施的策略;二是选择适合企业需求的外包业务供应商,这是业务外包成功的关键;三是外包的实施和管理。业务外包一般会减少企业对业务的监控。外包不是单纯卸包袱、降成本,而是要巩固和扩张自身核心能力,以建立竞争优势。

1.3.5 集成化智慧供应链运营管理

1. 集成化供应链管理的含义

跨企业的集成管理是智慧供应链管理的本质,对于由多个企业组成的供应链来说,其集成就是指链上的企业通过信息的协调和共享,紧密合作,优化供应链的整体绩效。根据上述分析,可将集成化供应链(Integrated Supply Chain,ISC)的概念概括如下:所谓集成化供应链,是指供应链的所有成员单位基于共同的目标而组成的一个"虚拟组织",组织内的成员通过信息的共享以及资金和物资等方面的协调与合作,优化组织目标,增强整条供应链的竞争力。

基于此,对集成化供应链管理(Integrated Supply Chain Management,ISCM)的内涵可描述如下:所谓集成化供应链管理,就是对整个集成化供应链进行管理,即对供应商、制造商、运输商、分销商、客户和最终消费者之间的物流、信息流和资金流进行计划、协调、控制等,使其成为一个无缝(Seam Less)的过程,实现集成化智慧供应链的整体目标。

集成化供应链示意图见图1-12。

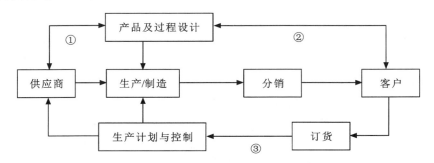

图1-12 集成化供应链示意图

在图1-12中,过程①是指合作设计,即供应商参与到设计过程中,这样可以避免由于设计不合理而造成供应商无法生产、供应商需要改变生产线才能满足总装厂的要求或生产成本提高等不必要的浪费;过程②是指用户驱动设计,即根据用户的需要对产品进行设计,这样可以使产品尽可能满足用户的需求,从而增加产品的竞争力;过程③是指订单驱动生产,即工厂根据用户的需求量进行生产,而不是盲目生产,这样可以避免库存积压及供不应求的现象。

小思考 1-1

【问题】珠海有一家电子公司,因为某些原因,公司资金短缺,企业运转出现困难,其供应商得到消息后就赶到厂里要钱,甚至威胁管理人员的生命。为何会出现这种情况?

【回答】如果企业与其供应商本来就是整个生命共同体,供应商想到的第一件事应该就是如何帮助其客户摆脱困境,而不是去讨债,使企业雪上加霜。未来企业面临的竞争不再是单个企业之间的竞争,而是供应链与供应链之间的竞争,因此,谁掌握了供应链,谁就掌握了未来的市场,谁就更加具有竞争能力。企业只有树立这样的意识,并逐步去建立起自己的有竞争力的供应链,才能立于不败之地。

2. 价值链驱动集成智慧供应链

对大部分企业而言,其竞争对手与自身有共同的供应商和客户群,企业与竞争对手在供应链层面上的竞争要求企业的供应链价值高于其竞争对手的供应链价值,因而企业必须从价值链思想出发关心其供应商和客户价值链的培养。因而,基于价值链的集成供应链管理就是将价值链的思想引入集成供应链管理,用价值链思想驱动集成供应链的流程和作业。具体来看,价值链驱动的集成供应链可以达到如下目的。

(1)筛选作业,确定供应链的价值构成,找出供应链中对价值没有贡献的作业即不增值作业,并采取措施将其消除。例如,根据JIT(Just in Time,即准时生产)安排生产和采购计划,消除存货积压,从而消除存货储存作业。

(2)改善作业,通过价值工程等方法确定供应链上各活动对供应链整体价值的贡献,并在此基础上提高增值作业的效率,使之成为增值高效作业。例如,改善供应商关系,提高反馈速度等。

(3)除改善各独立的作业外,协调所有作业,实现整条供应链的价值优化。对集成的供应链进行分析,以与产品相关的所有企业职能为中心,而不管这些职能是在同一部门发生,还是在一系列经济上相互独立的企业中发生。它侧重于供应链的整体效益,关注顾客的满意程度是否得到提高,从而为企业获得持续竞争优势提供思路。按照价值链的思想,在供应链中的各节点企业应保留为企业提供价值的活动,将那些不能提供价值、对企业而言也并不代表某种发展方向的业务进行外包。

【知识链接1-4】

通用汽车公司的集成化智慧供应链运营管理

通用汽车公司通过业务外包策略,把运输和物流业务外包给理斯维物流公司。理斯维负责将通用汽车公司的零部件运送到31个北美组装厂,通用汽车公司则集中力量于其核心业务——制造轿车和卡车。始于1991年的合作为通用汽车公司节约了大约10%的运输成本,缩短了18%的运输时间,裁减了一些不必要的物流职能部门,减少了整条供应链上的库存,并且在供应链运作中保持了高效的反应能力。理斯维在克里夫兰设有一个分销中心处理交叉复杂的运输路线,通过电子技术排列它与通用汽车公司各北美工厂的路线,这样可以动态地跟踪装运情况。理斯维的卫星系统可以保证运输路线组合的柔性化。如果一个供应商的装运落后于计划,理斯维可以迅速地调整运输路线的组合。理斯维采用的精细可视化技术保证了通用汽车公司生产线上的低库存水平。而通用汽车公司也具备了统一集成和协调的技术,它对各外包企业的管理控制就像管理自家内部的各部门一样熟练自如,表现出了高超的集成化管理水平。

● 基本训练

□ 知识题

1.1　阅读理解
1. 简述智慧供应链及供应链运营管理的含义。
2. 智慧供应链有哪些特点？
3. 简述价值链的含义。
4. 供应链结构模型有哪几种？
5. 供应链管理的运作方式有哪两种？

1.2　知识应用
1. 判断题

(1) 供应链管理的目标在于降低成本。（　　）

(2) 供应链是一种可增值的链条。（　　）

(3) 对于制造商而言，重要的合作伙伴应该是相对多的，且与之关系是密切的。（　　）

(4) 信息来源多样化是供应链管理环境下的主要特征。（　　）

(5) 企业所有业务活动都可以进行业务外包。（　　）

2. 选择题

(1) 拉动式供应链运作方式的核心是（　　）。

　　A. 供应商　　　　　B. 制造商　　　　　C. 分销商　　　　　D. 用户

(2) 推动式供应链运作方式的核心是（　　）。

　　A. 供应商　　　　　B. 制造商　　　　　C. 分销商　　　　　D. 零售商

(3) 供应链管理研究的内容主要涉及四个领域，分别是（　　）。

　　A. 供应、生产计划、物流、需求　　　　B. 制造、生产计划、物流、需求

　　C. 分销、生产计划、物流、需求　　　　D. 零售、生产计划、物流、需求

(4) 根据合作伙伴间的组织形式可以将业务外包分为（　　）。

　　A. 生产外包和销售外包

　　B. 供应外包和人力资源外包

　　C. 无中介的外包和利用中介服务的外包

　　D. 信息技术服务外包和研发外包

(5) 根据供应链存在的稳定性，可以将供应链划分为（　　）。

　　A. 稳定的供应链和动态的供应链　　　　B. 平衡的供应链和倾斜的供应链

　　C. 效率型供应链和反应型供应链　　　　D. 内部供应链和外部供应链

□ 技能题

实训内容：组织学生参观一家企业，要求学生就参观情况结合所学知识写一篇体会。

实训目的：供应链管理首先强调的是一种思想，在这种思想的指导下企业会采取一系列措施，让学生通过写体会来加强对供应链运营管理的理解。

实训要求：必须熟悉供应链管理的思想，然后在这种思想的指引下思考企业实行供应链管理必须采取哪些方法。

●综合案例

案例1　海尔的柔性供应链

有一个传统的民族工业制造企业,成立以来在相当长一段时间内保持了80%的年平均增长率,成长为一个业务遍及全球的国际化企业集团,其管理模式被收入欧盟商学院的管理案例库,其首脑被英国《金融时报》评为"全球30位最受欢迎的企业家"之一,这家企业就是海尔集团。海尔集团取得今天的业绩,和企业实行全面的信息化管理是分不开的。借助先进的信息技术,海尔发动了一场管理革命:以市场链为纽带,以订单信息流为中心,带动物流和资金流的运动。通过整合全球供应链资源和用户资源,海尔集团逐步向"零库存、零营运资本和(与用户)零距离"的终极目标迈进。

从生产规模看,海尔现有10 800多个产品品种,平均每天开发1.3个新产品,每天有5万台产品出库。海尔一年的资金运作进出达996亿元,平均每天需做2.76亿元、1 800多笔账的结算。随着业务的全球化扩展,海尔集团在全球有近1 000家分供方(其中世界500强企业44个),营销网络53 000多个,另外还拥有15个设计中心和3 000多名海外经理人。如此庞大的业务体系,依靠传统的金字塔式管理架构或者矩阵式模式很难维持正常运转,业务流程重组势在必行。

总结多年的管理经验,海尔探索出一套市场链管理模式。海尔认为,在新经济条件下,企业不能再把利润最大化当作目标,而应该以用户满意度的最大化、获取用户的忠诚度为目标。这就要求企业更多地贴近市场和用户。简单地说,市场链就是把外部市场效益内部化。过去,企业和市场之间有一条鸿沟,在企业内部,人员相互之间的关系也只是上下级关系或是同事关系。如果产品被客户投诉了,或者滞销了,最着急的是企业领导人。下面的员工可能也很着急,但是使不上劲。所以,海尔不仅让整个企业面对市场,而且让企业里的每一个员工都去面对市场。由此,海尔也把市场机制成功地导入企业的内部管理,把员工相互之间的同事关系和上下级关系转变为市场关系,形成内部的市场链机制。员工之间实施SST,即索赔、索酬、跳闸。如果你的产品和服务好,下道工序会给你报酬,否则会向你索赔或者"亮红牌"。

结合市场链模式,海尔集团对组织机构和业务流程进行了调整,把原来各事业部的财务、采购、销售业务全部分离出来,整合成商流推进本部、物流推进本部、资金流推进本部,实行全集团统一营销、采购、结算;把原来的职能管理资源整合成创新订单支持流程(3R,即研发、人力资源、客户管理)和基础支持流程(3T,即全面预算、全面设备管理、全面质量管理),在理顺3R和3T流程的基础上,相应成立独立经营的服务公司。

组织机构和业务流程整合后,海尔集团商流本部和海外推进本部负责搭建全球的营销网络,从全球的用户资源中获取订单;产品本部在3R支持流程的支持下不断创造新的产品满足用户需求;产品事业部执行商流获取的订单和产品本部创造的订单;物流本部利用全球供应链资源搭建全球采购配送网络,实现JIT订单加速流;资金流搭建全面预算系统。这样就形成了直接面对市场的、完整的核心流程体系和3R、3T等支持体系。

商流本部、海外推进本部从全球营销网络获得的订单形成订单信息流,传递到产品本部、事业部和物流本部,物流本部按照订单安排采购配送,产品事业部组织安排生产;生产的产品通过物流的配送系统送到用户手中,而用户的货款也通过资金流依次传递到商流、产品本部、物流和分供方手中。这样就形成了横向网络化的同步的业务流程。

问题:海尔是如何打造柔性供应链的?

资料来源:http://www.youshang.com/content/2010/05/27/15198.html.

案例2　某公司的智慧供应链运营管理

某公司总部位于日本大阪,是一家年销售收入达887亿美元的全球化电子消费品公司,公司共有66 000名员工服务于分布在全球30个国家的生产工厂、销售公司、技术研发机构和信贷公司。该公司作为推出电子计算器和液晶显示器等电子产品的创始者,始终勇于开创新领域,运用领先世界的液晶、光学、半导体等技术,在家电、移动通信、办公自动化等领域打造了丰富多彩的"新信息社会"。

但是,面对着竞争日益复杂的电子消费品市场,该公司越来越感觉到电子消费品市场的快速变化,特别是电子消费品的生命周期越来越短,电子消费品的市场普及率越来越接近饱和状态,企业的经营风险加大;与此同时,客户对电子消费品个性化的需求越来越高。因此,如何在竞争激烈和快速变化的市场中寻求一套实时的决策系统就显得尤为重要。特别是通过提高对商品预测的准确率来降低企业的库存,减少交货期的延误,从而保住大量有价值的客户。

为了解决以上一系列问题,适应新经济环境下的市场需求,该公司采取了以下举措。

首先,对其整个传统供应链进行了全面诊断,提出了包括订单管理、生产制造、仓库管理、运输和开票等全流程在内的整体无缝链接,并结合信息系统的实施,使该公司建立起供应和需求一体化的结构。尤其是通过对系统数据的分析、定时连接和灵活处理,使决策者能够比过去更加方便和有效地协调人员、设备资源和流程配置,以更加准确地满足市场的需求。该公司通过对供应链的一体化管理,不仅降低了库存的水平,加快了库存的周转率,降低了物料管理的成本,而且大大地提升了供应链的价值。

其次,通过对供应链的整合,提高供应链智慧化水平,使得该公司对客户的交货承诺性在很大程度上得到保证,货物的交付比过去更加及时和准确。同时,供应链计划体系可以充分考虑各方面因素,如运输成本、订单执行等,从而制定出平衡和优化资源配置的需求预测。

问题:该公司供应链管理的这些措施是有效的吗?为什么?

资料来源:https://wenku.so.com/d/ca3aea18350409fecf79e904249631c5.

案例3　白银集团物流大数据及智慧供应链项目:安装智慧大脑 让物流e键加速

2023年2月,白银集团智慧物流平台和智能仓储体验中心、现代供应链智慧展厅在铁运物流公司综合物流园(二期)双双上线运行,标志着白银集团和铁运物流公司在供应链数字化转型和现代物流数字经济领域向前迈出了一大步。

走进白银有色(601212)数字化智能仓储体验中心,映入眼帘的是一排排整齐的高位货架,各类货品有序陈列。在这占地1 100平方米、层高近10米、包含7个巷道的体验中心,操作人员只需在电脑上动动手指下达指令,两台AGV无人叉车就会即刻亮起指示灯闻令而动,运用全区域激光导航技术,准确识别障碍物阻挡并进行语音提示,与四向穿梭机器人紧密配合,按照既定路线和搬运需求顺利完成作业。而在此之前,仓库管理员则需要多次往返于仓库和工位之间,以纸张文件为基础完成出入库记录和物资盘点,人工搬运耗时长且存在安全风险,整体流程费时费力。

体验中心自主研发的智能仓储系统,通过5G+物联网技术,打造了物流仓储管理的新模式,顺应了仓储少人化、无人化的行业趋势,在收发货作业中精简了人力。自动穿梭车以卓越的精度、速度和高效稳定的性能可同时完成多个生产线的要求,在入库、拣货、盘点、移库、出库等环节均由机器人代替人力进行装卸搬运。整个系统实现了仓库高层合理化、存取自动化和操作简单化,实时跟踪管理货品质量和配送,在线一体化运作。

与此同时,仓储管理从传统的"结果导向"转变成"过程导向",从"数据录入"转变成"数据采集",同时兼容原有的"数据录入"方式,从"人工找货"转变成"导向定位取货",同时引入了"监控平台",让管理更加高效快捷。物资管理则通过物联网和互联网技术,实现了精细化、信息化、智能化、数字化、可视化。

白银有色数字化智能仓储体验中心负责人王忠良告诉记者,智能仓储系统通过无人叉车、四向机器人、线上销售 APP 与智能软件联动,实现货物的自动进出库与分配,真正实现了物流环节中仓储和分配的高效、低成本运行。

2008 年至 2009 年,铁运物流公司就开始应用微机联锁系统、铁路运输信息管理系统、车号识别系统和铁路货车技术管理信息系统等,保障运输环节紧密衔接和安全畅通。随着内外部物流业务需求的逐渐增加,近年来,该公司持续增强稳定性和安全性,不断完善系统功能。借此次物流大数据及智慧供应链体系项目建设东风,铁运物流公司就计划全面改造升级,形成铁路车机联控管控系统。

铁运物流公司信息自动化中心副主任赵金鹏告诉记者:"通过铁路行车调度指挥系统的上线运行,我们铁路行车调度指挥的运行效率提升了大约 25% 以上,优化了人员配置。过去的信息以人工书写和传递为主,现在通过系统的使用,以屏幕直观显示和操作开放信号、转换道岔、办理进路和信息传递,极大地降低了安全风险和运行成本,也更加精准地掌控铁路行车设备的故障和问题,便于及时处置。货运量从过去每年 200 多万吨提升到去年的 579 万吨。"

如果说铁路车机联控管控系统的使用是给行车调度指挥安上了智慧大脑,那网络货运平台则是让物流运输实现"e 键加速"的"绝对大招"。在铁运物流公司现代供应链智慧展厅里,大屏上一串串不断跳动的数字、一道道增加的运输光标都在实时呈现着网络货运平台上每一位用户的新增和每一笔订单的达成。

如果将网络货运平台类比成外卖软件,各大物流企业是遍开分店、有口皆碑的"老字号",个体货运司机则是物美价廉的"大排档",有运输需求的"食客"们可以根据具体情况进行选择并下单。平台模式趋于扁平化,逐渐从三方/车队方式向司机方式演变,运力结构的优化调整不仅能够提高交易效率,还能大幅降低成本。

此举充分发挥了规模化和集约化效能,将集体内部运输业务进行统一运作管理,增强物流系统各环节之间的协调性、同步性。同时,充分发挥信息平台优势,打破现有的"信息孤岛",为企业的经营决策提供及时、准确、完整的信息。以互联网思维和现代物流技术高度融合,实现社会化营销和大数据驱动的第三方电子商务物流平台运营服务,通过物流营运盈利、跨界整合为整个产业带来新的商业价值和发展空间。

铁运物流公司信息自动化中心党支部书记、主任韩吉梁告诉记者,网络货运平台投入运行以来,先后与中粮集团、顺丰快递、中国邮政、中国五矿集团等开展合作业务,整合社会资源运输车辆 16 247 辆,货主规模达到 172 家,且发运量实现 0 的突破,达到单日 500 车以上,营业收入实现阶梯式递进增长,助力白银集团数字化经济新增长。

在数字经济高速发展的新浪潮中,铁运物流公司积极推动公铁联运提质增效,大力实施传统物流智能化改造,着力构建实体经济和数字经济深度融合的新发展格局,用智能化、数字化转型"点靓"名片。

未来,白银集团将继续深耕智慧供应链、数字经济等前沿领域,聚集更多制造产业上下游客户,实现社会化平台服务,提供更多就业岗位,锚定目标笃定前行,将物流大数据及智慧供应链系统打造成为甘肃省乃至西北地区最大的物流数据中心。

问题: 白银集团是如何深耕智慧供应链、数字经济等前沿领域的?

资料来源: https://www.baiyin.gov.cn/api-gateway/jpaas-publish-server/front/page/build/info? alias = defaultSet&infoId = ecbe38e1348d492e9be63bac636c9399&url =/zjby/tzby/xwlb/art/2023/art_ecbe38e1348d492e9be63bac636c9399.html&xxgkFlg=xxgk。

● 综合实训

一、实训目的与要求

1. 提高学生学习兴趣。
2. 掌握多门相关学科知识的综合应用。
3. 掌握应用所学供应链管理以及相关管理学科理论与方法分析问题、提出解决方案的能力。
4. 提高学生解决企业经营运作系统实际问题的能力。

二、实训内容

1. 公司背景:本企业长期以来一直专注于某行业 P 产品的生产,市场知名度很高,客户也很满意。同时企业拥有自己的厂房,生产设施齐备,发展状态良好。最近,一家权威机构对该行业的发展前景进行了预测,认为 P 产品将会从目前的相对低水平发展为一个高技术产品。为此,公司全体股东及董事会决定将企业交给一批优秀的新人去发展,他们希望新的管理层投资于新产品的开发,使公司的市场地位得到进一步提升;开发本地市场以外的其他新市场,进一步拓展市场领域;扩大生产规模,采用现代化生产手段,努力提高生产效率。

2. 公司管理团队确定。
3. 企业生产运营规则介绍。
4. 企业经营竞争模拟。
5. 现场解析与评价。

综合实训程序和具体内容如表 1-1 所示。

表 1-1 综合实训程序和具体内容

序号	内容	实训内容
1	企业整体介绍(PPT)	以一订单为主线讲述企业的主要流程,理解企业的关键术语
2	企业规则介绍	借助模拟沙盘介绍企业规则
3	引导生产与运营	业务模拟经营(一年),教师指导学生模拟沙盘完成
4	第一年业务经营(感性经营期)	企业的经营本质;如何盈利;增加利润的关键
5	第二年业务经营(理性经营期)	运作战略的解析;产品的分析

续表

序号	内容	实训内容
6	第三、四年经营(科学经营时代)	科学的运作计划;现代化信息工具的运用
7	第五、六年经营(全成本核算时代)	成本、费用、效益;企业精细化管理
8	第七年经营(化战略为行动时代)	竞争战略;人力资源战略;无形资产的提升
9	第八年经营(全面信息化时代)	信息化整合;经营绩效综合分析
10	总体点评	交流实训心得

项目 2　供应链运营管理战略

· 思政目标 ·

◎培养从全局看问题的战略眼光。

· 知识目标 ·

◎了解供应链管理战略的基本概念；
◎明确供应链管理战略的规划方法；
◎熟知供应链管理一体化战略；
◎掌握供应链战略联盟与合作伙伴关系的建立方法。

· 技能目标 ·

◎分析供应链管理的战略问题，灵活运用决策方法进行供应链战略管理规划；
◎根据供应链管理一体化的理念，构建供应链战略联盟与合作伙伴关系。

 / 【引例】 /

沃尔玛的供应链战略

沃尔玛百货有限公司由美国零售业的传奇人物山姆·沃尔顿先生于1962年在阿肯色州创立。经过60余年的发展，沃尔玛已经成为美国最大的私人雇主和世界上最大的连锁零售商。2020年，沃尔玛全球的销售额达到5 278亿美元，连续多年荣登《财富》杂志世界500强企业和"最受尊敬企业"排行榜。

沃尔玛的业务之所以能够迅速增长，并且成为现在非常著名的公司之一，是因为沃尔玛在节省成本以及在物流配送系统与供应链管理方面取得了巨大的成就。

苹果公司原总裁乔布斯曾经说过，如果全球的IT企业只剩下三家，那一定是微软、英特尔和戴尔；如果只剩下两家，将只有戴尔和沃尔玛。这显然只是玩笑话，沃尔玛虽是零售业的翘楚，但无论如何还算不上IT企业。不过，沃尔玛对信息技术的执着追求却是有目共睹，正是缘于此，沃尔玛的低成本战略才得以屡试不爽。

沃尔玛供应链战略的主要内容包括如下几点。

(1)企业传统经营思想的转变。过去,商业零售企业只是作为中间人,将商品从生产厂商传递到消费者手里,反过来再将消费者的意见通过电话或书面形式反馈到厂商那里。而沃尔玛能够参与到上游厂商的生产计划和控制中去,因此能够将消费者的意见迅速反映到生产中,而不是简单地充当二传手或者电话话筒。

(2)共享信息战略。沃尔玛通过网络和数据交换系统,与供应商实现信息共享,建立零售链接;沃尔玛直接参与到上游厂商的生产计划中去,与上游厂商共同商讨和指定产品计划、供货周期,甚至帮助上游厂商进行新产品研发和质量控制方面的工作。

(3)利用先进技术的战略。沃尔玛投资4亿美元发射了一颗商用卫星,实现了全球联网;利用电子数据交换(EDI)系统与供应商建立了自动订货系统,该系统又称为无纸贸易系统;另外,还采用条码扫描和卫星通信。

(4)供应库存战略。沃尔玛的配送中心分别服务于美国18个州约2 500间商场,配送中心约占10万平方米。整个公司销售商品的85%由这些配送中心供应,而其竞争对手只有50%~65%的商品实行集中配送。

【分析】沃尔玛给人们留下最深刻印象的,是它的一整套先进、高效的物流和供应链管理系统。沃尔玛在全球各地的配送中心、连锁店、仓储库房、货物运输车辆以及合作伙伴(如供应商等),都被这一系统集中、有效地管理和优化,形成了一个灵活、高效的产品生产、配送和销售网络。沃尔玛的成功既可以说是优秀的商业模式与先进的信息技术的有机结合,也可以说是沃尔玛对自身"商业零售企业"身份的超越。

资料来源:http://wenku.baidu.com/view/b546d254ad02de80d4d84015.html.

 # 任务 2.1 供应链管理战略

2.1.1 供应链战略的基本理论

1.供应链战略的概念

所谓供应链战略,就是从公司战略的高度来对供应链进行全局性规划,确定原材料的获取和运输,产品的制造或服务的提供,以及产品配送和售后服务的方式与特点,包括采购、生产、销售、仓储和运输等一系列活动。

2.供应链战略的内容

供应链战略也是公司战略的有机组成部分,和产品开发战略、市场营销战略一道,并列为支撑竞争战略的三大职能战略。供应链战略包括对供应链主要结构的说明,传统的供应战略、运作战略、物流战略的内容,以及关于库存、运输、运作设施和信息流等的供应链设计决策,如图2-1所示。

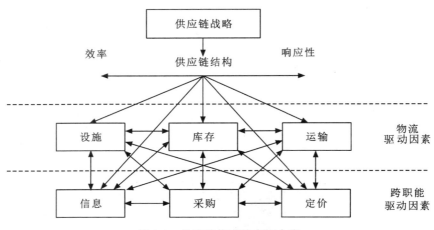

图 2-1 供应链战略的主要内容

3. 供应链战略的分类

1) 基于供应链产品类型的分类

基于供应链产品类型,可以将供应链战略分为效率型供应链战略和反应型供应链战略。效率型供应链战略强调以最低的成本将原材料转化成零部件、半成品、成品并运输至客户。反应型供应链战略强调快速对需求做出反应,所对应的产品是创新性产品。

2) 基于供应链驱动方式的分类

基于供应链驱动方式,可以将供应链战略分为推动式供应链战略、拉动式供应链战略、推—拉式供应链战略。

(1) 推动式供应链战略

推动式供应链运作方式以制造商为核心,产品生产出来后从分销商逐级推向用户。分销商和零售商处于被动接受的地位,各个企业之间的集成度较低,通常采取提高安全库存量的办法应付需求变动,因此整个供应链上的库存量较高,对需求变动的响应能力较差。在一个推动式供应链中,生产和分销的决策都是根据长期预测的结果做出的。这可能会导致:①不能满足变化了的需求模式;②当某些产品的需求消失时,会使供应链产生大量的过时库存。

(2) 拉动式供应链战略

拉动式供应链的驱动力产生于最终用户,整个供应链的集成度较高,信息交换迅速,可以根据用户的需求实现定制化服务。采取这种运作方式的供应链系统库存量较低。在拉动式供应链中,生产和分销是由需求驱动的,这样生产和分销就能与真正的顾客需求而不是预测需求进行协调。这种战略很有吸引力,因为:①通过更好地预测零售商订单的到达情况,可以缩短提前期;②由于提前期缩短,零售商的库存可以相应减少;③由于提前期缩短,系统的变动性减小,尤其是制造商面临的变动性变小了;④由于变动性减小,制造商的库存水平将降低。

(3) 推—拉式供应链战略

在推—拉式供应链战略中,供应链的某些层次如最初的几层以推动的形式经营,其余的层次采用拉动式战略。推动层与拉动层的接口处被称为推—拉边界。推—拉式供应链示意图如图 2-2 所示。

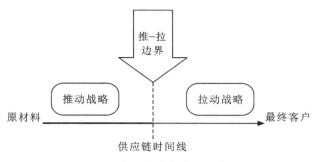

图 2-2 推—拉式供应链示意图

小思考 2-1

【问题】与推动式供应链模式相比,拉动式供应链具有哪些优势?

【回答】拉动式供应链具有以下优势:①支持产品的不断变化;②缩短交货周期;③改进质量,降低单位成本;④提高经营效率;⑤全面衡量业绩,更易于实施控制。

4. 供应链战略的基本特征

作为一种新的企业管理模式,供应链管理在竞争日益激烈的环境下被提出来,是企业寻求竞争优势的需要。供应链战略具有以下几个基本特征。

1) 供应链战略是一种互补性企业联盟战略

供应链战略体现为基于业务外包的一种互补性的、高度紧密联系的企业联盟,这个联盟以核心产品、核心资产或核心企业(通常是最终产品的生产者和服务的提供者)为龙头组成,包括原材料供应商、配件供应商、生产商、配送中心、批发商、零售商和顾客等。这个联盟的目标就是通过联盟内各个成员统一协调的无缝隙的工作,以价低质优的产品、及时供货和提供优质的售后服务来提高市场供应的有效性和顾客的满意度,以较高的市场占有率来取得竞争优势。今后全球范围内几乎所有商业竞争都是团结紧密、利益共通的"企业团队"之间的竞争,联结它们的就是这种特殊的供应链。

2) 供应链战略是一种企业核心能力强化战略

维持和发展竞争优势是企业核心能力的集中体现,也就是说,它能使企业在下一步的竞争中具有引导和争夺市场的能力,超越临时竞争优势而获得持续性发展。泰吉和奥兰德等人提出的"战略缺口"假设,有利于我们理解企业运用供应链战略的动机。如果企业在考察市场的时候发现业务正朝向一个新的领域发展,而本企业所拥有的竞争优势随着时间的推移已发生变化,它所要达到的战略绩效目标与它依靠自有资源和能力所能达到的目标之间存在一个缺口,那么,它必须借助于业务外包或寻找优秀的供应者来帮助它在供应链中改进技术、提高效率、降低成本,以改善其价值链上的薄弱环节,填补企业发展战略的缺口,强化企业的核心能力。因此,一个企业供应链战略的核心问题,是设计企业业务的内包、外包,以及与承包合同商之间的关系。具体而言,要考虑哪一个合作伙伴更有竞争优势,哪一条供应链的设计更为优秀,供应链上的哪一个部分更有效率。所有这些成分都要协调起来,才能强化企业竞争力,这就是供应链管理的优势所在。

3）良好的供应链网络有利于提升企业的竞争承受力

在经济的周期性变化中，任何一个企业都要经历它的高涨和低落时期，可以说，每个公司都需要随时应对不期而至的经营危机。根据亿博物流咨询机构多年的项目经验可以发现，一些创业者得以平稳地渡过危机，持续、协调地向前发展，他们的成功并非完全是因为拥有最大的客户，而在于他们重视业务发展的规律，重视其商业经营中的客户关系。他们不仅选择了一条重要的供应链，而且成为这个网络上的一个重要组成部分，正是这个供应链网络的整体竞争优势强化了企业的生存和发展能力。举例来说，正是因为有了像美国电话电报公司这样的合作伙伴，朗讯公司才得以慢慢地走出困境。良好的供应链关系使企业获得了抗拒风险、承受打击的能力，企业能够安然地度过危机，然后寻找新的发展机遇和下一个经济增长周期的起点。统计资料表明，当今全球工业行业的竞争周期已经缩短到了5~7年，也就是说每过5~7年，企业就要面临一次"重新洗牌"的剧烈震荡。我们应当看到供应链的抗风险、抗打击作用，更加珍视供应链网络的伙伴关系，共同应对世界性经营危机的困难和挑战。

4）供应链战略是实施关系营销的一个重要方面和关键环节

关系营销是企业与关键性的客户（顾客、供应商、分销商）建立长期满意关系的实践，它是营销者通过不断承诺和给予对方高质量的产品、优良的服务和公平的价格来实现的合作模式，使得有关各方建立起经济、技术和社会方面的纽带关系。关系营销的最终结果是建立起公司的独特资产——营销网络。正因为如此，我们说今后的商业竞争不是在公司之间进行，而是在整个网络之间进行，一个建立了更好关系网的公司将获胜。供应链合作无疑是关系营销的一个重要方面。在日益复杂的市场竞争中，逐步形成相对稳定的供应链体系，在分享信息和相互信任的前提下，确立一个长久的利益共同体，兼顾各个成员企业的经营战略，实现"双赢"乃至"多赢"，是构成企业之间紧密合作的战略联盟和确保供应链竞争成功的关键。企业在选择供应商和进行供应链体系的设计时，应始终着眼于公司的长远发展，首先考虑战略上的发展优势，而不是简单地从节约采购与制造成本或者提高信息传递效率的角度考虑问题。

【知识链接2-1】

提升供应链战略的策略

在过去，企业通过控制各个作业部门的成本来实现供应链的增值。虽然它们所采取的方法不同，但是有一个共同点，就是仍然停留在传统的成本控制模式和运作管理的层面。20世纪80年代至90年代，供应链管理工具主要包括物料资源计划、准时制生产、看板管理、持续改进、快速响应和全面质量管理。这些工具都很难达到实现供应链价值最大化和提高价值链水平的目的。也就是说，以成本为中心的供应链管理已经落后了。

竞争优势、电子商务、产品多样化、供应资源的多样化和日益提高的客户要求对现存的供应链模式提出了更严酷的挑战。首先，企业必须认清怎样发掘供应链潜在的战略价值，继而确定供应链在企业价值最大化中所扮演的角色。

供应链对一家企业所产生的作用是巨大的、不可替代的。在连接"企业—企业的产品和服务—顾客"的整个供应链的过程,即一个需求的"产生—满足"周期中,供应链成本可能占到企业收入的一半或更多。在企业的经营战略中,供应链的主体作用不仅仅只是满足客户的需求这么简单。以战略价值的实现水平为标准,供应链的角色可以划分为五个阶段(五种状态),最低水平的供应链仅仅停留在运作管理层面——成本控制。在最高的层面,一家企业的价值链必须能够最大限度地实现战略性的价值,包括作业成本的控制、有效的资本运筹、合理的风险管理并且实现收益。虽然在每一个阶段,供应链扮演的角色都有截然不同的特征和内涵,但各个角色不是相互排斥的。

策略之一:稳定厂商阶段

稳定厂商是供应链上最低的战略价值贡献水平。在这个低水平的价值实现阶段,就像它和其他企业之间的供应链合作伙伴关系一样,外部环境对企业的影响不大。稳定厂商的角色存在于发展成熟的、变化慢的行业。例如精制食盐制造行业,供应和需求都是均衡的。由于供应和需求是确定的,就大大减少了对预测的需要。由于整个供应链是确定的,如每一个阶段要生产多少产品是固定的,这种可预测性使得供应链对需求的变动反应不大。

流程规则、员工技能和技术重点都是为企业的长期运行而设计的,变化很少。以生产流程为例,由于实现了规模化生产,保持低成本并不需要进行有规律的过程重组,可预测性的需求使得对管理决策的要求也不高。同样,资产投资方向也非常具体明确。企业的管理费用和管理活动都可以减少到最低限度,需要对市场风险做出战略性转变的要求也不高。

策略之二:被动厂商角色

作为一个被动厂商,供应链角色在整个企业战略中的作用仍然很小。供应链通常通过对企业的销售和市场战略做出响应并提供支持,以满足需求。被动厂商的状态是非常不稳定的,若要保证高水平的服务,则需要不计成本的投入。除非一家企业在其他功能领域(如需求产生、生产创新等)或者其他的价值活动(如产品领导能力和客户亲密程度)等方面明显地优于别人,否则,作为一个响应型的供应商,企业要想长期生存是极其困难的。

其他的功能部门包括供应链本身都把供应链看作一个成本中心。尽管在供应链流程整合方面,有效主动厂商可能会努力控制成本,但通常与有效被动厂商区别不大,供应或将达不到既定的目标。各功能部门链以主动带动需求为目标,通过产品设计独立控制并且经常寻求自身效率的最大化或者服务改善来更进一步地提高供应链效益,而以损害整个供应链系统为代价。此外,上游环节趋向于把工人看作"可代替的资产",供应链各个环节了解自己和下游环节的影响,也明白带动需求只需用很少的金钱和时间投入就能够进一步地应对整个供应链活动的影响。另外,注意提高作业工人的技能,适当地投资于新的技能,获取竞争的技术、资产投入,或者更改现存技术——集成的信息系统;允许采用诸如销售、采购的技术来支持最新的销售和市场需求;采购、生产和物流等不同部门分享相同的信息、建议和想法。

策略之三:主动厂商阶段

从稳定厂商过渡到被动厂商,供应链仍然没有被提升到竞争的战略角度,或者说,仅仅意识到它的战略意义。供应链仍然是一个满足需求的角色,而不是带动需求。然而,作为一个有效的、集成的整体,现代供应链在满足需求的同时,也是一个低成本提供优质客户服务的整合体,且不能各自为政。

内部实现集成的供应链流程寻求的是降低最终产品的总交付成本,而不是制造部门为提高自己的效率而牺牲物流或采购部门的效率。生产线经理、管理员等都具有并且理解绩效标准,这些标准明确了他们的行为怎么影响上游和下游的流程。他们的活动都以减少最终产品的总交付成本为准则。

很多企业把视线移向改进作业效率,而不注意资产成本方面的管理。技术的角色也发生变化。在降低总交付成本的努力中,很多企业把技术的获得看作供应链的首要任务。企业抱着降低劳动成本、改进生产能力和提高生产量的目的,不断地在新设备和自动化系统方面进行无谓的投资。

策略之四:有效的主动厂商阶段

从被动厂商向有效的主动厂商的转变才是一场真正的变革。在这种变革中,制造和销售市场部门的关系从结构上发生了根本的变化。供应链完全了解它所需要努力的方向,并且销售和市场功能被供应链视作一个组成部分。供应链必须按照既定目标循序渐进、自我完善,从而不断提高供应链的效率。

策略之五:收入、边际利润驱动的厂商阶段

收入、边际利润驱动的厂商进一步促进供应链的变革,在满足需求和带动需求方面完成企业间的整合,实现了真正的供应链整合。在这一阶段,供应链真正被定位为企业间的合作战略。高层的战略方针包括对供应链的积极预测,例如,在个人电脑行业,按订单生产的供应链模式是边际利润驱动厂商的最好写照。

新的供应链战略建立在企业与外部组织的交互作用的基础之上。企业资源规划系统实现与顾客、供应商以及其他结盟伙伴之间双向的、即时的数据连接。真正的"拉动式"需求信息在组织间无缝地传递,让供应合作伙伴达成一个共同的利润目标,并且完全实现预测、计划和补货程序的整合,达到提高库存透明度、连续补货,甚至共同设计产品和分享技术知识的目的。此外,收入、成本、资产回报和收益性等方面的绩效评估也被提升到供应链层面。

技术的重点将放在信息系统的发展方面。和顾客、供应商和结盟伙伴实现即时的信息通信,无论是直接的形式,或者是由第三方提供的形式,它都将带来巨大的回报。

对于很多企业来说,供应链价值能够通过提升供应链的战略重要性来实现最大化。供应链必须实现从成本向价值目标观念的转变。企业领导者必须清楚这种转变的必要性。然而,仅仅是思想观念的转变还不够,只有采取行动才能实现真正的供应链变革。组织结构、基础设施、作业流程和管理系统不仅仅局限于企业内部的供应链,而必须与客户、供应商和结盟伙伴进行整合。

【知识链接2-2】

企业竞争战略与供应链战略的匹配

在需求日益多样化、竞争日益激烈的现代社会,竞争已经不是企业之间的竞争,而是供应链与供应链之间的竞争。为了能够在市场中获得竞争优势，企业需要与合作伙伴构建供应链，并不断提高供应链运营水平，在快速适应多变市场需求的条件下，实现供应链价值最大化。而在规划供应链的时候，产品的生命周期是一个重要的影响因素。企业需要在竞争战略和供应链战略匹配的基础上，研究产品生命周期中不同阶段供应链战略与策略的选择，并探讨产品生命周期中供应链战略如何与企业其他职能进行匹配，以提高供应链的运营水平。

企业选择合适的供应链战略需要一个前提，即只有对于既定的竞争战略，才存在正确的供应链战略。这便是企业如何实现战略匹配的问题。所谓战略匹配，是指供应链战略旨在构建的供应链能力目标与竞争战略用来满足的顾客群体需求目标之间的相互一致。

一、竞争战略

企业的竞争战略是由其所提供的产品或服务能够满足的目标顾客群需求的类型来决定的。马歇尔·L·费希尔根据顾客的需求模式将产品分为两类：功能性产品和创新性产品。功能性产品是指那些边际收益较低、用以满足基本需求、生命周期长且可以准确预测需求的产品；创新性产品的特征包括边际收益较高、满足个性化需求、生命周期短并且需求难以预测。企业将根据自身产品的需求特点来定位竞争战略。

二、战略匹配

选择供应链战略，使之能最好地满足企业目标顾客群体特定类型的需求，是实现战略匹配的全部内容。对于功能性产品，由于其需求可以准确地预测，从而达到供需平衡，企业能够集中精力降低供应链上的成本，因此可以与赢利型供应链相匹配；对于创新性产品，企业要考虑的中心问题不是低成本，而是速度与灵活性，反应型供应链恰好与之相匹配。

在实际生活中，大部分的顾客需求并不能简单地用功能性或创新性来划分。例如，时下国内各汽车厂商纷纷推出经济实用型轿车，每款车型又都有自己独特的个性化设计，这种产品既有功能性要素，也有创新性开发。这就使得产品的需求特性难以判断，给企业的战略匹配造成障碍。再如，即使是功能性强的牙膏，同样会面临需求不确定的状况，它在导入期的边际收益相对而言也会比后期高，面对这样的低成本产品，供应链是采用反应型战略还是赢利型战略呢？

为了解决这些难题，在此，可以考虑引入风险性概念。新产品在上市初期，产品的生产销售与需求可能会失衡，导致产品脱销或产品积压，给企业造成损失，此时企业的竞争战略具有高风险性，当然，高价值产品比低价值产品的风险更高；相反，老产品的风险性则较低。

产品从进入市场到最后退出市场会经历不同的阶段。一般而言，产品的生命周期可以分为四个阶段，即导入阶段、成长阶段、成熟阶段、衰退阶段。在产品生命周期的不同阶段，需要有不同的营销战略和供应链战略。下面讨论企业在产品生命周期的不同阶段的供应链战略。

（一）导入阶段

在产品的导入阶段，产品的需求非常不稳定；边际收益比较高；由于需要及时占领市场，产品的供给能力非常重要，但也可能会面临产品滞销、库存积压的风险。在这一阶段，供应链应该根据风险程度采取一种以反应为主的战略，也就是需要对不稳定的需求做出快速反应，在一定的前提下考虑成本。

(二)成长阶段

在成长阶段,产品的销售迅速增长,与此同时,新的竞争者开始进入市场,企业所面临的一个主要问题就是需要最大限度地占有市场份额。在这一阶段,需求基本稳定,风险降低,供应链战略需要逐步从以反应型为主转变成以赢利型为主,也就是需要考虑降低成本,以较低的成本来满足需求。

(三)成熟阶段

在成熟阶段,产品的销售增长放慢;需求变得更加确定;市场上竞争对手增多并且竞争日益激烈;价格成为左右顾客选择的一个重要因素。在这一阶段,企业需要建立赢利型供应链战略,也就是在维持可接受服务水平的同时,使成本最小化。

(四)衰退阶段

大多数的产品和品牌销售最终会衰退,并可能退出市场。在衰退阶段,销售额下降,产品利润也会降低,企业需要评估形势并对供应链战略进行调整:

(1)对产品进行评估以确定是退出市场,还是继续经营,如果决定继续经营,就需要对供应链进行调整或重构以适应市场变化;

(2)对供应商、分销商和零售商进行评估和调整,终止与那些不能为供应链增加价值或者增加价值很少的供应商和零售商的合作,将合作伙伴的数量减少到合适的数量,通过调整或重构供应链,在保证一定服务水平的前提下,不断降低供应链总成本。

三、产品生命周期中的战略匹配

从价值链分析可以看出,企业经营活动中的基本活动包括新产品开发、市场营销以及生产、配送、服务等供应链活动。这些活动均有相应的战略支持,例如新产品开发战略、市场营销战略以及供应链战略,这些战略之间需要相互匹配并且与企业的竞争战略相互匹配,只有这样企业才能够获得成功。在产品生命周期的不同阶段(这里未提及衰退阶段),战略匹配的内容也具有不同的特点,需要持续对不同战略进行调整,以保证在整个生命周期中不同战略能够相互匹配。

(一)导入阶段的战略匹配

在产品的导入阶段,产品的需求非常不稳定,企业需要建立反应型供应链战略,也就是需要对不稳定的需求做出快速反应。与此对应,新产品开发战略、市场营销战略、生产和物流战略都需要围绕提高反应能力来设计。

1. 新产品开发战略

对于新产品开发战略而言,就需要顾客和供应商及时参与新产品的设计和开发,提高企业的反应能力。顾客参与新产品的开发与设计意味着企业开发新产品时要以顾客的意见和建议为导向,这样企业的产品在投入市场时容易被顾客所接受,可以提高顾客的满意度,进而提高企业对顾客需求的反应能力。供应商积极参与和加入产品设计过程中,可以不断加快产品创新的节奏,缩短产品从研发到投放市场的时间,提高供应链的反应能力。根据对《财富》前1 000家公司的大量研究可以发现,在新产品的推介过程中,越早让供应商参与其中,整个项目所节省的资金也就越多。

2. 市场营销战略

对于市场营销战略而言,为了提高对不确定性需求的反应能力,就需要建立足够的零售网络,避免缺货,与客户进行良好的沟通。具体来说,在产品的导入阶段,为了能够及时占领市场,需要建立足够的零售网络,保证高度的产品可获得性并尽量避免缺货现象的发生;另外,企业需要与客户进行良好的沟通,一方面可以使企业更了解客户的需求,提高企业对市场的反应能力,另一方面可以使顾客尽快接受企业的产品。

3. 生产和物流战略

在产品的导入期,企业难以准确预测市场的需求量,因此,对于原材料和零部件应该采取小批量采购的策略。在生产方面,企业需要减少零件的变化,提高生产系统的柔性,进而提高生产效率,保证产品生产能够快速满足市场的需求;企业的库存策略是维持弹性库存,以满足非预期需求和应付意外积压;企业的物流策略是较多依赖快捷的运输方式,这样不仅能够推行小批量、频繁送货的方式,实现物流的灵活性,而且可以有效地控制物流成本。

(二)成长阶段的战略匹配

在成长阶段,企业的供应链战略需要从反应型供应链逐步转向赢利型供应链。企业的营销战略与此相配合,需要最大限度地占领市场,降低单位产品的平均成本,保证企业获得一定的利润。企业需要提供合理的服务,吸引更多的顾客购买产品,建立密集的分销渠道,保证顾客能够方便地购买到企业的产品,进而扩大产品的市场份额。企业还需要进行适当的促销,降低单位顾客的促销成本,通过扩大市场份额降低单位产品的成本,以较低的成本来满足顾客的需求,实现供应链从反应型向赢利型的转变。在这一阶段,由于需求趋于稳定,企业的重点需要转向巩固产品的市场地位,原材料和零部件采购应该由小批量采购转变成批量采购;生产策略应该是一种批量生产策略,以实现企业最大限度占有市场份额的目标;为了避免断货,最大限度地占有市场份额,企业应当维持适当的库存水平;为了降低库存成本,企业同样需要优化安全库存,在向顾客提供高水平的产品供给的同时,保持一个较低水平的安全库存;为了降低物流成本,企业应该开始从依赖快捷的运输方式转向较多使用低成本的运输方式。

(三)成熟阶段的战略匹配

在成熟阶段,企业需要建立赢利型供应链战略以低成本满足顾客的需求。与供应链战略相匹配,企业的营销战略是扩大销售,降低单位产品的成本,获取最大的利润;企业需要建立更为密集的分销渠道以扩大产品销售,同时运用电子商务平台创建新的销售渠道,降低企业销售成本,并扩大销售。在生产运营方面,企业应采用准时化采购的策略,降低供应链总成本;在实现大批量生产的同时不断提高设备的利用率,实现规模化生产,降低单件产品的生产成本,实现成本领先;通过持续地改进和优化库存管理,不断降低库存水平,达到降低成本的目的。在物流策略方面,尽量利用第三方物流等先进的物流技术和方式,降低供应链成本并为顾客增加价值。

四、保证供应链战略和竞争战略相匹配的五大策略

(一)运营策略

如何生产产品或提供服务的决策取决于企业采用什么样的运营策略。是选择按库存生

产、按单生产还是按单装配，或是上述方式的组合？是选择将生产外包或者追求低成本的离岸生产，还是选择在生产工厂外完成最终的装配而更贴近客户？这些关键决策将影响并构成整个供应链和投资结构。运营策略决定了供应链的人员构成、工厂运作、仓库情况以及订货处理——就像设计各种工作流程和信息系统一样。

（二）渠道策略

渠道策略与让产品或服务如何送达买家或终端用户有关。其中涉及的相关决策主要包括：是否通过分销商或零售商间接地将产品卖给客户，或者通过互联网或直销人员直接卖给客户。根据所选渠道的不同，利润率有所差异，所以必须选择最优的渠道组合，并保证在产品短缺、需求旺盛的时候客户都能够拿到货。

（三）外包策略

外包策略始于对公司现有供应链技能和专长的分析。自己的公司到底擅长什么？这些专长体现在哪些方面？如果公司的某些专长有潜力成为战略优势，这些优势就应该留下来并发扬光大。在明确回答上述问题的基础上，公司可以将那些战略重要性较低或者第三方可以做得更好、更快或更便宜的业务外包出去。

（四）客服策略

客服策略是一个关键的策略。应该从两方面来看待客服策略：总量市场和客户个体所能带来的盈利能力；客户真正的需求是什么。这两方面的知识都可以集成到供应链策略中，因为有助于优先关注自己的优势和能力。

（五）资产网络策略

最后一个策略是关于资产网络方面的决策，涉及工厂、仓库、生产设备、订货处、服务中心等业务组成部分。这些资产的位置、规模和任务等都会对供应链绩效产生影响。

2.1.2 供应链管理战略的含义及目标

1. 供应链管理战略的含义

供应链管理战略（Supply Chain Management Strategy，SCMS）是指企业为了实现快速响应顾客需求的目标，从外部而言，通过与供应商、制造商、分销商等之间建立战略联盟，彼此之间进行有效的信息共享和交流；从内部来讲，各项工作之间实现有效集成与运作，保证企业资金流、物流、信息流的通畅，最终从整体上提高企业的效率。供应链管理战略就是要从企业发展战略的高度考虑供应链管理的事关全局的核心问题，明确企业在具体实施供应链管理方式时所依据的方法论和策略，例如战略的制定问题、运作方式的选择问题等。

2. 供应链管理战略的目标

在企业将供应链管理作为战略问题来考虑的时候，其目标包括以下几点。

1）提高企业对市场需求的响应速度

随着科技的进步和社会的发展，市场机会稍纵即逝，企业需要具备分析和把握市场机会的能力。供应链管理战略的实施就是要把供应商、生产商、分销商、零售商紧密联结在一起，并使之协调优化,使企业产品信息的流通渠道达到最短,从而可以使消费者需求信息沿供应链逆向准确、迅速地反馈至生产厂商,生产厂商据此对产品做出正确的决策,保证供求的良好结合,减少不确定性,以动态的信息代替静态的库存,实现市场响应敏捷化,增强企业在市场中的竞争能力。

2) 实现供应链的整体效益最大化

供应链由两个或两个以上的独立的企业(或环节、子系统)所组成。供应链管理战略的目标就是通过对供应链中不同企业行为的组织、计划及协调,使整个系统稳定有序地运行,从而在输出优质产品与服务的同时使系统的期望成本总和最小,最大限度地帮助每个企业实现自身的目标。

3) 满足顾客多样化、个性化的需求

随着顾客对产品和服务的需求向着个性化、多样化的方向发展,通过标准化、大规模生产来取得优势的时代已经一去不复返了。这样,通过供应链上企业间的协同运作,降低企业运营的成本,从而使小批量、多批次生产成为可能。供应链管理战略对企业来说有如下好处:降低成本,变固定成本为可变成本;提高企业效率;减少资本投入密集程度;防范经营风险;及时交货,满足客户订单等。因此,企业应该认真研究供应链管理战略并根据自身特点加以逐步实施。

任务 2.2　供应链管理战略规划

2.2.1　供应链管理战略规划的内容

1. 定义企业的目的

企业目的给出了与企业业务本质有关的问题的答案,包括它的目标和客户基础等。定义企业的目的是一个相互作用的过程,企业的管理者通过这个过程提出有关企业健康运转的基本问题,并改变企业的运作策略,以迎接突然出现的挑战。

2. 明确企业的战略性竞争任务

战略性竞争任务的关注点面向未来,而不是现有的能力和市场。明确战略性竞争任务是指寻找公司所面临的问题。比如,谁是明天的行业领导者？将有什么样的技术会对市场产生重大影响？什么样的产品或服务组合可以赢得市场？哪一家公司将成为自身的关键伙伴或联盟？企业的技能和变革性精神如何被重塑,才能形成未来的新市场？

3. 形成企业的核心运作策略

企业的核心运作策略关系到企业在现有的行业结构中,如何对现有的产品、市场和业务进行定位与衡量。核心运作计划的关键活动应包括:对企业在某一时间内可能的增长,资产、投资回收和全部净收入目标等内容的预测；决定支持业务预测中详述的财务和市场目标所必需的现有资产和竞争力；将预测和资产计划分配到公司的业务单位。

2.2.2 企业发展过程中的供应链战略规划

1. 企业创业阶段

在企业成长的第一阶段，企业刚刚从无到有，规模还比较小。企业现阶段的供应链管理系统只要满足企业"供、销、存"的基本需求就可以了，其建设应该以能实现简单的关键性事务的处理为目标。企业在这个阶段的供应链管理战略规划应该将重心放在使得供应链管理的目标和企业的战略目标相统一上，企业在选择供应链管理系统时，关注的重点应该是一个兼容性较强的供应链管理系统，该系统应该具有较强的融合能力，为将来升级、改造供应链系统打下坚实的基础。

2. 企业聚合阶段

在企业成长的第二阶段，企业规模扩大、管理层次增加。企业的供应链管理系统不应该只满足于及时发货，还应该将企业的整个生产过程加入自动化处理系统以保证产品的高质量。除此之外，由于企业业务的发展，供应商和客户的数量逐渐增加，企业为了准时发货和进货而消耗了不少时间和精力，货物的发送和运输成了阻碍企业发展的关键因素。因此，企业在现阶段进行供应链系统的战略规划时就应该将这些影响企业经营的因素考虑进去，将产品的运输渠道纳入企业管理的范围，争取以最短的时间、最少的金钱、最高的效率去满足客户的需求。企业现阶段的供应链系统应该增加如下几个基本的系统功能模块：质量控制、生产管理、运输管理等。

3. 企业规范化阶段

在企业发展的第三阶段，企业呈现高速成长的态势。销售地域和销售网络极端分散，企业开始明白不仅要充分授权，还要在充分授权的基础上积极优化企业运作流程。在这个阶段，企业在进行供应链的战略规划的时候就应该突出"高效率"。为此，企业需要大力改进之前的供应链系统功能，思考如何才能让这些功能更加协调地工作。在这个阶段，为了更好地管理企业纷繁复杂的销售渠道，企业应该增加一个全新的供应链管理模块——分销管理（有的文献也称为分销资源计划，即 DRP）。分销管理可以使企业及时掌握分布在渠道中各个节点上的货物状态，并在此基础上实现对渠道中货物的均衡处理。

4. 企业精细化阶段

在企业发展的第四阶段，企业需要通过更规范、更全面的管理体系和管理流程来支撑企业的发展。企业现在需要的是一条"灵敏反应"的供应链。这条供应链强调的是在供应链的某些环节做必要的储备以应付突然出现的需求变化，注重灵活性和对市场的波动做出及时的反应，尤其需要对市场需求做出比较准确的预测。因此，企业现阶段供应链系统战略规划的重点应该放在"敏捷反应"上。企业需要在供应链系统中加入更多的功能，把客户、供应商和企业紧密地连接起来，真正形成一个统一的供应链系统。现阶段，企业应该加入市场管理、售后服务管理这两个重要的供应链系统功能模块。市场管理可以对市场信息资料和活动方案、市场费用、市场计划实施进行管理和控制,并对产品市场进行各种分析和预测。售后服务管理则主要对从客户处得到的产品或服务的反馈信息进行收集和处理,跟踪和监督客户反馈信息的处理执行情况,以提高对客户需求的响应速度,特别是提高企业的售后服务水平。

在这个阶段,企业不仅有了完善的内部供应链系统,还有了具有一定规模的外部供应链结构。企业外部供应链结构如图2-3所示。

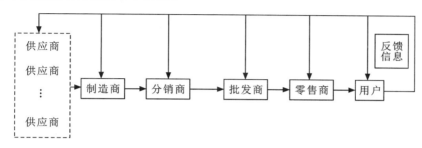

图2-3 企业外部供应链结构

在这种外部供应链结构中,实际上是整个行业建立了一个环环相扣的供应链,使多个企业能够在一个整体的管理环境下实现协作经营和协调运作。

5. 企业成熟阶段

在企业发展的成熟期,企业规模迅速壮大,可能开始进入国际市场,成为一个全球性的公司。企业除了要有一个功能强大的供应链系统以外,还需要在进行供应链管理的战略规划时,将供应链系统和日益发展的网络、电子商务结合在一起,对企业内外部的环境进行综合分析。

在这个阶段,企业将电子商务与供应链系统联系在一起。电子商务模式的引入弥补了传统供应链的不足,因为电子商务不仅局限于企业内部,而是延伸到供应商和客户,甚至供应商的供应商和客户的客户,建立的是一种跨企业的协作,覆盖了从产品设计、需求预测、外协和外购、制造、分销、储运和客户服务等全过程。处于同一供应链的厂商之间不再是竞争关系,而是合作双赢的关系。电子商务模式带来了供应链管理的变革。它运用供应链管理思想,整合企业的上下游产业,以中心制造厂商为核心,将产业上游供应商、产业下游经销商(客户)、物流运输商及服务商、零售商以及往来银行进行垂直一体化的整合,构成一个电子商务供应链网络。在这个供应链网络中,人员可以采用远程移动设备对活动进行计划、执行与监控。在这个战略规划过程中,企业应该将重点放在"协同"上,与供应商、主要客户、制造商之间的协同计划、协同生产、协同采购、协同执行等是企业供应链网络取得成效的关键。

【案例分析2-1】

宝钢供应链管理分析

2004年7月,宝钢被《财富》杂志评为2003年度世界500强企业,排在第372位,成为中国竞争性行业和制造业中首批跻身世界500强的企业之一。

宝钢供应链管理的实施开始于2000年7月,直接原因是其交货周期长、效率低,其中管周期是造成交货期过长的主要瓶颈。如宝钢的合同处理需要1个月左右的时间,同时,客户需要及时了解产品生产的进度、质量的控制、货运等信息,这就制约了宝钢的进一步发展。为此,宝钢制定了一系列供应链管理措施,加强对供应商的管理。

(1)建立战略合作伙伴关系甚至控股。宝钢供应商的特点是采取"让市场,不让价格"的供应策略。对于燃料供应商,宝钢采取了股权控制的形式;对于一些重要的矿产,宝钢进行直接投资,将其纳入自己的资源体系。

(2)与煤炭企业建立战略合作关系。为了保证生产所需煤炭资源的供给,集团公司党政领导多次走访多家重点煤炭资源供应企业,与煤炭企业开展多层面合作,建立起中长期战略合作关系,实现双赢,保证了煤炭供应渠道的稳定畅通。与此同时,供销管理部派遣精干人员长期驻守相关煤炭企业,保证双方信息及时沟通,还根据宝钢生产所需积极开拓供货新矿点,确保煤炭资源的及时供应。

【分析】供应链上的信息透明和合作,是管理好供应链的重要保证。具体体现为:提高供应链的可视性(透明度);能够纵观整个供应链;能够得到准确的数据;能够减少物流成本;能够强化、落实运输计划;能够提供综合的供应链中的异常信息,使企业集中精力解决客户服务的关键问题。

资料来源:http://wenku.baidu.com/view/c93ba6fb04a1b0717fd5ddd8.html。

任务2.3 供应链管理战略的一体化

2.3.1 供应链一体化的概念

供应链一体化是指成员企业围绕一个核心企业的一种或多种产品,通过物流一体化、流程标准化、信息透明化和组织结构柔性化,提升供应链的整体绩效,形成上游与下游企业的战略联盟。

供应链一体化能力是供应链一体化程度的总体表现,是供应链成员之间有效合作伙伴关系的体现,即一种在构建供应链合作伙伴关系过程中,依托先进的信息技术和富有创新性的管理思想,降低产品的最终成本,提高对市场的反应速度和实现供应链整体有效协调的综合能力。

2.3.2 供应链一体化的要素及原则

1.供应链一体化要素

在供应链一体化的构成要素中,核心企业、顾客关系、供应链伙伴关系是核心三要素,供应链结构、产品设计与制造、物流管理、营销渠道、信息技术和决策支持系统则是围绕核心三要素展开的供应链运行的必要条件。

(1)核心企业:是供应链的信息集散中心和资源整合中心,是供应链运行的调节器,是供应链核心动力的表现。

(2)顾客关系:顾客是供应链的终端和目标,顾客关系是实现供应链价值的关键。

(3)供应链伙伴关系:包括核心企业与供应商的伙伴关系,与制造商的伙伴关系,与销售商、零售商的伙伴关系,是供应链运行的基础。

(4)供应链结构:核心企业或者企业核心竞争力是供应链设计以及构建供应链结构的核心和方向。

(5)产品设计与制造:是供应链运行的实体,是供应链中各合作伙伴进行资源交换的主体。现代工业设计已成为企业核心竞争力的焦点之一。

(6)物流管理:敏捷物流是供应链一体化的保障,它的价值在于通过供应链网络,将合适的产品或服务以合适的质量、合适的数量、合适的价格按合适的时间送达合适的地点,及时满足顾客需求,实现顾客价值最大化。

(7)营销渠道:渠道是实现企业市场目标的资源,是供应链一体化的毛细血管和神经末梢,是企业实现物流配送和服务顾客的通道,是顾客得到产品和服务的途径。

(8)信息技术和决策支持系统:信息技术是供应链一体化得以正常有效运行的纽带,同时又是企业决策的支持系统。供应链管理的基本问题不在于获得了多少数据,而在于数据能够在供应链中高效流动,实现共享,形成决策的协调性,产生效益。

2.实现供应链一体化的原则

实现供应链一体化的原则主要体现在如下几个方面。

(1)设计和实施有效的销售渠道和网络:公司必须积极地寻找低成本分销产品和服务的方法。

(2)合作进行计划和预测:供应链合伙者展开合作,对顾客需求进行跨功能预测是管理全球化库存水平和供需状况的根本方法。必须同外部伙伴例如零售商和批发商组织合作,才能得到关键顾客的数据,内部部门之间的合作和国内外合作则使预测更加准确。对于库存水平而言,跨功能的方法使得库存在跨市场的基础上集中在少数地区,提高了库存平衡供需的能力。合作预测和计划可以产生更好的上游供应链活动计划。

(3)利用第三方管理非核心活动和供应链成本:在全球化的市场上,企业进出市场时,供应链的归属权成为一个大问题,因为每一个国家都需要按照本国的监管法规、基础设施和物流市场状况独立地进行评估。

【知识链接 2-3】

供应链一体化的一些做法

一、零库存管理

零库存是指物料(包括原材料、半成品和产成品等)在采购、生产、销售、配送等一个或几个经营环节中,不以仓库存储的形式存在,而均是处于周转的状态。零库存有诸多优点,如减少库存占用资金、优化应收和应付账款、加快资金周转、降低库存管理成本、规避市场变化和产品升级换代而产生的降价、减少滞销的风险等。

零库存管理的实施更强调企业间的联盟关系和系统对信号的反应能力。它的实施必须有一个能够准确、即时对市场需求做出反应的系统(包括软件和管理);必须有一个能根据市场信息进行迅速调节的采购和柔性生产系统;必须有一个协同一致的物流配送系统。

二、延迟供应

延迟供应是让产品在供应链的终端即客户附近最后成型,处于供应链前端的工厂生产基础样式、模块化的产品,运送到客户附近的存储设施,最后根据客户的订单加工为最终产品,使产品的组装和成型延迟到最后环节。延迟供应策略的优点在于削减了总库存量,提高了大量生产基础样式的经济性,存货时间短,提高了客户响应速度。

三、转载直拨

转载直拨指货物(一般是成品)流经仓库或配送中心而不是储存起来。在传统的零售配送系统,配送系统接收一些卡车装运的某个产品种类后,进货被卸下、分拣并立即再组配发往商店。转载直拨或可解释为"仓库成为一个编组场所而非一个保管场所",合理的路径安排和货物的再组合是实施该策略的关键。转载直拨实现了低库存、高价值、高利润。

四、供应商管理库存

供应商管理库存(Vendor Management Inventory,VMI)是指供货方代替用户(需求方)管理库存,库存的管理职能转由供应商负责。它是以掌握零售商销售资料和库存量作为市场需求预测和库存补货的解决办法。经由销售资料得到消费需求信息,供应商可以更有效地计划生产,减少反馈环节,更快速地对市场需求变化做出反应,行使对库存的控制权。

2.3.3 供应链管理一体化战略

1. 联盟战略

全球化市场竞争的日趋激烈,使得以往那种企业与企业之间单打独斗的形式已不复存在,取而代之的是以协同商务、协同竞争和双赢原则为商业运作模式,由客户、供应商、研发中心、制造商、经销商和服务商等合作伙伴组成的供应链与供应链之间的竞争。一个企业所参与的供应链规模越大,运作效率越高,这个企业的竞争力和生命力就越强。

新时期的供应链管理模式是以市场需求为导向、以客户需求为中心,整条供应链使合作伙伴联结成一个完整的网链结构,形成一个极具竞争力的战略联盟。供应链网络中的合作伙伴必须彼此信任以确保数据、信息和知识能够在整个网络中高效、开放和准确地传输,我们称之为"透明性"。提高供应链整体透明度,可以加强贸易伙伴合作的联盟关系,加强对人流、物流和订单实现过程的监控,更好地履行订货承诺,提高管理整个渠道库存的水平。

供应链的实质就是合作,而随着合作的进一步深化,合作形式也从收集信息不断提升到制定决策。随着合作程度与信息共享程度的增加,其所产生的经济价值也将增加,并最终以非线性的方式快速增加。

【案例分析2-2】

蒙牛与超级女声的战略联盟

关于品牌传播方面的战略合作是市场竞争的必然产物。随着市场机制的不断完善和竞争的日益激烈，企业自身的营销资源和营销能力显得越来越有限，于是企业之间的战略合作便应运而生。

2005年，蒙牛与超级女声展开合作。蒙牛花费了1 600万元对超级女声进行赞助，最终赢得了新品蒙牛酸酸乳27亿元的销售收入，湖南卫视则获得了近10亿元的广告收益。但在这27亿元和1 600万元的背后，蒙牛在全国各地围绕超级女声主题进行的促销、宣传，发放的各式各样的海报、奖品，甚至包括网站建设在内，花费了4亿多元，是其前期赞助费用的25倍。从宣传工具上看，蒙牛除了对报纸、电视等传统媒体的应用，连网络、手机短信等当时的新兴媒体也使用得淋漓尽致。从人员参与上看，上到企业下到销售终端，前到市场宣传后到产品物流，都做到了最大限度整合。蒙牛为超级女声的宣传创建了一个巨大的舞台，可以说除了湖南卫视对自身节目的市场运作，超级女声的成功跟蒙牛的巨大投入也是密不可分的。

【分析】战略合作不仅仅是一种策略的互换，更在于对合作双方营销资源的共享与整合。资源的充分利用为企业节省了大量的营销费用，起到了事半功倍的作用。两个品牌将彼此的资源及宣传平台进行了充分的利用，其战略合作已分不出你我，通过对方的产品、服务平台来达到宣传和销售自身产品或服务的目的，从而实现了双赢。

资料来源：http://wenku.baidu.com/view/cb6a06d6b9f3f90f76c61b68.html.

2．外包战略

通俗地说，外包是把自己做不了、做不好或别人做得更好、更便宜的事交由别人去做，也就是把自己不具有核心竞争力的业务外包出去。外包这种新经营理念的兴起将导致企业对现有模式进行重组，增强核心竞争力，外包出去的非核心业务又有可能形成新的商机。

传统纵向一体化的管理模式已经不能适应目前技术更新快、投资成本高、竞争全球化的制造环境，现代企业应更注重高价值的生产模式，更强调速度、专门知识、灵活性和革新。实行业务外包的企业更强调集中企业资源于经过仔细挑选的少数具有竞争力的核心业务，也就是集中在那些使它们真正区别于竞争对手的技能和知识上，而把其他一些重要的但不是核心的业务职能外包给所在范围内的"专家"企业，并与这些企业保持紧密合作的关系。这样，企业就可以提升自己的整体运作水平，与此同时，往往还可以省去一些巨额投资。最重要的是，统计数据显示，实行业务外包的企业出现财务麻烦的可能性仅为没有实行业务外包的企业的三分之一。

【案例分析 2-3】

战略外包给微软带来什么？

微软虽然是全球数一数二的大公司，但和大多数公司一样，仍不可避免地面临成本的压力，特别是技术服务支持这一块。21世纪初，在其全球4万多名员工中，共有1万多名员工从事技术服务工作，可是即便投入了那么多的人力，技术服务部门还是年年亏损，不但如此，客户满意率还只有40%。2002年4月，微软联合上海市政府组建了微创软件有限公司（以下简称"微创"），进行外包领域的实践。微软撤销了技术服务部门，其业务全部由微创接手，原来该部门的员工也都转到了微创。新公司成立后，内部立即开展了大规模的变革，取得了明显的成效。

一、成本降低

外包的效果很快就显现了。以前每进行一项技术服务，在美国的平均成本是90美元，到加拿大可以降低10%，在中国则是60美元。而外包给微创，成本还不到30美元。为什么有那么大的变化？这主要是因为微创不仅仅给微软一家公司提供服务，规模效应使它所产生的成本更低廉。

二、时间更短

有了微创以后，微软专门负责开发，售后服务全部交给了微创。据统计，以前微软为Windows XP的用户解决一个问题的平均时间为70分钟，而现在只需要40分钟。之所以能在时间上有大幅度的缩短，主要是微创专注于一个领域，所以员工更加熟悉业务。

三、客户满意率更高

虽然时间缩短了，但服务并没有因此而下降，反而是更加优质了。"专业化"经营的微创，在自己的领域里不断攀升，先后通过了COPC标准、ISO标准。外包供应商必须在自己的专业领域持续改进、不断优化，而专业化的经营更有可能促进服务的优化。而且，微软在中国做技术服务的时候，效仿者颇多，但交给微创以后，由于标准更高，效仿者寥寥，客户满意率也由原来的40%提高到70%，达到同行业中比较高的水准，相对不满意率则降低到不足5%。

四、资源配置更加灵活

在微软那么大的公司，不可能因为业务量的增减而随时增减员工，所以资源并不能得到有效调配。而在微创，虽然人马也不可能随时增减，但由于他们服务的是多家公司，每一家的旺季和淡季不同，所以对人力资源的需求总体上很平均，很少出现"吃不饱"和"吃不了"的情况。

【分析】 战略外包（BPO）是指企业将一些重复性的业务流程外包给供应商，以降低成本，同时提高服务质量。在一个典型的BPO合同中，外包服务供应商将承担公司的某个特定职能。BPO为企业带来的第一个好处就是规模经济效应下的成本降低，另一个好处是公司能够将资金用到刀刃上。另外，BPO供应商都是专注于某一领域，通常具备相当丰富的实战经验，因此风险也相对降低了许多。

资料来源：http://tech.163.com/05/0315/07/1ESBHGS4000915BD.html.

任务 2.4　供应链战略联盟

2.4.1　供应链战略联盟的基本理论

1. 供应链战略联盟的内涵

供应链战略联盟是指由供应链上企业组成的战略联盟。具体来说,就是由供应商、制造商、分销商、零售商等一些互相独立的实体(企业或企业内部业务相对独立的部门)为实现快速响应市场、共同拥有市场、共同使用资源等战略目标而组成的动态联盟,每个伙伴企业在各自优势领域(如设计、制造、分销等)为联盟贡献自己的核心能力,相互联合起来实现优势互补、风险共担和利益共享。

通过供应链战略联盟的定义可以看出,供应链战略联盟的内涵主要包括以下三点。

第一,供应链战略联盟的前提是合作企业拥有互补的资产和技术。

第二,供应链战略联盟的根本目的是通过持续的能力深化和能力开发以保持竞争优势,最大限度地获取和引导适应性预期价值。它是一种动态的战略性联盟,当共同的能力和利益相对变化所导致战略目标的调整超过一定程度时,既可能促进原联盟的巩固,也可能使联盟企业寻找替代伙伴以结束旧联盟、建立新联盟。

第三,供应链战略联盟的企业之间是基于价值链的竞争性合作关系,联盟的形成以信息技术与管理相结合发展到一定程度为前提,企业在开放的信息网络环境下,实现整条价值链上信息的交换与共享,建立群体决策模式,最终达到企业同步化、集成化计划与控制的目的。

2. 供应链战略联盟的特点

供应链战略联盟最突出的特点在于,供应链各节点企业突破传统企业组织的有形界限,彼此之间建立合作伙伴关系,通过有效整合企业内外部资源,最终实现企业的战略目标。具体而言,供应链战略联盟具有如下特点。

(1)目标性:供应链联盟都是围绕着一个共同的目标而建立的。

(2)虚拟性:它不具备实体形态,而是依靠网络实现信息共享。

(3)独立性:联盟中的每个企业都是独立实体,相互间不存在隶属关系。

(4)互补性:成员企业都拥有自身的核心竞争力,优势互补产生协同效应。

(5)共赢性:强强联合产生大于独立行动所获得的收益。

(6)复杂性:联盟中的各个企业既竞争又合作,因竞争而合作,靠合作来竞争,合作与竞争并存,从而增加了管理协调的难度。

(7)风险性:供应链联盟蕴含着一定的风险,例如联盟管理和合作风险、投资与战略"套牢"风险、技术与知识产权风险,等等。

小思考 2-2

【问题】普通的企业间关系与供应链战略联盟有哪些区别？

【回答】与普通的企业间关系相比，供应链战略联盟中的企业间关系呈现出许多新的特点，二者的比较见表2-1。

表 2-1 普通的企业间关系与供应链战略联盟的比较

	普通的企业间关系	供应链战略联盟
买方/卖方的关系	敌对关系	伙伴关系
关系的长短	短期	长期
合同的长短	短期	长期
订货数量	大	小
运输策略	一种商品整车装运	准时制/ECR/QR
质量保证	需要验货	不用验货
同供应商的交流方式	采购单	电子数据交换（EDI）
交流的频率	零星	连续
库存的性质	企业资产	企业负债
供应商的数目	很多，越多越好	少数或只有一个
产品设计过程	先设计，再采购	先征询供应商意见，再设计
生产数量	大批量	小批量
配送计划	每月	每周或每天
供应商位置	分布很分散	尽可能集中
仓库	大型仓库	小型仓库，灵活性高

3. 供应链战略联盟的优势

供应链战略联盟具有如下优势：

(1) 供应链通过重组现存价值链结构，优化存量资源配置；

(2) 供应链实现产品、客户、技术、物流、信息等资源的重新组合和优化；

(3) 供应链通过信息管理、数据呈现、工作流实现企业群的协同价值最大化；

(4) 企业间依赖供应链管理信息技术保持高度的协调性，使得供应链具有较强的创新能力和市场适应能力；

(5) 缩短配送前置时间，提高配送可靠性和及时配送率，降低库存水平，减少产品质量问题，具有竞争性的价格和优先供应等。

2.4.2 供应链战略联盟的作用

供应链联盟作为一种新型的企业合作模式，打破了现存价值链的结构。供应链战略联盟的形成,对于降低供应链总成本、降低供应链上的库存水平、增强信息共享水平、改善相互之间的交流、保持战略伙伴相互之间操作的一贯性、提升企业的核心竞争力、产生更大的竞争优势,以实现供应链节点企业的财务状况、质量、产量、交货、用户满意度及业绩的改善和提高有很重要的作用。

1. 实现快速有效地响应市场

无论是供应链,还是战略联盟,各种合作组织的存在,其最终目的都是应对快速变化的市场环境。供应链战略联盟也不例外,通过建立战略联盟,供应链上企业之间的合作关系大大加强,形成了更加统一的整体。各企业并行协调工作,能大大缩短产品开发周期,快速、及时地响应市场需求。而且,为顾客提供的"个性化解决方案",也是对需求变化的有效反应。

2. 实现优势互补

由于资源的稀缺性,每个企业所拥有的资源和能力都是有限的。企业要想获取企业以外的资源,一个明智的做法就是建立战略联盟,通过外取的方式将其他企业的优势资源为我所用。联盟伙伴间互通有无,既实现了内外资源的优势互补,又实现了资源的合理利用。这种优势互补突出表现在企业的核心能力方面,供应链上企业间建立一种合作竞争的战略伙伴关系,可以最大限度地培育和发挥各自核心能力,通过优势互补获得集体竞争优势,提高整条供应链的竞争力。

3. 促进企业之间的相互学习

一般情况下,企业是从外部模仿竞争对手的资源,但由于许多有价值的资源往往是非交易性的,难以为外部识别和轻易模仿,企业通过联盟则可以从资源拥有方学习和获得想要的资源。联盟增加了成员企业间的边界渗透力,将模仿由外部转移到内部,使模仿变得更加容易,成本也较低。此外,联盟成员企业通过信息共享及其他的交流方式互相学习、相互促进,也会进一步强化各自的核心能力。每个企业在拥有自己的核心竞争优势的同时,都可以尽可能地掌握更多的信息和技术。

4. 促进企业达到规模经济

所谓规模经济(Economy of Scale)是指随着企业生产和经营规模的扩大而使产品生产的单位成本不断下降的现象。在传统上,实现规模经济的方式主要是依靠单体企业规模的自我扩大或借助购并而使企业规模不断扩大。但是,由于企业规模扩大有其自身的内部边界,传统的模式在企业规模过大而内外受阻的双重约束下,没法达到应有的效果,组建供应链联盟则为企业实现规模经济开辟了新的道路。企业之间通过缔结联盟,可在更大范围内实现专业化分工,有效地降低各类成本,无须扩大企业自身的规模而实现规模经济,从而在行业内占据较强的竞争地位。

5. 有效分散经营风险

复杂多变的外部环境对企业的研究开发提出了新的要求,如缩短时间、降低成本。因此,任何一个企业如果想独立承担一种新产品或新技术的研究开发,必定要付出很大的代价,面临巨额的研究开发投入，以及错失市场机遇、运营失败等各种风险。在这种情况下，企业可以通过寻求合作、建立联盟来分散经营风险。虽然由市场不确定性导致的总体市场风险依然存在，但市场风险在供应链各个联盟伙伴之间得到了重新分配，使各个企业承担的风险降到最低，这在一定程度上可以分散企业的经营风险。

【知识链接 2-4】

零售企业供应链战略联盟的类型

一、研究开发型战略联盟

在产品和技术服务层次上，零售企业通过与相关利益者比如物流、信息技术服务商建立研究开发型战略联盟，从而可以在低成本条件下得到实用性和可操作性都相对优良的软件或技术。同时，这种联盟也可以让零售企业通过借助第三方力量而实现软硬件的快速更新换代，提升企业的竞争力并缩短与跨国零售巨头的差距。另外，对于技术服务商而言，与零售商结成战略联盟也不失为提高对市场的反应速度、稳定利润源的合理选择。当然，这种双赢的结果也是建立战略联盟的初衷。

二、生产供应型战略联盟

就我国市场目前的形势而言，买方市场初步形成，业绩良好的大型外资零售商在供应链中有很强的发言权，其苛刻的接货和退货条件让许多普通供应商怨声载道。如果零售企业通过采取与供应商结成战略联盟的方式实现供应链集成从而削减交易费用的话，一方面可以提升自身的竞争力，另一方面也可以形成对外商供应链的有力冲击。

三、联合销售型战略联盟

销售战略联盟是零售业中广泛采用的形式，最富有代表意义的就是特许经营，它是当前国际流行的一种经营理念，有利于企业销售网点快速、低成本增长，所以被认为是一种既安全又收益快的战略联盟形式。这种联合形式强大的生命力已在零售企业中有所体现，比如上海华联超市组织战略联盟，先后在较短时间内发展了几百家加盟店，与沪上多家外资超市展开竞争，效果显著。这种联盟形式也是我国零售企业在短时间内打造"航母"的有力武器。

四、市场拓展型战略联盟

对于零售企业而言，在资金、人力、信息的资源相对不足的条件下，与房地产商、供应商携手建立市场拓展型战略联盟来共同开发新市场，一方面，可以弥补零售企业自身的不足之处，提高开拓市场的速度；另一方面，也可以大大分散风险并降低投资的不确定性，真正发挥协力者之间的协同效应。这是联盟各方都乐而为之的策略选择。

2.4.3　供应链联盟成功的关键因素

影响供应链联盟成功与否的关键因素总体上有供应链战略目标、合作伙伴选择、信任机制、信息共享机制、利益分配机制、联盟绩效评估体系等。

1. 保持供应链战略目标的一致性

当联盟的最初目标实现后,各成员企业的内外部条件和战略目标都有了新的变化,原先的战略组合就容易被打破,联盟趋于不稳定。因此,必须保持联盟的灵活性和适应性,以便及时调整目标,保持供应链战略目标的一致性。

2. 恰当选择合作伙伴

合作伙伴的选择是供应链联盟成功与否的关键。供应链联盟必须考虑如何选择最优的供应链合作伙伴,同时将选好的供应商、制造商、分销商、零售商等有机地集合起来,使之成为相互关联的整体。为此,企业要根据实际情况确定恰当的合作伙伴选择标准,而不能孤立地、片面地考虑某种优势,犯"以点代面"的错误。

【知识链接2-5】

合作伙伴的选择原则

选择合作伙伴的一般性原则包括如下几点:
(1)核心能力原则:伙伴企业必须具有核心能力,且能贡献给联盟;
(2)总成本核算原则:实现供应链总成本最小化,实现多赢的战略目标;
(3)敏捷性原则:各伙伴企业须具有较高的敏捷性,能做到快速响应;
(4)风险最小化原则:认真考虑风险问题,尽量减少供应链整体运行风险。

3. 建立健全的信任机制

健全的信用可以给合作各方带来长期而可观的收益,建立信任机制主要应注意以下几个方面:
(1)建立对机会主义行为的防范、监督与惩罚机制;
(2)提高长期合作的期望收益,减少短期行为发生;
(3)构筑便捷的信息沟通渠道,以便信息能够在联盟企业间及时传递;
(4)持续的团队学习。

4. 建立信息共享机制

信息是整个供应链运作的关键因素,为供应链的决策和战略制定提供依据。要使信息为供应链中各节点的企业所获得和利用,需要企业做到以下几点:
(1)为系统功能和结构建立统一的业务标准;
(2)为信息系统的定义、设计和实施建立连续的试验和检测方法;
(3)实现供应商和制造商之间计划信息的集成;
(4)运用合适的技术和方法,提高系统运作的可靠性,降低运行的总成本;
(5)确保信息的有效获得且与关键业务指标一致。

5. 建立联盟企业间合理的利益分配机制

企业通过供应链战略合作实现双赢以后，就存在着一个利益分配问题，供应链企业间的利益分配公平性将直接影响到合作企业各方的积极性。不合理的分配机制有可能导致供应链上企业合作关系的破裂。因此，供应链联盟要在坚持风险与利益相平衡原则、个体合理原则、结构利益最优化原则、多劳多得原则及民主决策原则的前提下，建立公平、合理的利益分配机制来平衡各个成员的利益。

6. 建立供应链联盟绩效评估体系

供应链联盟绩效是指供应链联盟中各成员通过信息共享和协调运作，在供应链的硬件设施、人力资源和技术开发能力等内外资源的支持下，通过研究开发、制造、物流管理、市场营销、顾客服务等活动来创造或增加的价值的总和。供应链联盟绩效评价是指建立供应链的评价指标体系，运用数量统计和运筹学方法，通过定量和定性分析，对供应链联盟在一定时期内的绩效做出客观、公正和准确的综合评判。

【案例分析 2-4】

Ryder 公司为 Whirlpool 公司提供物流服务

1990 年以前，Whirlpool 公司在美国有十几家工厂，按其当时的经营模式，经营利润很低。经过分析，得知其原因为：Whirlpool 公司在美国的 11 家工厂各自处理自己的物流工作，结果使原材料供应线路十分混乱，物流成本得不到控制。管理者意识到，节省物流开支的一个有效途径就是把各自工厂的物流集成起来，统一规划运作。

Whirlpool 公司经与 Ryder 综合物流公司合作，Ryder 公司很快就在克利夫兰建立了专为 Whirlpool 公司服务的物流中心，对 Whirlpool 公司的运输企业进行了改组，精简了仓库和货车运输业务，调整了物流信息沟通等方面的计算机信息系统。

1994 年，Whirlpool 公司的原料运送费用减少了 10% 以上。Ryder 公司为 Whirlpool 公司提供物流硬件服务和软件服务，以此为契机，两家公司建立了长期合作的联盟关系，实现了双赢的效果。

【分析】供应链联盟作为一种新型的企业合作模式，打破了现存价值链的结构。供应链战略联盟的形成，对于降低供应链总成本、降低供应链上的库存水平、增强信息共享水平、改善相互之间的交流、保持战略伙伴相互之间操作的一贯性、提升企业的核心竞争力、产生更大的竞争优势，以实现供应链节点企业的财务状况、质量、产量、交货、用户满意度及业绩的改善和提高有很重要的作用。

资料来源：http://wenku.baidu.com/view/b73b5bdb7f1922791688e826.html.

任务 2.5 选择供应链合作伙伴

2.5.1 供应链合作关系的定义及特征

1. 供应链合作关系的定义

供应链合作关系(Supply Chain Partnership,SCP),也称供应链伙伴关系、供应商—制造商关系、卖主/供应商—买主关系或供应商关系,可定义为供应商与制造商之间、制造商与销售商之间在一定时期内共享信息、共担风险、共同获利的协作关系,如新产品/技术的共同开发、数据和信息的交换、研究和开发的共同投资。

供应链上的合作伙伴通过相互之间的战略合作来实现供应链整体成本最优化、价值最大化,各合作伙伴可以从中获利,实现自身收益最大化。供应链战略合作伙伴关系如图 2-4 所示。

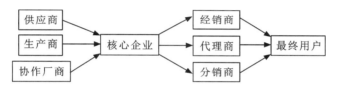

图 2-4 供应链战略合作伙伴关系

2. 供应链战略合作伙伴关系的特征

在供应链战略合作伙伴关系下,企业与供应商、分销商以及零售商的关系不再仅仅是单纯的买卖交易关系、对手关系,而是一种更为紧密的合作关系。企业间保持长期、直接的合作关系,达成一致观念,建立相互间的信任,确定共同目标和行动计划,强调资源共享,共同制定决策,共同努力解决问题。供应链战略合作伙伴关系与传统企业关系相比发生了根本变化,在众多方面存在着明显的差异,表 2-2 仅对部分特征的区别加以比较。

表 2-2 传统企业关系与供应链战略合作伙伴关系的比较

区别点	传统企业关系	供应链战略合作伙伴关系
供应商数量	很多	少,一般为一个或几个
可靠性	不确定	高
信息公开程度	单向的、封闭的递阶传递	共享,各个方面的成本透明
柔性	低	高
质量保证	制造商不被信任的质量检查	为实现零缺陷而共同努力
选择供应商的基准	基于价格的竞价	各项综合、长期的绩效
地理位置	非常分散	尽可能集中

续表

区别点	传统企业关系	供应链战略合作伙伴关系
交流方式	采购单	电子数据交换（EDI）系统
交易频率	低、零星	高、连续
交易长短	短	长
研发	先设计再采购	供应商介入共同研发
配送计划	每月	每周或每天
库存的性质	企业资产	企业负债
业务量	大、形成存货资产	小、适时供应、减少库存

【知识链接 2-6】

建立供应链合作关系的意义

通过建立供应商与制造商之间的战略合作关系，可以达到以下目标。

(1) 对于制造商：降低成本；实现数量折扣；提高产品质量；降低库存水平；改善时间管理；更好的产品设计和对产品变化更快的反应速度。

(2) 对于供应商：更好地了解用户需求；保证有稳定的市场需求；提高零部件及整机质量；降低生产成本；提高对买主交货期改变的反应速度和柔性。

(3) 对于双方：增强相互之间的交流；实现共同的期望和目标；共担风险和共享利益；实现相互之间的工艺集成、技术和物理集成；减少外在因素的影响及其造成的风险；增强矛盾冲突解决能力；订单、生产、运输上实现规模效益以降低成本。

2.5.2 供应链战略合作伙伴关系的建立

建立供应链战略合作伙伴关系的基础包括：相互的信任；有利于促进供应链运作的信息共享；高于各自独立经营时的水平的具体目标；各合作伙伴都要遵循的基本操作章程；退出战略合作伙伴关系的规定；等等。

1. 建立供应链战略合作伙伴关系的原则

建立供应链战略合作伙伴关系，应坚持下列原则。

(1) 达成一致观念：供应链中核心企业应将供应链的理念传达给未来的合作伙伴，使各方都能领会供应链管理的实质，从而主动参与到供应链管理中来。

(2) 建立相互的信任：为了增进相互的信任度，供应链成员企业应表达自己的诚意，开诚布公地交换各自的情况，告诉对方本企业开展什么业务、生产什么产品、实力如何，希望同对方在哪些方面合作、达到什么目标。

(3) 确定行动共同目标和行动计划：供应链战略联盟必须有明确的目标和行动计划，作为各企业共同努力的方向，目标可以是降低成本、提高顾客满意度，也可以是提高服务水平、扩大市场份额。

2. 建立供应链战略合作伙伴关系的策略

供应链企业之间的合作策略根据其合作的时间长短和关系密切程度可以分为以下几种情况：长期战略性合作、中期策略性合作以及短期临时性合作。

（1）长期战略性合作是指供应链中的各节点企业根据发展战略的需要，通过与合作伙伴的战略合作，使得合作各方把自己的资源投入到共同的任务中以寻求各方"共赢"的一种合作策略。它不仅可以使企业分散开发新产品的风险，同时，也使企业可以获得比单个企业更高的创造性和柔性，最终实现合作各方在产品、资本、研发、营销等方面的优势互补。

（2）中期策略性合作是指供应链企业基于一定项目的合作，主要用以应对急剧变化的市场机会。这种合作规模较小，但相对灵活，通常这种合作只考虑企业的中期战略。

（3）短期临时性合作是指企业在完全控制其主导产品生产过程的同时，外包一些非核心业务。这种合作的规模更小，灵活性更强，它可以使企业缩减过量的经常性开支，降低固定成本，同时提高劳动力的柔性，提高劳动生产率。

对以上三种合作策略的选择应该是动态的，而非静止不变的，企业应根据市场需求、自身发展战略以及生产经营的变化，做出相应的调整。在实施合作策略时，企业应根据自身条件及环境特点，尽可能做到以长期战略性合作为主、中期策略性合作与短期临时性合作为辅，取长补短，充分发挥这三种合作策略各自的优势并努力实现整体效应。建立战略伙伴关系的反馈模型如图2-5所示。

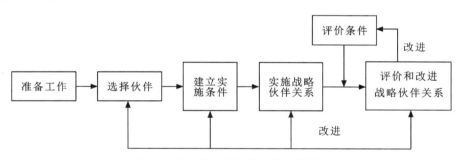

图 2-5　建立战略伙伴关系的反馈模型

小思考 2-3

【问题】如何选择供应链合作伙伴？

【回答】企业在选择供应链战略联盟伙伴时，需要对潜在合作伙伴的以下各个方面有明确的了解：

（1）潜在合作伙伴的竞争地位如何？它进入联盟网络的方法是什么？合作双方的能力是否协调？

（2）潜在合作伙伴的技术资源和创新潜力如何？

（3）潜在合作伙伴加入这一合作关系，双方各自的最主要原因是什么？其目标是否匹配？

（4）潜在合作伙伴的企业文化（国家文化）和价值观的基础是什么？有无文化冲突？如何解决文化冲突？

(5)怎样才能使双方和睦相处从而建立和发展融洽的合作关系?
(6)潜在合作伙伴的联盟记录怎样?它在以前的合作过程中发生过什么问题?
(7)什么事情和环境(主要针对合作关系)是合作双方不能控制的?能否容忍这种情况?
(8)合作双方对未来的预期是否相适应?
(9)当环境发生变化时,如何应付?
(10)获得最好的合作关系所需要的管理和经营方式是什么?

● 基本训练

□ 知识题

1.1 阅读理解

1. 简述供应链管理战略的含义及特征。
2. 如何定义核心竞争力?你认为公司应该在供应链领域具备什么样的核心竞争力?
3. 供应链战略联盟的内涵是什么?
4. 企业如何进行业务外包活动?
5. 你是如何理解供应链管理的基本思想的?

1.2 知识应用

1. 判断题

(1)供应链合作关系的主要特征是从以产品/物流为核心转向以集成/合作为核心。(   )
(2)在零部件及原材料供应链管理中,企业要与所有的供应商结成战略合作伙伴。(   )
(3)战略伙伴关系是以交易为基础的。(   )
(4)如果根据产品的客户需求模式分类,则可以将产品分为功能性产品和周期性产品两类。(   )
(5)供应链管理一体化战略包括联盟战略和外包战略。(   )

2. 选择题

(1)供应链战略管理就是要从企业发展战略的高度考虑供应链管理的事关全局的核心问题,但它不包括(   )。

　　A. 实施战略的制定问题　　　　　　B. 运作方式的选择问题
　　C. 物流信息平台的建立问题　　　　D. 绩效测量与评价问题

(2)下列对拉动式供应链优势的叙述中,不正确的是(   )。

　　A. 支持产品的不断变化
　　B. 延长交货周期,提高经营效率
　　C. 改进质量,降低单位成本
　　D. 能够全面衡量业绩,更易于实施控制

(3)下列关于供应链战略联盟的形成及运作方式的叙述中,不正确的是(   )。

　　A. 供应链战略联盟是企业为共同利益所形成的联合体
　　B. 战略联盟的提出是基于资源集成的思想
　　C. 供应链战略联盟不能按模块的分解来招标,选择合适的合作伙伴,形成动态的战略联盟

D.供应链战略联盟有效实施的关键因素就在于模块化,包括组织的模块化和产品的模块化

(4)(　　)不是供应链战略联盟的形式。
A.合同项目　　　　　　　　　　B.第三方物流
C.零售商—供应商伙伴关系　　　　D.经销商一体化

(5)供应链合作伙伴关系的驱动力之一是(　　),它是企业保持和发展自身优势的内在驱动力。
A.不断变化的顾客期望　　　　　　B.核心竞争力
C.外包战略　　　　　　　　　　　D.市场变化

□ 技 能 题

1.实训内容:参观1~2家企业,要求学生写一份参观报告,报告内容包括企业供应链结构模式、供应链战略管理的类型与策略、供应链战略管理的规划与实施方法等情况。

实训目的:要求学生了解典型企业的供应链战略管理的策略规划与实施方法。

实训要求:仔细观察,认真听讲解;结合所学知识进行认真思考。

2.实训内容:查阅供应链战略联盟的知名网站,写出3~4个网址,对某一自己感兴趣的网页栏目话题写一篇1 000字左右的关于供应链战略联盟的体会。

实训目的:对供应链战略联盟的重要性有进一步认识;掌握一些企业建立供应链战略合作伙伴关系的经验。

实训要求:认真思考,结合所学知识,用自己的语言写出自己关于供应链战略联盟的体会。

● 综合案例

宝洁公司的供应链管理战略

宝洁公司是全球著名的日用品制造厂商。下面以宝洁公司的香波产品供应链优化为例,剖析宝洁供应链管理战略。

一、材料不同,制定的时间不同

香波生产原材料的最长供应时间为105天,最短7天,平均68天。根据原材料的特点,宝洁公司将其分为A、B、C三类分别进行管理:A类品种占总数的5%~20%,资金占60%~70%;C类品种占总数的60%~70%,资金占比小于15%;B类品种介于二者之间。对不同的材料,管理策略分为全面合作、压缩时间和库存管理三类。对材料供应部分的供应链进行优化,将时间减少和库存管理结合起来。比如,原材料A供应提前期为105天,但是订货价值只占总价值的0.07%,不值得花费很多精力讨论缩短提前期。而原材料B虽然提前期只有50天,但是年用量高达总价值的24%,因此对这样的材料应该重点考虑。

二、原材料的库存由供应商管理

以广州黄埔工厂为例,黄埔工厂将后面6个月的销售预测和生产计划周期性地和供应商分享。供应商根据宝洁的计划制定自己的材料采购计划,并根据宝洁生产计划的要求提前12天将材料送到宝洁工厂。宝洁使用材料之后付款。对供应商来说,不必为宝洁生产多余的安全库存,自己内部计划安排更灵活性;对宝洁来说,节省了材料的下单和采购成本。实际的

材料采购提前期只是检测周期,至于原材料 A,采购提前期由 81 天缩短到 11 天,库存由 30 天减少到 0 天。

三、压缩材料库存的时间

对于价值不高且占用存储空间很大的材料,无论用量大小,均适合采用压缩供应链时间的方法来管理。这类材料大概占所有材料的 15%。对这类材料,不能只采取传统的库存方法,因为高频率、小批量、多变的生产方式对材料供应的要求更高。如果供应时间长,则要求工厂备有很大的安全库存。通过考察供应商质量方面的日常表现,宝洁对材料实施免检放行。结合对存储时间和运输时间的些许改变,以及延迟时间和检测时间的减少,总体时间最后减少了 18 天。材料库存从 30 天减少到 20 天,库存价值每个月减少了 2 万美元。

四、与供应商进行全面合作

在香波供应链中,总会有一两个供应商供应用量大、材料占据空间大、价值高的 A 类材料。比如在黄埔工厂,主要是香波瓶供应商。这类供应商供应提前期已经很短,找不到时间压缩空间,所以宝洁和供应商同步进行供应链优化,寻找在操作和管理系统中存在的机会。首先是供应商内部改进。瓶形之间转产时间大约为 1 小时,为不同品种的香波瓶制定不同的生产周期。对于个别品种,以建立少量库存的方式保证供货,在生产能力有闲暇的时候生产这些品种以补充库存。其次是供应商和宝洁合作改进。将 100 多种印刷版面合并成 80 多种,减少了转产频率。在材料送货方面,为适应多品种、小批量的要求,宝洁雇用专门的运输商每天将同一区域的材料收集运送到宝洁。与供应商各自承担运输任务相比,运输成本明显降低,更好地满足了客户要求。

五、用产品标准化设计压缩时间

宝洁摒弃原来不同品牌香波使用不同形状的包装设计的做法,改为所有香波品牌对于同一种规格采用性质完全一样的瓶盖,不同的产品由不同的瓶盖颜色和印刷图案区分。这样一来,减少了包装车间转产次数。例如,根据旧的设计方案,海飞丝 200ml 转产到飘柔 200ml,转线操作需要 25 分钟。统一包装设计之后,包装车间无须机器转线,只需要进行 5 分钟的包装材料清理转换即可。这项改进减少了包装车间 20% 的转线操作,从原来的 112 小时/月减少到 90 小时/月。

六、优化仓储管理,缩减货物存取时间

以黄埔工厂管理为例,黄埔工厂的仓储在开始实施每日计划时同步进行了改进。原来的情况是有两种货架:一是叉车可以从提货通道提取任何一个地台板的选择式货架,适合产量不大的品种;另一种是叉车开入式的 3 层货架集中设计,每次出货入货的最小单位都是 12 个地台板,大约相当于 6 吨香波产品,即一个最小的生产批量。宝洁公司做了如下改进:增加一个货架设计,仍然是 3 层开入式提取和存放货物。但是通过改进,每一层是一个单独的产品品种,即每次出货入货的最小单位是 4 个地台板,相当于最小批量是 2 吨的香波成品,使得产品能够根据规模在合适的货架进行存放和提取。

七、供应链下游优化

一是运输环节的优化与管理。采用第三方物流负责从工厂到全国仓库的运送,与物流供应商签订详细的运输协议,衡量运输商的可靠性和灵活性。每天跟踪运输业绩,考察由供应商

造成的货物损坏率以及由于运输不及时造成的客户订单损失。利用统计模型分析不同类型产品的运输调货频率,进行最优化设计,找到保留库存、卡车利用率和满载率的平衡点。二是与客户之间的订单处理与信息共享。与大客户建立电子订单处理系统,比传统的电话传真更快捷。与个别客户统一产品订货收货平台,及时了解客户的销售活动信息,如开店促销等,并反馈回工厂,保证客户开展新的市场活动时,宝洁有充足的产品供应。宝洁公司通过与对供应链上下游伙伴的合作,不断挖掘自身生产过程中的时间压缩机会,以实现对客户需求的快速响应,不断夯实作为公司竞争力的供应链反应速度。

问题:
1. 宝洁供应链管理战略的目标是什么?
2. 宝洁公司是否构筑了供应链管理战略联盟?
3. 宝洁公司是否有外包行为?

资料来源:http://doc.mbalib.com/view/c51fc54129571d75435411dd30533b83.html。

●综合实训

供应链管理软件的使用

一、实训目的与要求

通过一个具体的供应链管理软件的使用,使学生加深对供应链管理的理解,了解并掌握供应链管理的一些优化策略。

二、实训环境及系统的安装配置

1. 服务器端的计算机上需安装 jdk 1.5 或以上版本,并且要安装 tomcat 应用服务器 5.5 或以上版本。至于应用服务器的端口选择,默认端口号为 8080。

2. 数据库服务器采用 sql server 2000 数据库软件,并且需打上该数据库的 sp4 补丁,补丁安装方法如下:

(1) 下载补丁文件;

(2) 双击该补丁文件(后缀为 .exe)选择安装路径,此处以 d:\sp4 为例,选择 next 就可以了,此次安装实际上是解压;

(3) 在刚刚安装 sp4 的路径下有个 setup.exe,双击该文件,补丁安装正式开始,如果数据库有密码,输入密码或者选择 Windows 认证,继续安装,安装结束后需重启 sql server 2000。

3. 打开 sql server 2000 的企业管理器,新建数据库,数据库名为"供应链管理系统"。然后在此数据库上还原数据库,还原时选择"从设备",再选择项目根目录中的"数据库备份"文件来还原。如果顺利,即可查看该数据库。

4. 在目录 SupplyChain\WEB-INF\classes\com\constant 下有个 config.properties 文件,用记事本打开该文件,修改其中的 conn_user=sa 和 conn_pwd=123456 两行(如果您的数据库的 sa 账号密码为 123456,则该文件不用修改)。如果您有权限登录 sql server 2000 的 sa 账号,则 conn_user=sa 项不用改,直接修改 conn_pwd=123456 项等号右边的值。如您的数据库密码为 123,则该项修改后为 conn_pwd=123。如果您需要用其他用户名登录 sql server 2000,则需要把 conn_user=sa 项的 sa 改为您登录 sql server 2000 的用户名。config.properties 文件的其他内容不需要修改。修改后保存文件。注意,文件如果是只读属性的,需要修改属性才能修改保存。

5. 把 SupplyChain 文件夹拷贝到安装 tomcat 目录下的 webapps 目录。重启 tomcat 服务器。

6. 在浏览器中输入 http://localhost:8080/SupplyChain。如果您修改了 tomcat 的的端口号,则将 8080 修改为您的 tomcat 端口号即可。本地运行成功。其他机器要访问,则将 http://localhost:1000/SupplyChain/ 中的"localhost"修改为您的 IP。比如您的计算机 IP 为 202.193.75.38,则其他计算机访问该网站的地址为 http://202.193.75.138:8080/SupplyChain/。

另外,要保证运行了 comcat 安装目录下 bin 文件夹下的 comcat 可执行程序。

三、实训准备

请回顾理论课授课内容,回答以下问题:

1. 什么是横向一体化的经营理念?
2. 供应链管理的目标有哪些?

四、实训内容和步骤

1. 系统安装配置。
2. 学生根据角色分配来轮流对系统各个功能模块进行操作,这些模块分别包括供应商系统、采购管理系统、仓库管理系统、客户关系管理系统、运输和分销管理系统等。
3. 根据实训操作,发现新的问题(如供应链需求放大效应),并且提出解决方法。

五、实训要求

1. 回答实训准备中的问题。
2. 根据实训要求进行操作,写出详细步骤。
3. 谈谈如何通过本系统实现供应链管理的目标。
4. 你认为本系统有何优越性,谈谈本系统是如何实现集成化的。
5. 针对在操作中发现的新问题,提出自己的看法或者给出对策。

项目 3　智慧供应链运营管理方法

· 思政目标 ·

◎ 对客户的需求能做到快速、有效反应,树立"顾客至上"的理念。

· 知识目标 ·

◎ 了解快速反应及有效顾客响应的背景和内涵;
◎ 明确有效顾客响应的构建,掌握协同规划、预测与补货方法的关键因素;
◎ 熟知价值链分析的特征和企业资源计划的核心功能;
◎ 掌握有效顾客响应战略基于活动的成本控制方法的步骤。

· 技能目标 ·

◎ 能够根据企业实际情况拟订 QR 的实施步骤;
◎ 能够拟订 ECR 的构建方案;
◎ 能够拟订 CPFR 的实施步骤。

欧蓓乐公司的供应链管理

欧蓓乐是在美国专门从事体育服装销售的公司,它主要负责设计高档滑雪服并通过美国的大型商店和体育用品商店销售其产品,其供应商遍布全球。

欧蓓乐公司经营的主要特点如下:滑雪服装的需求受天气情况、流行服装的趋势、国民经济状况等因素的影响很大,并具有较强的季节性;每年的服装更新率都在 95% 以上,是典型的时装性产品,并且该产品的生命周期极短,预测难度较大,一旦有存货过季,产品便极度贬值,而服装产品的种类、半成品及原材料的种类相当多,原材料的加工和运输以及产品的配送提前期很长;小批量的订货,较少的市场预测;产能相当有限;等等。

因此,如何确定该公司未来不同产品的生产量、原材料及半成品的库存量和采购量是公司经营管理的首要问题,但由于缺乏充分的市场信息,决策风险较大,要获取信息很可能推迟决策从而降低零售商的交货效率,大大影响产品的销售。公司常出现部分款式或颜色没有被零售商采购,有些产品由于不畅销而降价销售(有时甚至低于成本价格),而畅销品又经常缺货。

因此，有效且准确地预测各类产品的销售能力是企业成功的关键。

为解决该问题，欧蓓乐采用了诸如缩短提前期、改变预测方式等有助于改进预测准确性的一系列方法，如总部使用了计算机来缩短订单的处理时间，在远东建立仓库来应付原材料需求的提前期，一旦出现需求紧急的情况可采用空运代替海运。到了2010年，欧蓓乐公司的总提前期缩短了一个月。在市场信息缺乏的情况下，欧蓓乐公司成立了采购小组来共同进行需求的预测，但事实证明这种方式对预测误差的改进并没有起到很大作用。

欧蓓乐公司的问题引起了哈佛大学商学院和宾夕法尼亚大学沃顿商学院教授们的重视，经过调查与研究，他们提出了一种称为"精确响应"的解决策略，主要包括如下几个方面。

(1) 将决策小组的集体预测方式改为决策小组的个人预测方式，据此进行产品需求的概率型预测，预测方差表明了产品风险。当各自的预测值比较接近时，其平均值预测精度较高；反之，各自的预测值不接近时，平均值的预测精度较低。因此，根据预测分析情况可将产品划分成高预测精度产品与低预测精度产品。

(2) 初步估计生产过量和生产不足以及库存过量和库存不足导致的费用。

(3) 将生产（订购）量分成预计性生产量与反应性生产量。预计性生产量指在观测到任何市场需求之前所确定的生产量，反应性生产量指在观测到一些市场需求之后所确定的生产量。

(4) 提出了一种基于风险的生产计划方法，根据预计性生产量生产低风险产品，将高风险产品根据反应性生产量来生产，即将高风险产品的生产推迟到获得更多的市场信息之后，根据用于适时反应的生产能力以及最新的市场信息修改需求预测，从而降低需求不确定性程度，确定最终的生产预测。

"精确响应"的方法在欧蓓乐公司实施之后，因供需不匹配导致的费用下降了一半，总成本下降2%而利润增加了2/3。

【分析】在企业的生产经营活动中，建立一个快速供应体系来实现销售额增长，以达到顾客服务水平最大化及库存量、商品缺货、商品风险和减价最小化的目的，是每个企业都面临的急需解决的问题。引例中提到的公司采用了快速反应方法来协调需求预测与生产之间的关系，收到了良好的效果。快速反应方法是供应链管理方法之一，另外还有ECR、VCA、CPFR、ERP等供应链管理方法。

任务3.1 快速反应方法(QR)的实施

3.1.1 QR的产生背景和含义

1. QR产生的背景

从20世纪70年代后期开始，美国纺织服装的进口急剧增加。针对这种情况，美国纺织服装企业一方面要求政府和国会采取措施阻止纺织品的大量进口，另一方面进行设备投资来提高企业的生产率。但是，即使这样，廉价进口纺织品的市场占有率仍在不断上升，本地生产的纺织品市场占有率却在连续下降。为此，一些主要的经销商一方面通过媒体宣传国产纺织品的优点，采取共同的销售促进活动；另一方面，委托零售业咨询公司Kurt Salmon Associates (KSA)从事提高竞争力的调查。

KSA公司在经过了大量充分的调查后指出，虽然纺织品产业供应链系统的各个部分运作效率高，整个系统的效率却十分低。为此，KSA公司建议零售业者和纺织服装生产厂家合作，共享信息资源，建立一个快速反应系统来实现销售额增长。

2. QR的含义

快速反应（Quick Response，QR）是指通过共享信息资源，建立一个快速供应体系来实现销售额增长，以达到顾客服务水平最大化及库存量、商品缺货、商品风险和减价最小化的目的。QR要求零售商和供应商一起工作，通过共享POS信息来预测商品的未来补货需求，以及不断地监视市场变动趋势以探索新产品的机会，以便对消费者的需求能更快地做出反应。对制造商来说，为了在精确的数量、质量和时间要求条件下为客户提供产品，必须将订货提前期、人力、物料和库存的花费降低到最小；同时，强调系统的柔性以便满足竞争市场的不断变化。QR的着重点是对消费者需求做出快速反应。

3.1.2 QR成功的条件

在对美国纺织服装业研究的基础上，Black Burn认为，QR成功需要如下五项条件。

第一，改变传统的经营方式，革新经营意识和组织。具体来说，包括如下几点：

(1) 企业必须改变只依靠独自的力量来提高经营效率的传统经营意识，要树立通过与供应链各方建立合作伙伴关系、努力利用各方资源来提高经营效率的现代经营意识；

(2) 零售商在垂直型QR系统中起主导作用，零售店铺是垂直型QR系统的起始点；

(3) 通过POS数据等销售信息和成本信息的相互公开和交换来提高各个企业的经营效率；

(4) 明确垂直型QR系统内各个企业之间的分工协作范围和形式，消除重复作业，建立有效的分工协作框架；

(5) 通过利用信息技术实现事务作业的无纸化和自动化，改变传统的事务作业的方式。

第二，开发和应用现代信息处理技术。这些信息技术有商品条形码技术、物流条形码(SCM)技术、电子订货系统(EOS)、POS数据读取系统、电子数据交换(EDI)系统、预先发货清单(ASN)技术、电子资金支付(EFT)系统、供应商管理库存(VMI)、连续库存补充计划(CRP)等。

第三，与供应链相关方建立战略伙伴关系。具体内容包括以下两个方面：一是积极寻找和发现战略合作伙伴；二是在合作伙伴之间建立分工和协作关系。合作既要实现削减库存，又要避免缺货现象的发生，降低商品风险，避免大幅度降价现象发生，减少作业人员和简化事务性作业等。

第四，改变传统的对企业商业信息保密的做法。可以将销售信息、库存信息、生产信息、成本信息等与合作伙伴交流分享，并在此基础上，要求各方在一起发现问题、分析问题和解决问题。

第五,供应方必须缩短生产周期和商品库存。具体来说,就是要缩短商品的生产周期,进行多品种、少批量生产和多频度、小数量配送,降低零售商的库存水平,提高顾客服务水平,在商品实际需求将要发生时采用 JIT 生产方式组织生产,减少供应商的库存水平。

【案例分析 3-1】

沃尔玛的快速响应系统

沃尔玛公司 1983 年开始采用 POS 系统,1985 年开始建立 EDI 系统,这两大信息系统的建设为沃尔玛实施 QR 奠定了技术条件。1986 年,它与 Seminole 公司和 Milliken 公司在服装商品方面开展合作,开始建立垂直型的 QR 系统。当时双方合作的领域仅限于订货业务和付款通知业务。通过 EDI 系统发出订货明细清单和受理付款通知,以提高订货速度和准确性,并节约相关事务的作业成本。

为了促进零售业内电子商务的发展,沃尔玛与其他商家一起成立了 VICS 委员会来协商确定零售业内统一的 EDI 标准和商品识别标准。VICS 委员会制定了行业统一的 EDI 标准并确定商品识别标准采用 UPC 商品识别码。沃尔玛基于行业统一标准设计出 POS 数据的输送格式,通过 EDI 系统向供应商传送 POS 数据。供应商基于沃尔玛传送过来的 POS 信息,可及时了解沃尔玛的商品销售情况,把握商品的需求动向,并及时调整生产计划和材料采购计划。

在发货之前,供应商利用 EDI 系统向沃尔玛传送预先发货清单(Advanced Shipping Notice,ASN)。这样,沃尔玛事前可以做好进货准备工作,同时可以省去货物数据的输入作业,提高商品检验作业效率。沃尔玛在接收货物时,用扫描器读取包装箱上的物流条码,把扫描读取的信息与预先储存在计算机内的进货清单 ASN 进行核对,判断到货和发货清单是否一致,从而简化了检验作业。在此基础上,利用电子支付系统 EFT 向供应商支付货款。同时,只要把 ASN 数据和 POS 数据进行比对,就能迅速知道商品库存的信息。这样做的结果是,沃尔玛不仅节约了大量事务性作业成本,而且还能压缩库存,提高商品周转率。在此阶段,沃尔玛公司开始把 QR 的应用范围扩大至其他商品和供应商。这些都为沃尔玛实施"天天平价"的价格竞争战略提供了有利条件。

【分析】这是一个成功建立 QR 系统的典型案例。沃尔玛之所以取得巨大的成功,与其不断采用信息技术特别是 QR 系统的使用是分不开的。不过,沃尔玛能够成功使用 QR 系统,主要还在于沃尔玛公司 1983 年开始采用 POS 系统,1985 年开始建立 EDI 系统,这两大信息系统的建设为沃尔玛实施 QR 奠定了技术条件。

3.1.3 QR 的实施步骤

1. 采用条形码和 EDI 技术

零售商首先必须安装通用产品代码(UPC 码)、POS 扫描和 EDI 等技术设备,以加快 POS 机收款速度,获得更准确的销售数据并使信息沟通更加通畅。POS 扫描用于数据输入和数据采集,即在收款检查时用光学方式阅读条形码,获取信息。

2. 固定周期补货

QR 的自动补货要求供应商更快、更频繁地运输重新订购的商品，以保证店铺不缺货，从而提高销售额。通过对商品需求实施快速反应并保证这些商品能敞开供应，零售商的商品周转速度将更快，消费者可以选择更多的花色品种。

3. 先进的补货联盟

成立补货联盟是为了保证补货业务的流畅。零售商和消费品制造商联合起来检查销售数据，制定关于未来需求的计划和预测，在保证有货和减少缺货的情况下降低库存水平。还可以进一步由消费品制造商管理零售商的存货和补货，以加快库存周转速度，提高投资毛利率。

4. 零售空间管理

零售空间管理是指根据每个店铺的需求模式来规定其经营商品的花色品种和补货业务。一般来说，对于花色品种、数量、店内陈列及培训或激励售货员等决策，消费品制造商也可以参与其中甚至制定决策。

5. 联合产品开发

到了联合产品开发这一步，重点不再是一般商品和季节商品，而是像服装等生命周期很短的商品。厂商和零售商联合开发新产品，其关系的密切程度超过了购买与销售的业务关系，缩短了从新产品概念到新产品上市的时间，而且可以经常在店内对新产品开展实时试销。

6. 快速响应的集成

通过重新设计业务流程，将前五步的工作和公司的整体业务集成起来，以支持公司的整体战略。最后一步，零售商和消费品制造商重新设计其整个组织、绩效评估系统、业务流程和信息系统，设计的重点围绕着消费者而不是传统的公司职能，它们要求集成的是信息技术。

小思考 3-1

【问题】QR 有哪些优点？

【回答】QR 的优点如表 3-1 所示。

表 3-1　QR 的优点

QR 对厂商的优点	QR 对零售商的优点
• 更好的顾客服务 • 降低了流通费用 • 降低了管理费用 • 更好的生产计划	• 提高了销售额 • 减少了削价的损失 • 降低了采购成本 • 降低了流通费用 • 加快了库存周转 • 降低了管理成本

任务 3.2　有效顾客响应方法（ECR）的系统构建

3.2.1　ECR 产生的背景

ECR 是 1993 年初由美国食品业发起的。当时，一些制造商、经纪人、批发商和零售商组成了有共同目标的联合业务小组，其目标是通过降低和消除供应链上的无谓浪费来提高消费者价值。ECR 产生的背景可以从如下几个方面展开论述。

1. 销售增长放慢

20 世纪七八十年代，日杂百货行业的增长率放慢了，主要是因为消费者的食品支出比重降低了，这就迫使零售商为维持市场份额而展开激烈的竞争，竞争集中在增加商品的花色品种上。这种做法进一步降低了存货的周转率和售价，对利润造成了更大压力。

2. 权力的转移

另一个主要的变化，是厂商和零售商之间的权力转移。过去，零售行业是很分散的地区性行业，现在这种情况发生了很大的变化，因为零售商借助通信技术和信息技术组建了一些全国性的大公司。零售行业的这种整合导致交易的权力从供应商逐渐转向购买方。

3. 敌对关系的产生

由于交易权力的转向，再加上行业增长率的下降引起的激烈竞争，厂商和零售商之间的关系恶化了，甚至到了相互不信任的地步。同时，由于组织效率的低下以及绩效衡量系统的过时，这种情况进一步恶化。

4. 组织职能的紊乱

在食品日杂百货行业，各个部门之间基本上都是隔绝的，他们只是努力提高自己的效率。由于各部门的激励体系不同，这种隔绝状况加深了，有时各部门的工作目标甚至是针锋相对的，厂商和零售商之间的关系也是如此。例如，厂商衡量业绩的一个主要指标是送货的效率，而零售商衡量业绩的主要指标是利润。

5. 远期购买和转移购买

为了同时满足零售商和厂商的目标，双方增加了一些新的业务，最终增加了经营成本。厂商采用了促销策略，即报价很高，然后利用节日或为了满足季节送货目标而对高价进行打折，采购者可以通过大量低价购进、然后在厂商促销期结束后高价卖出的办法获利。这些业务带来了额外的库存、运输和其他成本，但在过去一段时期内，获得的额外收益远远覆盖了这些成本。

现在，这些额外的收益要大打折扣了。为保持竞争优势，几乎所有的零售商和批发商都开展了远期购买和转移购买的业务。传统的竞争优势没有了,但额外的成本仍然存在。

6. 附加折扣

为获得更大的竞争优势,大的零售商要求厂商提供其他的好处,如减免费用、返款、减价和特别的促销资金等,结果厂商只好通过提高它们产品的价格来弥补附加折扣的成本。

7. 自有品牌商品

20世纪80年代末以来,自有品牌商品大量涌现。由于日杂百货业的厂商把价格提得很高,以弥补给零售商的所有附加折扣,自有品牌商品对消费者越来越有吸引力。直接从制造商那里进货可大大提高零售商的收益,同时这些商品使用的是零售商的自有品牌,在别处买不到。目前,美国自有品牌商品占商品总量的22%,某些公司的自有品牌商品的比重甚至超过30%。

8. 新的零售形式

在20世纪80年代末,日杂百货行业又出现了一些新的零售形式,向传统的零售形式发出了挑战。这些新形式包括批发俱乐部、大型综合超市和折扣商店,其成功的原因是强调每日低价、绝对低价进货及快速的存货流转。根据麦卡林公司食品营销研究所当时的一项研究,如果没有价格的变化,到2001年这些新型的零售商在食品杂货市场的份额将增加一倍。在1987年,76%的食品杂货是通过超市销售的;到1992年这一数字跌至56%,相当于销售额减少了27亿美元。这个例子很有代表性,其他商品也都表现出了同样的趋势。

3.2.2 ECR 的定义、基本框架及特征

1. ECR 的定义

ECR(Efficient Consumer Response)即"有效顾客响应",它是在杂货分销系统中,分销商和供应商为消除系统中不必要的成本和费用,给客户带来更大效益而进行密切合作的一种供应链管理战略。具体地说,实施 ECR 需要将条码、扫描技术、POS 系统和 EDI 结合起来,在供应链之间建立一个无纸系统,以确保产品能不间断地由供应商流向最终客户,同时信息能够在开放的供应链中循环流动。

2. ECR 的基本框架

ECR 的战略主要集中在以下四个领域,也被称为 ECR 的四大"支柱"。

1)高效的店内空间安排

实施高效的店内空间安排是指运用 ECR 系统提高货物的分销效率,在有限的店铺空间内,选择最佳的陈列方式,增加畅销商品,减少滞销商品,使库存和商店的空间使用率最优化。Kahn 和 Macalister 的调查发现,通过高效的店内空间安排,可以降低物流费用,提高客户满意度,并且确保货架空间得到最充分的利用,从而提高生产厂商、分销商和零售商的利润。

2)高效的商品补充

高效的商品补充是支持整个 ECR 战略的基础。通过运用电子数据交换、以需求为导向的

自动连续补货和计算机辅助订货系统,补货系统的时间和成本实现最优化。一份美国杂货业的报告表明,通过执行 ECR 获得的收益的一大半都来自高效的商品补充。高效的商品补充开始于准确的 POS 数据,重点在于缩短订单周期,并且消除在此过程中的费用,通过努力降低系统的成本,从而降低商品的售价。

3) 高效的促销

高效的促销是指通过运用 ECR 系统提高仓库、运输和生产的效率,减少预先购买、供应商库存及仓储费用,使贸易和促销的整个系统效益最高。高效促销战略的主要内容是简化贸易关系,将经营重点从采购转移到销售。快速周转消费品行业现在把更多的时间和金钱用于评价促销活动的影响。消费者则可以从这些新型的促销活动所带来的低成本中获利。

4) 高效的新品开发与市场投入

高效的新品开发与市场投入能帮助企业正确分析和把握消费者的需求,是 ECR 的核心。它能够帮助供应商和零售商更有效地开发新产品,更好地满足现有的和潜在的客户需求,合理制定产品的生产计划,以降低成本。

实施 ECR 的四大要素可归纳为图 3-1。

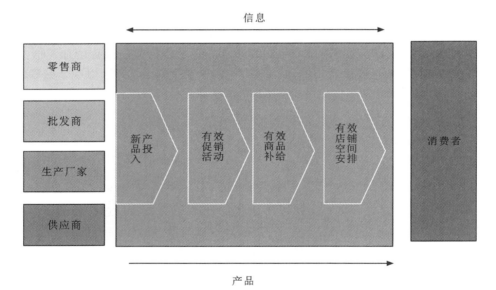

图 3-1 实施 ECR 的四大要素

3. ECR 的特征

1) 管理意识的创新

传统的产销双方的交易关系是此消彼长的对立型关系,即交易各方以对自己有利的买卖条件进行交易。简单地说,这是一种输赢型关系。ECR 要求产销双方的交易关系是一种合作伙伴关系,即交易各方通过相互协调合作,实现以低成本向消费者提供更高价值服务的目标,在此基础上追求双方的利益。简单地说,这是一种双赢型(Win-Win)关系。

2)供应链整体协调

传统流通活动缺乏效率的主要原因在于厂家、批发商和零售商之间联系的非效率性和企业内采购、生产、销售和物流等部门或职能之间联系的非效率性。传统的组织以部门或职能为中心进行经营活动,各个部门或职能以实现自身效益最大化为目标。这样虽然能够提高各个部门或职能的效率,但容易引起部门或职能间的摩擦。同样,在传统的业务流程中,各个企业以各自企业的效益最大化为目标,这样虽然能够提高各个企业的经营效率,但容易引起企业间的利益摩擦。ECR要求对各部门、各职能以及各企业之间的隔阂进行跨部门、跨职能和跨企业的管理和协调,使商品和信息在企业内和供应链内顺畅地流动。

3)涉及范围广

既然ECR要求对供应链整体进行管理和协调,ECR所涉及的范围必然包括零售业、批发业和制造业等相关的多个行业。为了最大限度地发挥ECR所具有的作用,必须对关联的行业进行分析研究,对组成供应链的各类企业进行管理和协调。

 【知识链接 3-1】

ECR 的应用原则

以食品行业为例,应用 ECR 时必须遵守以下五个基本原则。

(1)以较少的成本,不断致力于向食品杂货供应链顾客提供更优的产品、更高的质量、更好的分类、更好的库存服务以及更多的便利服务。

(2)ECR 必须由相关的商业带头人启动。该商业带头人应决心通过代表共同利益的商业联盟取代旧式的贸易关系而达到获利之目的。

(3)必须利用准确、适时的信息支持有效的市场、生产及后勤决策。这些信息将以 EDI 的方式在贸易伙伴间自由流动,影响以计算机信息为基础的系统信息的有效利用。

(4)产品必须随其不断增值的过程,从生产、包装直至流动到最终顾客的购物篮中,以确保顾客能随时获得所需产品。

(5)必须建立共同的成果评价体系。该体系注重整个系统的有效性(即通过降低成本与库存以及更好的资产利用,实现更优价值),清晰地标识出潜在的回报(即增加的总值和利润),促进对回报的公平分享。

总之,ECR 是供应链各方推进真诚合作来实现消费者满意和基于各方利益的整体效益最大化的过程。

3.2.3 ECR 系统的构建

ECR 作为一个供应链管理系统,需要把市场营销、物流管理、信息技术和组织革新技术有机结合起来作为一个整体使用,以实现 ECR 的目标。构筑 ECR 系统的具体目标是实现低成本的流通、建设基础关联设施、消除组织间的隔阂、协调合作满足消费者需要。组成 ECR 系统的技术要素主要有营销技术、物流技术、信息技术和组织革新技术。

1. 营销技术

在 ECR 系统中采用的营销技术主要是商品类别管理(CM)和店铺空间管理(SM)。

1)商品类别管理

商品类别管理是以商品类别为管理单位,寻求整个商品类别总体收益最大化。具体来说,企业对经营的所有商品按类别进行分类,确定每一个类别商品的功能、收益性、成长性等评价指标。在此基础上,综合考虑各类商品的库存水平和货架展示等因素,制定商品品种计划,对整个商品类别进行管理,以便在提高消费者服务水平的同时增加企业的销售额和收益水平。

例如,企业把某类商品设定为吸引顾客的商品,把另一类商品设定为增加企业收益的商品,努力做到在满足顾客需要的同时兼顾企业的利益。商品类别管理的基础是对商品进行分类。分类的标准、各类商品功能和作用的设定依企业的使命和目标不同而不同。但是在原则上,商品不应该以是否方便企业来进行分类,而应该以顾客的需要和购买方法来进行分类。

2)店铺空间管理

店铺空间管理是对店铺的空间安排、各类商品的展示比例、商品在货架上的布置等进行最优化管理。在 ECR 系统中,店铺空间管理和商品类别管理同时进行、相互作用。在综合店铺管理中,对于该店铺所有类别的商品进行货架展示面积的分配,对于每个类别下不同品种的商品进行货架展示面积分配和展示布置,有利于提高单位营业面积的销售额和收益率。

2. 物流技术

ECR 系统要求及时配送(JIT)和顺畅流动。实现这一要求的方法有连续库存补充计划(CRP)、自动订货(CAO)、预先发货通知(ASN)、供应商管理库存(VMI)、交叉配送、店铺直送(DSD)等。

(1)连续库存补充计划(CRP)利用及时、准确的 POS 数据确定销售出去的商品数量,根据零售商或批发商的库存信息和预先规定的库存补充程序确定发货补充数量和发送时间。以小批量、高频率方式进行连续配送,补充零售店铺的库存,提高库存周转率,缩短物流周期。

(2)自动订货(CAO)是基于库存和需求信息利用计算机进行自动订货的系统。

(3)预先发货通知(ASN)是生产厂家或者批发商在发货时利用电子通信网络提前向零售商传送货物的明细清单。零售商事前可以据此做好货物进货准备工作,同时省去货物数据的输入作业,提升商品检验作业的效率。

(4)供应商管理库存(VMI)是生产厂家等上游企业对零售商等下游企业的流通库存进行管理和控制的系统。具体地说,生产厂家基于零售商的销售、库存等信息,判断零售商的库存是否需要补充。如果需要补充的话,自动地向本企业的物流中心发出发货指令,补充零售商的库存。VMI 方法包括了 POS、CAO、ASN 和 CRP 等技术。在采用 VMI 的情况下,虽然零售商的商品库存决策主导权由作为供应商的生产厂家把握,但是,在店铺的空间安排、商品货架布置等店铺空间管理决策方面仍然由零售商主导。

(5)交叉配送是指在零售商的流通中心,把来自各个供应商的货物按发送店铺迅速进行分拣装车,向各个店铺发货。在交叉配送的情况下,流通中心便是一个具有分拣装运功能的中转型中心,有利于缩短交货周期、减少库存、提高库存周转率,从而节约成本。

(6)店铺直送(DSD)方式是指商品不经过流通配送中心,直接由生产厂家运送到店铺的运送方式。采用店铺直送方式可以保持商品的新鲜度,减少商品运输破损,缩短物流周期。

3. 信息技术

ECR 系统应用的信息技术主要有电子数据交换(EDI)和销售时点系统(POS)。

1)EDI

ECR 系统的一个重要信息技术是 EDI。信息技术最大的作用之一是实现事务作业的无纸化或电子化。利用 EDI,可以在供应链企业间传送和交换订货发货清单、价格变化清单、付款通知单等文书单据。例如,厂家在发货的同时预先把产品清单发送给零售商,这样零售商在商品到货时,用扫描仪自动读取商品包装上的物流条形码即可获得进货的实际数据,并自动地与预先到达的商品清单进行比对。因此,使用 EDI 可以提高事务作业的效率。另外,可以利用 EDI 在供应链企业间传送和交换销售时点信息、库存信息、新产品开发信息和市场预测信息等与经营直接相关的信息。例如,生产厂家可利用销售时点信息把握消费者的动向,安排好生产计划;零售商可利用新产品开发信息预先做好销售计划。因此,使用 EDI 可以提高整个企业乃至整个供应链的效率。

2)POS

ECR 系统的另一个重要信息技术是 POS。对零售商来说,通过对在店铺收银台自动读取的 POS 数据进行整理分析,可以掌握消费者的购买动向,找出畅销商品和滞销商品,做好商品类别管理、库存管理、订货管理等工作。对生产厂家来说,通过 EDI 利用及时、准确的 POS 数据,可以把握消费者需要,制定生产计划,开发新产品,还可以把 POS 数据和 EOS 数据结合起来分析,把握零售商的库存水平,做好供应商管理库存(VMI)的管理。

现在,许多零售企业把 POS 数据和顾客卡、点数卡等结合起来使用。通过顾客卡可以知道某个顾客每次在什么时间、购买了什么商品、金额多少,到目前为止总共购买了哪些商品、总金额是多少。这样可以分析顾客的购买行为,发现顾客不同层次的需要,做好商品促销等方面的工作。

4. 组织革新技术

应用 ECR 系统不仅需要组成供应链的每一个成员紧密协调和合作,还需要每个企业内部各个部门间紧密协调和合作,因此,成功地应用 ECR 需要对企业的组织体系进行革新。

1)企业内部的组织革新

在企业内部的组织革新方面,需要把采购、生产、物流、销售等按职能划分的组织形式改变为以商品流程为基本职能的横向组织形式。也就是把企业经营的所有商品按类别划分,对于每一个商品类别设立一个管理团队,由这些管理团队为核心构成新的组织形式。在这种组织形式中,给每一个商品类别的管理团队设定经营目标(如顾客满意度、收益水平、成长率等),同时在采购、品种选择、库存补充、价格设定、促销等方面赋予相应的权限。每个管理团队由 1 个负总责的商品类别管理人和 6~7 个负责各个职能领域的成员组成。由于商品类别管理团队规模小,内部容易交流,各职能间易于协调。

2)企业之间的组织革新

在组成供应链的企业间需要建立双赢型的合作伙伴关系。具体来讲,厂家和零售商都需要在各自企业内部建立以商品类别为管理单位的组织。这样,双方相同商品类别的管理人员就可聚集在一起,讨论从材料采购、生产计划到销售状况、消费者动向的有关该商品类别的全盘管理问题。另外,需要在企业间进行信息交换和信息分享。当然,这种合作伙伴关系的建立有赖于企业最高决策层的支持。

5. 有效的新产品导入

不管哪一个行业,新产品导入都是一项重要的创造价值的业务。它们能够为消费者带来新的兴趣、快乐,为企业创造新的业务机会。特别是食品工业,在这个方面表现得更加活跃。

有效的产品导入包括让消费者和零售商尽早接触到这种产品。首要的策略就是零售商和厂商为了双方的共同利益展开密切合作。这项业务包括把新产品放在一些店铺内进行试销,然后再按照消费者的类型分析试销的结果,根据这些信息决定怎样处理这种新产品,处理办法包括:淘汰该产品;改进该产品;改进营销技术;采用不同的分销策略。

3.2.4 QR 与 ECR 的比较

ECR 主要以食品行业为对象,其主要目标是降低供应链各环节的成本,提高效率。而 QR 主要集中在一般商品和纺织行业,其主要目标是对客户的需求做出快速反应,并快速补货。这是因为食品杂货行业与纺织服装行业经营的产品的特点不同:杂货业经营的产品多数是一些功能性产品,每一种产品的寿命相对较长(生鲜食品除外),因此,订购数量过多(或过少)的损失相对较少;纺织服装业经营的产品多属创新性产品,每一种产品的寿命相对较短,因此,订购数量过多(或过少)造成的损失相对较大。

二者的共同特征表现为超越企业之间的界限,通过合作追求物流效率最大化。具体表现在如下三个方面。

第一,提高贸易伙伴间商业信息的使用效率。零售商将原来不公开的 POS 系统单品管理数据提供给制造商或分销商,制造商或分销商通过对这些数据的分析来实现高精度的商品进货、调达计划,降低产品库存,防止出现次品,进一步使制造商制定、实施对应所需的生产计划。

第二,商品供应方进一步涉足零售业,提供高质量的物流服务。作为商品供应方的分销商或制造商比以前更接近位于流通最后环节的零售商,特别是零售业的店铺,从而保障物流的高效运作。当然,这一点与零售商销售、库存等信息的公开是紧密联系在一起的,即分销商或制造商所从事的零售补货机能是在对零售店铺销售和在库情况迅速了解的基础上开展的。

第三,企业间订货、发货业务全部通过 EDI 来进行。企业间通过积极、灵活运用这种信息通信系统,来促进相互间订货、发货业务的高效化。计算机辅助订货(CAO)、供应商管理库存(VMI)、连续补货(CRP)以及建立产品与促销数据库等策略,打破了传统的各自为政的信息管理、库存管理模式,体现了供应链的集成化管理思想,适应了市场变化的要求。

从具体实施情况来看,建立世界通用的唯一的标识系统以及用计算机连接的能够反映物流、信息流的综合系统,是供应链管理必不可少的条件,即在 POS 信息系统基础上确立各种计划和进货流程。也正因为如此,EDI 的导入,助力覆盖最终顾客全过程的货物追踪系统和贸易伙伴沟通系统的建立,成为供应链管理的重要因素。

【知识链接 3-2】

ECR 带来了哪些方面的利益？

根据欧洲供应链管理委员会的调查报告,在接受调查的 392 家公司中,制造商实施 ECR 后,预期销售额增加 5.3%,制造费用减少 2.3%,销售费用减少 1.1%,货仓费用减少 1.3% 及总盈利增加 5.5%。而批发商与零售商也有相似的获益:销售额增加 5.4%,毛利增加 3.4%,货仓费用减少 5.9%,存货量减少 13.1% 及每平方米的销售额增加 5.3%。由于在流通环节中缩减了不必要的成本,零售商和批发商之间的价格差异也随之降低,这些节约了的成本最终将使消费者受益,各贸易商也在激烈的市场竞争中赢得一定的市场份额。

任务 3.3　企业资源计划(ERP)

3.3.1　ERP 概述

1. ERP 的产生

ERP(Enterprise Resource Planning,即企业资源计划)的产生可追溯到物料需求计划(MRP)和准时化运作(JIT)。1970 年,在 APICS(American Production and Inventory Control Society,即美国生产与库存管理协会)的学术年会上,MRP 的概念和基本框架被首次提出,后来得到该协会的大力支持和推广。MRP 是指根据市场需求预测和顾客订单制定产品的生产计划,然后基于产品生产进度计划、组成产品的材料结构表和库存状况,通过计算机计算所需材料的需求量和需求时间,从而确定材料的加工进度和订货日程的一种实用技术。

在实施 MRP 时,与市场需求相适应的销售计划是 MRP 成功实施的最基本的要素。如果销售领域能准确、及时提供每个时间段的最终产品需求的数量和时间,则企业就能充分发挥 MRP 的功能,有效地实现 MRP 的目标。从这一思路出发,人们把 MRP 的原理应用到流通领域,发展出营销渠道需求计划,即(配送)分销需求计划(DRP)。

1981 年,在原有基础上,MRP 的领域由生产、材料和库存管理扩展至营销、财务和人事管理等方面,制造资源计划(MRPII)应运而生。

随着经济全球化的深入发展,社会消费水平和消费结构发生深刻变革,产品呈现多样性、个性化、系统化和国际化的特征,以面向企业内部信息集成为主、单纯强调离散制造环境和流程环境的 MRPII 系统已不能满足全球化经营管理的要求。因为随着网络通信技术的迅速发展和广泛应用,为了实现柔性制造,迅速占领市场,取得高回报率,生产企业必须转换经营管理模式,改变传统的"面向生产经营"的管理方式,转向"面向市场和顾客生产",注重产品的研究开发、质量控制、市场营销和售后服务等环节,把经营过程的所有参与者如供应商、客户、制造工厂、分销商网络纳入一个紧密的供应链。

ERP就是在MRPII和JIT的基础上,通过前馈的物流和反馈的信息流、资金流,把客户需求和企业内部的生产活动以及供应商的制造资源整合在一起,体现完全按用户需求制造的一种供应链管理的功能网链结构模式。作为一项重要的供应链管理的运作技术,ERP在整个供应链的管理过程中,更注重对信息流和资金流的控制;同时,通过合理设置企业员工的工作和业务流程,促进资金、物料的流动和价值的增值,并决定了各种"流"的流量和流速。ERP已打破了MRPII只局限在传统制造业的格局,并把它的触角伸向各行各业,如金融业、高科技产业、通信业、零售业等,从而使ERP的应用范围得到大大扩展。

2. ERP的含义

ERP是指建立在信息技术基础上,以系统化的管理思想为企业决策层及员工提供决策运行手段的管理平台。它扩展了MRP的功能,是从MRP发展而来的新一代集成化管理信息系统,其核心思想是供应链管理,由美国著名的IT咨询和评估公司加特纳集团(Gartner Group lnc.)于1990年提出。ERP最初被定义为应用软件,但迅速为全世界商业企业所接受,现在已经发展成为一个重要的现代企业管理理论,也是一个实施企业流程再造的重要工具。它把企业的物流、人流、资金流、信息流统一起来进行管理,以求最大限度地利用企业现有资源,实现企业经济效益的最大化。

ERP是一种集销售、采购、制造、成本、财务、服务和质量等管理功能为一体,以市场需求为导向,以实现企业内外资源优化配置,消除生产经营中一切无效的劳动和资源,实现信息流、物流、资金流的集成与提高企业竞争力为目标,以计划与控制为主线,以网络和信息技术为平台,面向供应链管理的现代企业管理思想、方法和工具。可以从管理思想、管理信息系统、软件产品三个角度理解ERP的含义。

(1)管理思想角度:ERP是一整套企业管理系统体系标准,实质是在MRPII基础上进一步发展而成的面向供应链的管理思想。

(2)管理信息系统角度:ERP是将企业管理理念、业务流程、基础数据、人力、物力以及计算机软、硬件整合为一体的企业资源管理信息系统(Management Information System,MIS)。

(3)软件产品角度:ERP是综合应用了C/S或B/S体系结构、大型数据库、面向对象技术(OOP)、图形用户界面(GCI)、第四代语言(4GL)、网络通信等信息技术成果,面向企业信息化管理的软件产品。

3. ERP系统的管理思想

ERP的核心思想是实现整个供应链和企业内部业务流程的有效管理,具体体现在如下四个方面。

(1)对整个供应链资料进行有效管理的思想:实现了对整个企业供应链上的人、财、物等所有资源及其流程的管理。

(2)精益生产、同步工程和敏捷制造的思想:面对激烈的竞争,企业需要运用同步工程组织生产和敏捷制造,保持产品高质量、多样化、灵活性,实现精益生产。

(3) 事先计划与事中控制的思想:ERP系统中的计划体系主要包括生产计划、物料需求计划、能力需求计划等;

(4) 业务流程管理的思想:为提高企业供应链的竞争优势,必然带来企业业务流程的改革,系统应用程序的使用也必须随业务流程的变化而做出相应调整。

ERP系统的总流程如图3-2所示。

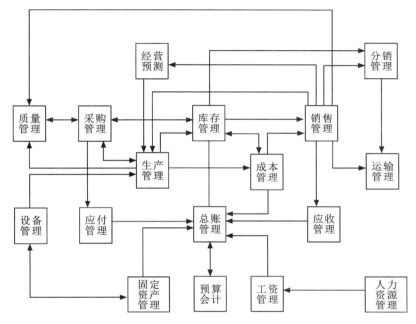

图3-2 ERP系统的总流程

4. ERP的计划层次

ERP是由计划驱动的,它有以下五个层次。

(1) 经营计划(宏观层次):企业的战略规划,这是总目标的具体体现。

(2) 销售与运营计划(宏观层次):根据经营计划目标,确定企业某一类产品在1～3年内,每年每月生产多少及需要哪些资源。

(3) 主生产计划(宏观向微观过渡层次):以生产计划大纲为依据,按时间段计划企业应生产的最终产品的数量和交货期,并在生产需求与可用资源之间做出平衡。

(4) 物料需求计划(微观层次):根据主生产计划确定的最终产品的需求数量和交货期,推导出构成产品的零部件及材料的需求量和需求日期,直至导出自制零部件的制造订单下达日期和采购件的采购订单发放日期,并进行需求资源和可用能力资源之间的进一步平衡。

(5) 车间作业计划和采购作业计划(微观层次):车间作业计划也叫车间作业控制,其任务就是根据MRP生成的零部件生产计划编制出工序排产计划。对于采购件,则编制出物料采购计划,但采购作业计划不涉及企业本身的能力资源。

ERP的计划层次如图3-3所示。

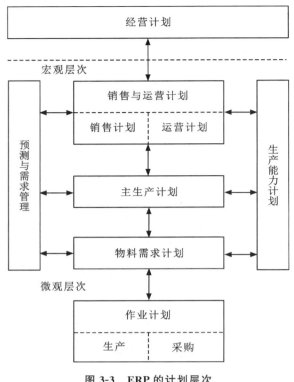

图 3-3 ERP 的计划层次

【知识链接 3-3】

基于信息系统的业务流程再造

企业应从物流、生产、营销、财务、新产品开发等一体化经营角度进行企业发展战略定位。经过战略的调整,突出信息系统管理再造的重要性。企业的信息系统就像一个人的神经系统,信息系统通畅了,企业才能良好运作。信息系统的建设主要应做好两方面的工作:优化、升级原有的 MRPII 系统,面向制造生产,解决物料相关需求的问题,通过 MPS、MRP、RCCP、CRP 等系统的优化来达到生产物流的畅通;新建企业分销资源计划(DRP)系统,实现动态和多级库存管理、动态销售管理、客户订单管理、动态信用控制、物商分流及动态财务管理等。

为此,应从以下几个方面先期进行管理变革和流程再造。

(1)建立全新的信息系统。一个典型的、设备先进的流程型制造企业的信息系统模型包括六个部分:ERP(企业资源计划)系统、CRM(客户关系管理)系统、SCM(供应链管理)系统、PDM(产品数据管理)系统、MES(制造执行)系统、T&L(运输与后勤)系统。

(2)实现数据的统一编码。如在基础数据管理方面实行统一编码,包括物品代码、客户代码、仓库代码、业务作业员代码等;在单据管理方面,取消原物品借用单、送货计划单、手工发货计划单,新建客户提货单、客户退货单、移库申请单、直发客户送货清单、其他出库单五种单据;通过信用额度控制、回款时间控制等建立客户提/发货信用管理机制,并且统一客户销售类型。

（3）生产流程再造。企业所有的业务都通过 MRPII、DRP 系统进行管理，包括销售公司生产订单的下达，生产部门生产计划、原材料/配件请购单的制定，采购部门采购订单的生成、制定和物流部门收发货计划的制定等。

（4）销售流程再造。针对 DRP 系统进行销售流程再造，包括销售公司各机构和 VIP 客户销售预测、月销售计划的制定、客户订单管理、经销商销售终端记录管理、物流部客户提货管理、发货计划/送货计划管理、库存业务管理、向第三方物流公司或企业自营库发出的物流作业指令管理及财务部门的财务管理等。

3.3.2　ERP 系统的核心内容

在 ERP 系统中，一般包括三个方面的内容：财务管理（会计核算、财务管理）；生产控制管理（计划、制造）；物流管理（分销管理、库存控制、采纳管理）。这三大系统本身就是集成体，它们互相之间有相应的接口，能够很好地整合在一起来对企业进行管理。另外，随着企业对人力资源管理重视程度的增强，已经有越来越多的 ERP 厂商将人力资源管理作为一个重要组成部分纳入 ERP 系统。

1. 财务管理模块

一般的 ERP 软件的财务部分分为会计核算与财务管理两大块。

1）会计核算

会计核算主要是记录、核算、反映和分析资金在企业经济活动中的变动过程及其结果。它由总账、应收账、应付账、现金管理、固定资产核算、多币制、工资核算、成本等模块构成。

（1）总账模块：它的功能是处理记账凭证输入、登记，输出日记账、一般明细账及总分类账，编制主要会计报表。它是整个会计核算的核心，应收账、应付账、现金管理、固定资产核算、多币制、工资核算、成本等各模块都以其为中心来互相传递信息。

（2）应收账模块：是指企业应收的由于商品赊欠而产生的正常客户欠款账，包括发票管理、客户管理、付款管理、账龄分析等功能。它和客户订单、发票处理业务相联系，同时根据各项事件自动生成记账凭证，导入总账。

（3）应付账模块：会计里的应付账是企业应付购货款等账，该模块包括发票管理、供应商管理、支票管理、账龄分析等。它能够和采购模块、库存模块完全集成以替代过去烦琐的手工操作。

（4）现金管理模块：它主要是对现金流入流出的控制以及零用现金和银行存款的核算，包括对硬币、纸币、支票、汇票和银行存款的管理，在 ERP 中提供票据维护、票据打印、付款维护、银行清单打印、付款查询、银行查询和支票查询等和现金有关的功能。此外，它还和应收账、应付账、总账等模块集成，自动产生凭证，过入总账。

（5）固定资产核算模块：即完成对固定资产的增减变动以及和折旧有关基金计提和分配的核算工作。它能够帮助管理者了解目前固定资产的现状，并通过该模块提供的各种方法来管理资产，进行相应的会计处理。它的具体功能有：登录固定资产卡片和明细账，计算折旧，编制报表，以及自动编制转账凭证并转入总账。它和应付账、成本、总账模块集成。

(6)多币制模块：这是为了适应当今企业的国际化经营，对外币结算业务的要求增多而产生的。多币制将企业整个财务系统的各项功能以各种币制来表示和结算，且客户订单、库存管理及采购管理等也能使用多币制进行交易管理。多币制和应收账、应付账、总账、客户订单、采购等各模块都有接口，可自动生成所需数据。

(7)工资核算模块：它将自动进行企业员工工资的结算、分配、核算以及各项相关经费的计提。它能够登录工资界面打印工资清单及各类汇总报表，计提各项与工资有关的费用，自动做出凭证，导入总账。这一模块是和总账、成本模块集成的。

(8)成本模块：它将依据产品结构、工作中心、工序、采购等信息进行产品的各种成本的计算，以便进行成本分析和规划。它还能用标准成本法或平均成本法按地点维护成本。

2)财务管理

财务管理的功能主要是基于会计核算的数据，再加以分析，从而进行相应的预测、管理和控制活动，包括财务计划、财务分析和财务决策等方面。

(1)财务计划：根据前期财务分析做出下期的财务计划、预算等。

(2)财务分析：提供查询功能和通过用户定义的差异数据的图形显示进行财务绩效评估、账户分析等。

(3)财务决策：这是财务管理的核心部分，中心内容是做出有关资金的决策，包括资金筹集、投放及运营管理。

2．生产控制管理模块

生产控制管理模块是 ERP 系统的核心所在，是一个以计划为导向的先进生产管理方法。首先，企业确定它的一个总生产计划，再经过系统层层细分后，下达到各部门去执行。即生产部门据此生产，采购部门按此采购，等等。

1)主生产计划

主生产计划是根据生产计划、预测和客户订单的输入来安排将来各周期中提供的产品种类和数量，将生产计划转为产品计划，在平衡了物料和能力的需要后，精确到时间、数量的详细的进度计划。它是企业在一段时期内的总活动的安排，是一个稳定的计划，是根据生产计划、实际订单和对历史销售分析得来的预测产生的。

2)物料需求计划

在主生产计划决定生产多少最终产品后，再根据物料清单，把整个企业要生产的产品的数量转变为所需生产零部件的数量，并对照现有的库存量，可得到还需采购多少、生产多少、加工多少的最终数量，即为物料需求计划。这才是整个部门真正依照的计划。

3)能力需求计划

能力需求计划是在得出初步的物料需求计划之后，将所有工作中心的总工作负荷与各工作中心的能力平衡后产生的详细工作计划，用以确定生成的物料需求计划在企业生产能力方面是否可行。能力需求计划是一种短期的、当前实际应用的计划。

4)车间控制

车间控制是随时间变化的动态作业计划,具体来说,是先将作业排序,再将作业分配到各个具体车间,进行作业管理、作业监控。

5)制造标准

在编制计划过程中需要许多关于生产的基本信息,这些基本信息就是制造标准,包括零件、产品结构、工序和工作中心,都用唯一的代码在计算机中识别。

3. 物流管理模块

1)分销管理模块

销售的管理是从产品的销售计划开始,包括对其销售产品、销售地区、销售客户各种信息的管理和统计,并可对销售数量、单价、金额、利润、绩效、客户服务做出全面的分析。这样,在分销管理模块中,大致有以下三方面的功能。

(1)对于客户信息的管理和服务:它能建立一个客户信息档案,对其进行分类管理,进而提供有针对性的客户服务,以高效实现保留老客户、争取新客户的目的。在这里,要特别提到的就是最近新出现的 CRM(客户关系管理)软件,ERP 与它的结合必将大大增加企业的效益。

(2)对于销售订单的管理:销售订单是 ERP 的入口,所有的生产计划都是根据销售订单下达并进行排产的。销售订单的管理贯穿产品生产的整个流程。

(3)对于销售的统计与分析:这时系统根据销售订单的完成情况,依据各种指标做出统计,比如客户分类统计、销售代理分类统计等,再就这些统计结果来对企业实际销售效果进行评价。

2)库存控制模块

库存控制模块用来控制存储物料的数量,以保证稳定的物流,支持正常的生产,同时尽可能少地占用资金。它是一种相关的、动态的、真实的库存控制系统,能够根据相关部门的需求,随时间变化动态地调整库存,精确地反映库存现状。

3)采购管理模块

采购管理模块的作用主要体现在以下几个方面:

(1)确定合理的定货量、优秀的供应商和保持最佳的安全储备;

(2)能够随时提供定购、验收的信息,跟踪和催促外购或委外加工的物料,保证货物及时到达;

(3)建立供应商的档案,用最新的成本信息来调整库存的成本。

4. 人力资源管理模块

1)人力资源规划辅助决策

人力资源管理模块在人力资源规划辅助决策方面的作用主要有:

(1)对企业人员、组织结构编制的多种方案进行模拟比较和运行分析,并辅之以图形的直观评估，辅助管理者做出最终决策；

（2）制定职务模型，包括职位要求、升迁路径和培训计划，根据担任该职位员工的资格和条件，系统会提出针对该员工的一系列培训建议，一旦机构改组或职位变动，系统会提出一系列的职位变动或升迁建议；

（3）进行人员成本分析，可以对过去、现在、将来的人员成本做出分析及预测，并通过ERP集成环境为企业成本分析提供依据。

2）招聘管理

人力资源管理模块在招聘管理方面的作用主要有：

（1）管理和优化招聘过程，减少业务工作量；

（2）对招聘的成本进行科学管理，从而降低招聘成本；

（3）为选择聘用人员的岗位提供辅助信息，并有效地帮助企业进行人才资源的挖掘。

3）工资核算

人力资源管理模块在工资核算方面的作用主要有：

（1）根据公司跨地区、跨部门、跨工种的不同薪资结构及处理流程制定与之相适应的薪资核算方法；

（2）与时间管理直接集成，能够及时更新有关信息，实现员工薪资核算的动态化；

（3）通过和其他模块的集成，自动根据要求调整薪资结构及数据。

4）工时管理

人力资源管理模块在工时管理方面的作用主要有：

（1）根据本国或当地的日历，安排企业的运作时间以及劳动力的作息时间表；

（2）运用远端考勤系统，可以将员工的实际出勤状况记录到主系统中，并把与员工薪资、奖金有关的时间数据导入薪资系统和成本核算模块。

5）差旅核算

人力资源管理模块在差旅核算方面的作用主要表现在：系统能够自动控制从差旅申请、差旅批准到差旅报销的整个流程，并且通过集成环境将核算数据导入财务成本核算模块。

【案例分析3-2】

实施ERP系统给华泰集团带来的变化

华泰集团是拥有总资产300亿元、造纸产能400万吨、化工产能200万吨的全球最大的高档新闻纸生产基地、全国最大的盐化工基地，拥有52个分子公司，涉足全国10多个产业。

为了更好地实现集团管控，2009年9月，华泰集团引进用友NC-ERP系统，目前为止有52个法人公司上线、实施了100多个业务子模块，梳理了120多个业务流程，建立了260多个系统电子台账、300多张系统报表；建立了"4个集中""5个统一""6个深化""7个体系"的集团化管理信息和决策支持系统，真正实现了财务业务一体化、订单生产集成化、客户和供应商协同化、生产与管理对接数字化、高层战略决策智能化。

实施ERP系统对于华泰集团经营管理各个环节所带来的改变包括如下几个方面。

(1)规范基础,实现精细化管理。基础物料从8万种规范到3.4万种;客户档案从7 994家规范到2 127家;供应商从6 000余家规范到3 000家;会计科目由11 863种规范至389种;等等。这些数据上的显示都是信息化在基础应用层面带来的最直观的改变——基础档案统一分类编码、命名、添加、使用。

(2)加强协同,打造企业一体化供应链。通过条码与产品出入库集成,大大提高了出入库的效率和现存量的准确性,出入库时间由2~4小时/天减少到1分钟/天以内,即实现实时出入库,保管人员数量压缩了30%~50%。以上是最基本的针对产品的出入库协同所带来的结果。另外还实现了产品发货与销售、物流、计量和财务的协同,整个一体化的集成应用弥补了多发货、发错货、运费多结算的漏洞。发货及结算准确率提高到100%,效率至少提高50%。

(3)加强管控,降低经营风险。通过资金集中监控和收支两条线管理模式,平均每年可节约或降低财务费用、成本达3 000万元以上。资金管控能力的加强,一方面是资金的安全性提高,另一方面就是资金利用效果有着明显的提升。

【分析】华泰集团实施的ERP系统,规范基础,实现精细化管理;加强协同,打造企业一体化供应链;加强管控,降低经营风险。上述改变取得了物料规范、发货及时和节省财务费用等效果。

任务3.4 智慧供应链管理方法

3.4.1 协同规划、预测与补货(CPFR)

1. CPFR产生的背景

随着经济环境的变迁、信息技术的进一步发展以及供应链管理逐渐为全球所认同和推广,供应链管理开始更进一步地向无缝连接转化,促使供应链的整合程度进一步提高。

高度供应链整合的项目就是沃尔玛所推动的CFAR和CPFR,这些新型系统不仅能对企业本身或合作企业的经营管理情况给予指导和监控,更能通过信息共享实现联动的经营管理决策。

CFAR(Collaborative Forecast and Replenishment,即协同预测与补货)是利用互联网,通过零售企业与生产企业的合作,共同做出商品预测,并在此基础上实行连续补货的系统。CPFR是在CFAR的基础上,进一步推动共同计划的制定,即不仅合作企业实行共同预测和补货,同时将原来属于各企业内部事务的计划工作(如生产计划、库存计划、配送计划、销售规划等)也交由供应链各企业共同参与决定。

2. CPFR 的定义

CPFR(Collaborative Planning、Forecasting and Replenishment,即协同规划、预测与补货)是一种协同式的供应链库存管理技术,它能在降低销售商的存货量的同时增加供应商的销售量。CPFR 的最大优势是能及时、准确地预测由各项促销措施或异常变化带来的销售高峰和波动,从而使销售商和供应商都能做好充分的准备,赢得主动。CPFR 采取了双赢的原则,始终从全局的观点出发,制定统一的管理目标以及实施方案,以库存管理为核心,兼顾供应链上其他方面的管理。因此,CPFR 能在合作伙伴之间实现更加深入广泛的合作。

3. CPFR 的特点

1) 协同

CPFR 要求双方承诺在长期内公开沟通,做到信息分享,从而确立其协同性的经营战略。协同的第一步就是保密协议的签署、纠纷解决机制的建立、供应链计分卡的确立以及共同激励目标的形成。在确立协同性目标时,不仅要建立起双方的效益目标,更要确立协同的盈利驱动性目标,只有这样,才能使协同性体现在流程控制和价值创造的基础之上。

2) 规划

CPFR 要求有合作规划(品类、品牌、分类、关键品种等)以及合作财务(销量、订单满足率、定价、库存、安全库存、毛利等)。此外,为了实现共同的目标,还需要双方协同制定促销计划、库存政策变化计划、产品导入和中止计划以及仓储分类计划。

3) 预测

CPFR 强调买卖双方必须做出最终的协同预测。CPFR 所推动的协同预测不仅关注供应链双方共同做出最终预测,同时也强调双方都应参与预测反馈信息的处理与预测模型的制定和修正,特别是如何处理预测数据的波动等问题。最终实现协同促销计划是提高预测精度的关键。

4) 补货

销售预测必须通过时间序列预测和需求规划系统转化为订单预测,并且订单处理周期、前置时间、订单最小量、商品单元以及零售方长期形成的购买习惯等供应方约束条件都需要供应链双方加以协商解决。协同运输计划也被认为是补货的主要因素。

另外,例外状况出现的比率、需要转化为存货的百分比、预测精度、安全库存水准、订单实现的比例、前置时间以及订单批准的比例等问题都需要在双方公认的计分卡基础上定期协同审核。

4. CPFR 供应链的实施

1) CPFR 供应链的体系结构

CPFR 供应链的体系结构包括决策层、运作层、内部管理层和系统管理层。

(1) 决策层:主要负责管理合作企业领导层,包括企业联盟的目标和战略的制定、跨企业的业务流程的建立、企业联盟的信息交换和共同决策。

（2）运作层：主要负责合作业务的运作，包括制定联合业务计划、建立单一共享需求信息、共担风险和平衡合作企业能力。

（3）内部管理层：主要负责企业内部的运作和管理，包括商品或分类管理、库存管理、商店运营、物流、顾客服务、市场营销、制造、销售和分销等。

（4）系统管理层：主要负责供应链运营的支撑系统和环境管理及维护。

2）CPFR实施的框架和步骤

（1）识别可比较的机遇

CPFR有赖于数据间的比较，这既包括企业间计划的比较，又包括一个组织内部新计划与旧计划、计划绩效与实际绩效之间的比较。这种比较越详细，CPFR的潜在收益越大。

在识别可比较的机遇方面，关键在于如下两点。

第一，订单预测的整合。CPFR为补货订单预测和促销订单提供了整合、比较的平台，CPFR参与者应该搜集所有的数据资源和拥有者，寻求一对一的比较。

第二，销售预测的协同。CPFR要求企业在周计划促销的基础上再做出客户销售预测，这样将这种预测与零售商的销售预测相对照，就可能有效地避免销售预测中没有考虑促销、季节因素等产生的差错。

CPFR的实施要求CPFR与其他供应和需求系统相整合。对于零售商而言，CPFR要求整合、比较的资源有商品销售规划、分销系统，店铺运作系统；对于供应商而言，CPFR需要整合、比较的资源有CRM、APS以及ERP。CPFR的资源整合和比较，不一定都要求CPFR系统与其他应用系统的直接相连，但是这种比较的基础至少是形成共同的企业数据库，即这种数据库的形成来源于不同企业计划系统的时间整合以及共同的数据处理。

（2）数据资源的整合运用

在数据资源的整合运用方面，CPFR主要有如下几个方面的职能。

第一，不同层面的预测比较。不同类型的企业由于自身的利益所驱使，计划的关注点各不相同，造成信息的来源不同，不同来源的信息常常产生不一致。CPFR要求协同团队寻求到不同层面的信息，并确定可比较的层次。例如，一个供应商提供四种不同水果香味的香水，但是零售商不可能对每一种香味的香水进行预测，这时供应商可以输入每种香味的预测数据，CPFR解决方案将这些数据搜集起来，并与零售商的品类预测相比较。

第二，商品展示与促销包装的计划。CPFR系统在数据整合运用方面一个最大的突破在于它对每一个产品追踪至店铺，并且销售报告以包含展示信息的形式反映出来，这样，预测和订单的形式不再只是需要多少产品，而是包含了不同品类、颜色及形状等特定展示信息的东西；数据之间的比较不再是预测与实际绩效的比较，而是建立在单品基础上、包含商品展示信息的比较。

第三，时间段的规定。CPFR在整合利用数据资源时，非常强调时间段的统一。由于预测、计划等行为都是建立在一定时间段基础上的，如果交易双方对时间段的规定不统一，就必然造成交易双方的计划和预测很难协调。供应链参与者需要就管理时间段的规定进行协商统一，诸如预测周期、计划起始时间、补货周期等。

(3) 组织评判

一旦供应链参与方有了可比较的数据资源,他们必须建立一个特定的企业组织框架体系以反映产品、地点层次、分销地区以及其他品类计划的特征。

在现实中,企业通常采用多种组织管理方法,CPFR 能在企业清楚界定组织管理框架后,支持多体系的并存,体现不同框架的映射关系。

(4) 商业规则界定

当所有的业务规范和支持资源得到整合以及组织框架确立后,在实施 CPFR 的过程中最后需要决定的是供应链参与方的商业行为规则,这种规则主要表现在例外情况的界定和判断。

CPFR 的实施框架和步骤如表 3-2 所示。

表 3-2　CPFR 的实施框架和步骤

名称	说明
识别可比较的机遇	订单预测的整合
	销售预测的协同
数据资源的整合运用	不同层面的预测比较
	商品展示与促销包装的计划
	时间段的规定
组织评判	
商业规则界定	

3.4.2　柔性供应链管理

柔性供应链管理(Supply Chain Management Flexibility)也称供应链管理柔性,是指供应链对于需求变化反应的敏捷性,或者叫作对于需求变化的适应能力。需求的变化在某种意义上也可以称之为不确定性或者风险,这是供应链上企业与企业之间或者企业与最终消费者之间等各个环节都客观存在的一种现象。需求的不确定性程度提高会加大供应链管理的难度和成本。

从战略的高度理解供应链管理柔性并不难,但从具体操作层面来评价、度量和控制它,则需要进一步的分解,看看供应链究竟"柔"在何处。从流程的角度看,穿透供应链全过程的供应、制造、物流以及相应的信息系统等都应具备一定的柔性;从经营管理方面考虑,产品研发、组织设计、战略决策和文化构建等也需要增加相应的柔性。

1. 从流程的角度增加柔性

1) 供应系统

根据顾客或合作伙伴的需要改变供应计划,有利于提高服务水平及合作伙伴之间的合作水平。具有供应柔性的供应链能够适时调整生产计划,改变零件或产品的产量、种类或组合以满足合作伙伴或顾客的需要。

2) 制造系统

制造系统柔性是指为应对外部环境变化,在现有的资源条件下低成本、快速地生产出满足顾客和市场需要的质量优良产品的能力,包括机床柔性、产品柔性、加工柔性、工序柔性、运行柔性、产量柔性、扩展柔性和生产柔性等。

3) 物流系统

物流柔性是指在外部环境条件变化的情况下,以合理的成本水平采用合适的运输方式在合适的时间和地点收集和配送合适的产品或资源,提供优质的服务以满足顾客或合作伙伴需要的能力。

4) 信息系统

由于供应链在其整个生命周期运作过程中具有动态性,其间会发生供应链各个层面的重组或重构,信息柔性子系统能够进行相应的调整以适应变化。柔性信息系统具有可重组、可重构、模块化、可扩展以及热插拔的特性等。

2. 从经营管理的角度增加柔性

1) 研发

研发柔性是指针对外部市场环境的变化以合理的成本水平迅速开发出满足顾客需要的不同种类新产品的能力。新产品推出得越迅速,付出的成本越低,其具有的柔性越好。良好的研发柔性使系统能够及时地发现市场机遇,并能不断地采用新科技、新方法开发新产品。

2) 组织

柔性组织是一种具有高度适应性的松散灵活的组织形式,能够弥补传统组织个性的不足。而供应链的柔性组织是一种扁平化、网络化的动态组织结构,不同于传统企业的刚性组织,能够根据外部环境的变化做出相应的调整,具有更大的灵活性和适应性,是供应链管理柔性系统的一个有机组成部分,也是其他柔性要素的基础和组织保障。

3) 合作伙伴

在供应链合作伙伴之间,也需要考虑更多的"柔性"问题。在供应链内部,合作伙伴之间实现资源共享和核心能力的有机集成。资源柔性是指在各种不确定情况下,为满足顾客和市场的需求,以合理的成本水平快速地调度资源,实现资源的优化配置。良好的伙伴关系能够提高资源配置的效率,以较低的成本实现资源的快速配置,提高资源柔性,进而增强供应链的竞争能力。

4) 利益分配

供应链是以市场机遇为主要驱动力的具有生命周期性的组织结构,其中的每一个合作伙伴的根本目的是获取一定的收益,合理的收益分配机制是供应链成功运作的关键因素。柔性收益分配机制是符合供应链特点的分配机制,供应链的运作过程是动态的,因此,在收益分配上要考虑这一特点,使收益的分配机制具有合理性和激励性。

5) 合同

柔性合同(Flexible Contract)又称动态合同,它在内容上提供了许多根据市场变化情况和合同进展情况而定的灵活性选择条款,与传统的确定性合同有很大的不同。柔性合同的另外一层含义是,合同的执行分阶段进行,根据前一阶段合同的执行情况,确定下一阶段执行的条款或合同,一般不采取一次性合同。柔性合同还包括配套的动态检查机制、激励机制、收益/风险分配机制、清算机制。

6）人力资源

人力资源的柔性对企业整体柔性的影响是至关重要的。供应链的运作过程与传统企业的运作过程有很大的差别，在供应链生命周期的各个阶段，企业经营的目标和管理的重点不尽相同；相应地，人力资源管理的侧重点也应进行必要的调整，以适应不同阶段对人力资源管理的不同要求。

【知识链接 3-4】

供应链管理柔性的负面作用

在重视供应链管理柔性的同时，还应当防止矫枉过正。因为，供应链管理柔性在很多时候对供应链存在负面作用，例如，供应链管理中常采用延迟策略获得柔性，然而，如果迟迟不做决策，会增加额外的不确定性。在这个过程中，周密的监督与评价会带来成本的上升。缩小经济规模也常常被认为是获得柔性的捷径，对节点企业所谓"船小好调头"的构想，实际上从供应链整体看是不经济的；相反，小企业互相联合，结成战略联盟或供应链的运作形式，则可以实现规模经济。再者，增加产品的多样性和差异化会使得产品生命周期管理变得更复杂、更混乱，导致日常管理费用增加。诸如此类的问题还有很多，但道理都是相通的，供应链管理柔性只有在具有不确定性的情况下才能体现其价值，提升供应链管理柔性仅仅是应对不确定性的一种方法。但并没有证据表明柔性可以减少不确定性，相反，在某些情况下，为了追求更多的柔性会增加不确定性。例如，通过头脑风暴法寻找更多的选择方案常会使决策者面临更多的不确定性而难以做出决策。在这种情况下，柔性就失去了意义。在具有不确定性的情况下，决策者们并不总是希望有柔性。因此，对于供应链管理的柔性问题，这些经验同样值得借鉴。

● 基本训练

☐ 知识题

1.1　阅读理解

1. 简述 QR 的实施步骤。
2. 试述 ECR 系统的构建包括的技术种类。
3. 什么是 CPFR？CPFR 的特点是什么？
4. 试述 ERP 的核心管理思想。

1.2　知识应用

1. 判断题

（1）ECR 主要是服装行业的供应链营销战略。（　　）

（2）QR 的成功实施离不开现代信息技术的应用。（　　）

（3）ERP 只能在制造业得到应用。（　　）

（4）CPFR 强调买卖双方各自做出最终的预测。（　　）

(5)ERP 是在 MRP 的基础之上发展而来的。（　　）

2.选择题

(1)QR 要求零售商和供应商一起工作,通过共享(　　)来预测商品的未来补货需求。
A.客户信息　　　　B.市场信息　　　　C.POS 信息　　　　D.生产信息

(2)CAO 表示(　　)。
A.电子收款系统　　B.自动订货系统　　C.财务系统　　　　D.电子数据系统

(3)ECR 指的是(　　)。
A.快速反应　　　　B.有效顾客响应　　C.企业资源计划　　D.价值链分析

(4)将企业关注点从内部信息扩展到整个供应链的是(　　)。
A.MRP　　　　　　B.MRP　　　　　　C.BPR　　　　　　D.ERP

□ 技 能 题

实训内容:北京如风达快递有限公司成立于 2008 年 4 月 15 日,属凡客诚品(Vancl)旗下全资自建的配送公司,专业经营最后一公里(门到门)B2C 配送业务。基于对 B2C 市场的理解和对 B2C 配送的长期研究、不断实践,该公司在以客户满意为最高标准的前提下,完善了拥有独特自我风格的业务流程和管理体系。如果需要在该公司实施基于活动成本的控制(ABC)方法,请设计一个实施方案。

实训目的:掌握 ABC 方法的实施步骤。

实训要求:上网收集信息并撰写项目报告。

● 综合案例

案例 1　德曼公司的供应链管理

德曼公司于 1918 年成立,是美国汽车服务市场零部件供应商巨头之一。公司在中国、印度等地设立了办事处,每年都需要采购价值数亿美元的用于提供汽车维修服务的零部件,再由位于美国、德国、加拿大等国家的数个大型配送中心向全美及北欧市场的大型汽车零部件销售商、快速修理店以及大型 4S 店提供上千种各类售后服务使用的汽车配件产品。

2010 年后,德曼公司在供应链管理方面遇到一些难题,和其他公司之间的竞争也愈演愈烈。

一、公司零配件渠道的中间环节过多

随着发达国家生产成本的不断增大,许多经营跨国业务的公司将制造环节转移至中国、印度等生产和采购成本相对较低的国家和地区,跨国公司在这些地区的采购量逐年递增,规模越来越大。在中国,这些公司的年采购额已经升至数千亿美元,所以它们都纷纷到中国建立国际化采购配送中心,把中国作为全球资源配置的中心点。而近几年来,中国汽车零部件的出口保持着高速增长,国际买家的采购数量和项目不断增加。当然,作为美国著名的汽车售后服务供应商,德曼公司也不例外。

如果以金额统计,德曼公司每年 80% 以上的零部件采购量都来自美国以外,而其中超过九成都来自中国等亚太地区。但是,到 2008 年初,德曼公司在美国本土以外只在韩国设立了 1 个办事处,只有 5 名员工。而其他地区的跨国采购都是由外贸公司代理的,其中增加了许多中间商环节,导致采购成本增加、货款支付不及时、产品的质量和交付期都无法保证等问题。

由于德曼公司无法控制这些中间环节,供应链效率极低,采购的潜在风险逐步加大。

二、缺乏采购与生产信息,订货的提前期非常长

德曼公司的产品涉及多种汽车易损易耗件。汽车型号种类繁多,如果以产品零件型号计量,每年都有超过两万种零部件在库销售,每次发给每个供应商的订单又数以百计。因此,将客户的需求数量和订单信息以及公司对产品的预测信息准确、及时地传送到供应来年的每个端点,这对公司来说是至关重要的。但是在亚太地区,公司基本上是通过外贸代理商与零部件生产商打交道,这样,公司根本就无法获得这些生产商的库存、产能、生产计划、到货提前期等信息,而供应链的另一端——上游顾客的需求信息也无法准确地从外贸代理商获取,采购与生产信息的极度不对称使得订货提前期无法预测,供应链风险较大,供应链绩效较低。

三、库存和配送管理较混乱

德曼公司主要经营汽车售后维修的各种零部件,型号和种类众多,上游顾客的需求又多变,在2010年以前,主要采用原始的手工方式管理库存,电子计算机技术的应用严重不足,库存流通不畅,造成积压,周转率极低。分布在北美的12个配送中心管理混乱无序,采购回来的各类零部件产品存储无序,配送网络没有合理规划,物流成本较高。

问题:根据以上描述,应用所学的供应链管理方法给德曼公司提供一个全面的供应链优化方案。

案例2 服装行业如何形成快速反应的供应链?

在过去一段时间,库存成了服装鞋包行业的"老大难"问题。一方面,消费者需要的产品企业没有;另一方面,企业生产的产品消费者不要,库存大量积压。有媒体夸张地说,三年不生产,衣服也卖不完。知名企业如美邦、李宁、特步、安踏、匹克,时不时爆出库存高企的问题来。三一重工生产的设备积压,是因为"四万亿"的刺激方案结束了,需求陷入低谷;衣服人人都穿,不管女人们的衣橱有多大,款式有多少,每天都在为穿什么衣服、配什么鞋子发愁,服装业怎么就积压下这么多的库存来呢?

究其原因,不是因为服装业经营水平倒退,比以前差了,而是因为业务扩张太快、需求过度多元化,传统的低成本导向的供应链没法满足业务的要求。这似乎是很多行业发展到一定阶段的通病。例如十几年前的家电行业,库存就是个大问题,长虹彩电不得不注销几十亿元的库存,也是因为在全国、全球扩张的战略下,生产与供应链系统跟不上业务发展的原因。但是,经过十多年的"补课",家电行业一方面有效管理需求,从无节制的"跑马圈地"转向相对节制的扩张与增长;另一方面,行业的整体供应链管理水平进一步提升,库存问题虽然不时蹦出来,但主要是公司个例,而不是像服装行业这样的行业灾难。

对服装行业来说,尤其是时装业,企业们都意识到多样化选择的重要性,不少服装公司都向ZARA看齐,甚至豪言每年推出10 000种款式。但是,虽说它们的口号是"快时尚",它们的生产与供应链系统却并不快,仍旧停留在规模经济时代,响应速度慢、响应周期长,结果是短缺与积压并存。貌似两个不同的问题,根源却是一样:产品采用的是差异化战略,而供应链不是响应型的供应链,两者并不匹配。

优衣库的CEO柳井正说得好,"总体而言,时装行业(的本质)不是持续改进或者生产完美无瑕的面料,而是追逐趋势",需要快速响应的供应链来支持。对于ZARA、H&M等广为称道的行业标杆来说,其优势与其说是产品设计,不如说是高度响应的供应链,使得企业能够快

速跟进最新潮流。控制服装的品种、放缓扩张的速度,可以缓解供应链的压力,但要真正解决问题,则需要从提高供应链的响应速度上着手。

太平鸟女装部总经理陈红朝先生曾经讲过一句话,大意是(女装)品种这么多,都是源自女士们每天早晨遇到的第一个问题:不管衣橱有多大、衣服有多少,每个人都觉得不知穿什么才好。言下之意,这是行业特点,企业可以有选择地服务于一些需求,放弃另一些,比如有些公司侧重中性服装,有些覆盖某个特定的年龄段;但不管进入哪个领域,款式、颜色、尺寸、面料、季节的各种组合,注定了需求的多样化。潮流的不确定性,注定了计划不如变化,需要供应链的快速响应来弥补。当然了,从运营的角度来讲,一种面料、一种颜色、一个尺寸的服装最好做,库存也最好控制,但这样的公司也就关门了。

所以,服装行业特别是时装业,表面的问题是需求的多样化,深层次的问题是生产与供应链缺少灵活性,没法快速响应变化了的需求,其解决方案是在适当控制产品多样化的前提下,系统提高供应链的响应速度。

问题:你认为我国服装业应该如何形成快速反应的供应链?

资料来源:http://gpj.mofcom.gov.cn/article/zuixindt/201805/20180502740169.shtml。

● 综合实训

供应链管理方法

一、实训目的

利用本章供应链管理方法的相关知识,让学生分析目标企业所用的供应链管理方法,并讨论供应链管理方法是如何在目标企业中实施的。

二、实训内容

收集目标企业的信息(包括企业的环境、特征),分析该企业产品的类型、上下游企业的关系,并根据以上分析撰写实训报告。

三、实训资料

实训资料通过对相关企业进行实地调研和上网收集。

四、实训准备

学生分组:每6人一组,每组选出1名小组长。

五、实训步骤

1. 根据要求了解目标企业相关背景。

2. 实地调研和上网收集企业智慧供应链管理的相关资料,了解企业供应链管理的基本现状。

3. 整理资料,确保所获取资料翔实、准确和具体。

4. 在调研的基础上,利用所学理论知识初选出5家相关企业,制作企业供应链管理卡片资料。

5. 在初选的5家企业中,对其供应链管理方法进行考核。

六、实训考核

根据任务解决方案的规范性和准确性,评定任务完成情况。

项目4　智慧供应链环境下企业的生产运作

·思政目标·

◎培养学生站在他人的立场上思考问题的习惯。

·知识目标·

◎掌握智慧供应链环境下企业如何进行生产计划与控制；
◎了解智慧供应链环境下的采购管理与传统采购的区别；
◎熟悉联合采购；
◎掌握智慧供应链环境下的库存管理方式的含义及内容；
◎了解智慧供应链管理环境下的配送。

·技能目标·

◎能用所学知识对智慧供应链环境下的企业营运状况进行分析；
◎能结合企业具体情况提出库存管理、采购和配送方面的优化措施。

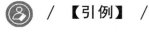　/【引例】/

跨国公司的供应链管理

有个跨国公司,总部在美国,在中国、日本、韩国、新加坡、欧盟等世界主要工业地区设有分部。分部不但要为客户及时提供技术支持,而且要提供零配件,因为缺料会导致客户机台停转,损失动辄几十万美元。该公司零配件的储备采用的是典型的多阶段仓储模式,即在美国有主仓库,各地区有分仓库,在一些重要客户处有寄售点(VMI)。零配件体积小、价值高,客户对时效性要求高,国际货运都采取空运。几年来,该公司推行外包战略,整条供应链从仓库、运输到报关、清关,都由第三方物流公司负责。最近日本分部发现,总部从发出配货命令到配货完毕待运,原来在24小时内即可完成,现在却动辄得两天,有时候甚至更长。别的地区也发现类似的问题：原本应该已经在飞机上的货,现在却经常还待在总部。因为空运货量较低,为节省运费,公司的航运不是天天有,只定在每周的周一、周三、周五。这意味着总部迟配货1天,分部可能迟3天才拿到货。如果适逢周末,便是5天。难怪分部怨声载道。

【分析】不按时发货、质量问题、断货、运输延迟、清关延误等因素叠加在一起,将导致供应链库存居高不下。供应链管理问题非常重要,实行供应链管理后,企业的营运必须符合供应链管理的规律,从计划、采购、库存到仓储配送必须适应供应链的要求。

任务 4.1　供应链管理环境下的生产计划与控制

4.1.1　供应链管理环境下的生产计划

1. 供应链管理环境下的生产计划的特点

供应链管理环境下,生产计划的特点表现为如下几个方面。

(1)具有纵向和横向的信息集成过程。纵向指供应链由下游向上游的信息集成,而横向指生产相同或类似产品的企业之间的信息共享。在生产计划过程中,上游企业的生产能力信息在生产计划的能力分析中独立发挥作用。通过在主生产计划和投入产出计划中分别进行的粗细能力平衡,上游企业承接订单的能力和意愿都反映到了下游企业的生产计划中。同时,上游企业的生产进度信息也和下游企业的生产进度信息一道作为滚动编制计划的依据,其目的在于保持上下游企业间生产活动的同步。

(2)丰富了能力平衡在计划中的作用。在通常概念中,能力平衡只是一种分析生产任务与生产能力之间差距的手段,可以根据能力平衡的结果对计划进行修正。在供应链管理环境下的生产计划制定过程中,能力平衡发挥了以下作用:其一,能力平衡为修正主生产计划和投入产出计划提供依据;其二,能力平衡是进行外包决策和零部件(原材料)急件外购的决策依据;其三,在主生产计划和投入产出计划中所使用的上游企业能力数据,反映了其在合作中所愿意承担的生产负荷,可以为供应链管理的高效运作提供保证;其四,在信息技术的支持下,对本企业和上游企业的能力状态的实时更新使生产计划具有较高的可行性。

(3)计划的循环过程突破了企业的限制。在企业独立运行生产计划系统时,一般有三个信息流的闭环,而且都在企业内部:①主生产计划—粗能力平衡—主生产计划;②投入产出计划—能力需求分析(细能力平衡)—投入产出计划;③投入产出计划—车间作业计划—生产进度状态—投入产出计划。

(4)生产计划的信息流跨越了企业,从而增添了新的内容:①主生产计划—供应链企业(粗能力平衡)—主生产计划;②主生产计划—外包工程计划—外包工程进度—主生产计划;③外包工程计划—主生产计划—供应链企业生产能力平衡—外包工程计划;④投入产出计划—供应链企业能力需求分析(细能力平衡)—投入产出计划;⑤投入产出计划—上游企业生产进度分析—投入产出计划;⑥投入产出计划—车间作业计划—生产进度状态—投入产出计划。

需要说明的是,以上各循环中的信息流都只是各自循环所必需的信息流的一部分,但可对计划的某个方面起决定性的作用。

图 4-1 显示了供应链管理环境下企业的跟踪机制运行环境。

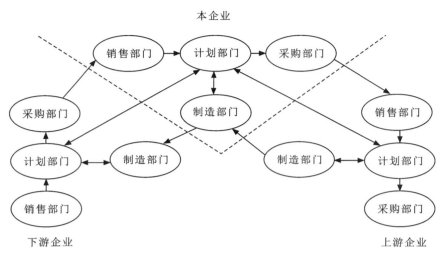

图 4-1　供应链管理环境下企业的跟踪机制运行环境

2.供应链管理环境下的生产计划制定

供应链管理环境下的生产计划与传统生产计划有显著不同,是因为在供应链管理环境下,与企业具有战略伙伴关系的其他企业的资源通过物资流、信息流和资金流的紧密合作而拓展了本企业的制造资源。在制定生产计划的过程中,企业主要面临以下三方面的问题。

1)柔性约束

柔性实际上是对承诺的一种完善。承诺是企业对合作伙伴的保证,只有在此基础上企业间才能具有基本的信任,合作伙伴也因此获得了相对稳定的需求信息。然而,由于承诺的下达通常在时间上超前于承诺本身的付诸实施,因此,尽管承诺方一般来讲都尽力使承诺与未来的实际情况接近,误差却是难以避免。柔性的提出为承诺方缓解了这一矛盾,使承诺方有可能修正原有的承诺。可见,承诺与柔性是供应合同签订的关键要素。

2)生产进度

生产进度信息是企业检查生产计划执行状况的重要依据,也是滚动制定生产计划过程中用于修正原有计划和制定新计划的重要信息。在供应链管理环境下,生产进度计划属于可共享的信息。

3)生产能力

企业完成一份订单不能脱离上游企业的支持,因此,在编制生产计划时要尽可能借助外部资源,有必要考虑如何利用上游企业的生产能力。任何企业在现有的技术水平和组织条件下都具有一个最大的生产能力,但最大的生产能力并不等于最优生产负荷。在上下游企业间稳定的供应关系形成后,上游企业从自身利益出发,更希望所有与之相关的下游企业在同一时期的总需求与自身的生产能力相匹配。上游企业的这种对生产负荷量的期望可以通过合同、协议等形式反映出来,即上游企业提供给每一个相关下游企业一定的生产能力,并允许一定程度内的浮动。这样,在下游企业编制生产计划时就必须考虑到上游企业提供的生产能力的约束。

4.1.2 供应链管理环境下的生产控制系统

1. 供应链管理环境下的生产控制特点

1) 生产进度控制

生产进度控制的目的在于依据生产作业计划,检查零部件的投入产出数量、产出时间和配套性,保证产品能准时装配出厂。供应链环境下的进度控制与传统生产模式的进度控制不同,因为许多产品是协作生产的,很多业务存在转包现象,和传统的企业内部的进度控制相比,其控制的难度更大,必须建立一种有效的跟踪机制进行生产进度信息的跟踪和反馈。

2) 供应链的生产节奏控制

供应链的同步化计划需要解决供应链企业之间的生产同步化问题,只有供应链上各企业之间以及企业内部各部门之间保持步调一致时,供应链的同步化才能实现。供应链形成准时生产系统,要求上游企业准时为下游企业提供必需的零部件。

3) 提前期管理

基于时间的竞争是 20 世纪 90 年代兴起的一种新的竞争策略,具体到企业的运作层,主要体现为提前期的管理,这是实现 QR、ECR 策略的重要内容。供应链环境下的生产控制中,提前期管理是实现快速响应用户需求的有效途径。缩小提前期、提高交货期的准时性是保证供应链获得柔性和敏捷性的关键。

4) 库存控制和在制品管理

库存在应付需求不确定性方面有积极的作用,但库存占用仓储空间和周转资金,在某种意义上是一种资源浪费。在供应链管理模式下,通过实施多级、多点、多方管理库存的策略,对提高供应链环境下的库存管理水平、降低制造成本有着重要意义。这种库存管理策略涉及的部门不仅仅在企业内部。基于 JIT 的供应与采购、供应商管理库存、联合库存管理等是供应链库存管理的新方法,对降低库存有重要作用。

2. 供应链管理环境下的生产控制系统优化路径

供应链管理思想对企业的生产计划与控制模式提出了巨大挑战,因为其要求企业决策者进行思维方式的转变,即从传统的、封闭的纵向思维方式转为横向的、开放的思维方式。因此,供应链环境下的生产计划与控制必然不同于传统的生产计划与控制。供应链是一个跨越多厂家、多部门的网络化组织,一个有效的供应链企业生产计划系统必须保证企业能快速响应市场需求。

第一,需求信息和服务需求应该是以最小的变形传递给上游并共享。供应链管理系统应通过计划时区的平衡需求、供应、约束,同时看到发生的供应链问题。计划员具有实时、双方向的重计划能力执行各种模拟以满足优化计划。这些模拟提供实时响应,如安全库存水平应是多少?这是最低成本计划吗?使用的资源已经优化了吗?这个计划满足了客户服务水平吗?已经是最大化利润了吗?可以承诺什么呢?在供应链里的每一个阶段,都要把最终用户的实际需求传递回去。因此,一旦实际需求发生变化,所有地点都应知道,并实时采取适当的行动。

第二,同步化供需是提高服务质量和降低服务成本的一个重要方法。有几个因素影响这种匹配:大批量;生产上维持高效率,而不是满足客户需求;缺少同步,使得库存水平高且变化频繁。

第三,可靠、灵活的运作是同步化的关键。可靠、灵活的运作应该主要集中于生产、物流管理、库存控制和分销。销售与市场的角色是揭开需求。

第四,与供应商集成。大部分经营引起生产的失败,原因除了内部的不稳定性,就是供应的不稳定性。应鼓励供应商去寻求减少供应链总成本的方法,和供应商共享利益。

第五,供应链的能力必须在战略上进行管理。必须直接控制关键能力减弱供需振动,也要考虑库存存放地点和运输的路径。一旦产品需求发生变化,可以并发考虑所有供应链约束。当每一次改变出现时,企业就要同时检查能力约束、原料约束、需求约束,这就保证了供应链计划在任何时候都有效,能实时优化供应地点、分销地或运输路线,避免库存超储和工厂供应的振动过大。

为此,要通过企业信息化建设逐步实现对供应链的优化管理,如图4-2所示。

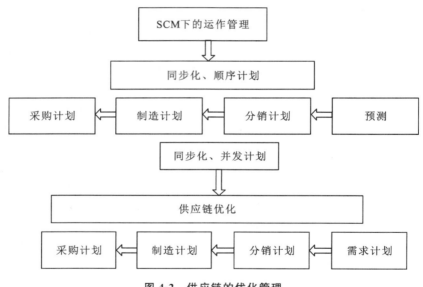

图 4-2 供应链的优化管理

【知识链接4-1】

供应链管理环境下生产计划与控制的特征

供应链管理环境下生产计划与控制的特征体现在如下几个方面。

第一,协同合作。供应链上企业生产计划决策信息的来源不再限于一个企业内部,还有部分决策信息来自供应链上不同的企业。在这样一个开放的环境中,各企业围绕客户需求这条主线,彼此之间进行信息交换和数据共享,保证彼此计划之间的协调性,使同一供应链上的企业间实现有效的协同合作与控制。这主要是通过供应链上的信息共享平台来实现的,在这个平台上,来自整个供应链上企业的信息实现集成,各个企业的生产计划得到合作式调整。而且这个信息平台是围绕客户需求实时变动的,企业可以根据这个信息平台不断更新自己的生产计划。在企业遇到特殊情况时,平台能够为企业进行一种协商式的处理。

第二,信息实时反馈。企业之间进行协同合作,围绕客户需求进行生产,离不开信息的实时反馈。信息的实时反馈使企业生产适应供求关系变动,消除不确定性对供应链的影响,保证上下游企业生产的协调一致。企业将客户的需求信息转化为企业的订单信息,企业内部以及供应链上其他企业的一切经营活动就都围绕这个订单进行。信息的实时反馈贯穿于供应链上各个企业的各个生产环节,企业在生产计划与控制过程中据此对自己的订单进行全面监督与协调检查,有效地计划订单的完成日期和完成工作量度,并对订单进行跟踪监控。企业将各个环节中得到的信息随时随地地传送到网络中,集成到公共的信息平台与其他企业进行共享,相关企业则可以根据波动的信息在一定范围内进行生产计划调整。事后,企业可以分析订单完成情况,对计划进行比较分析,并提出有效的、切实可行的改进措施。

【案例分析 4-1】

供应链管理环境下戴尔的生产计划与控制体系

近年来,在全球电脑市场不景气的大环境下,戴尔却始终保持着较高的收益,市场份额不断增加。戴尔的成功源于其依托信息技术践行了先进的管理思想。

戴尔有一套较完善的套件,包括供应商关系管理、供应链管理、客户关系管理等几个特殊应用模块,而供应链管理中的工厂生产计划更是发挥了很大的作用,它使戴尔的市场反应很快,能够每 3 天就做一个计划,并能实现自己基于直销方式的及时生产(JIT)。

戴尔在进行供应链管理的过程中,体现了协调合作的思想,其管理人员几乎每天都要与上游主要供应商分别交互一次或多次。在生产运营中,客户的需求有所变动时,戴尔也能很快反应,通过与供应商的协调合作进行调整。由于戴尔与供应商之间没有中间商的阻隔,所有来自客户的最新消息都被以最快的速度及时反馈给供应商,以便供应商据此调整自己的生产计划。从接到订单开始,戴尔就快速反应,根据订单制定生产进度计划,将物料需求信息传达给自己的供应商或者是自己的后勤供应中心,并给工厂下达基于供应商的生产进度计划表,而供应商和后勤供应中心在指定的时间准时将材料运送到工厂中去,从而实现自己的适时生产。

戴尔的生产计划信息模块在最初就集成了五个方面的应用,并体现了企业对信息的实时跟踪与反馈。通过企业的工程材料加工和成本跟踪(EMPACT)的应用,跟踪企业的小批量订单,并将信息传入企业的运行数据仓库(ODS),它实时地支持生产决策,这主要是因为库中汇集了各种数据,并集成了历史数据用以预测分析。与此同时,企业的订单管理系统将订单信息发给加工工厂,而加工进度跟踪编码系统会创建一个唯一的标签号,用以对订单的完成情况进行实时追踪。运行数据仓库与加工进度跟踪系统之间也不断进行信息数据的交换,将生产的报告传至工厂的管理部,同时将调整的生产计划传回加工进度跟踪系统。在整个信息系统中,能够实现对订单的实时跟踪反馈,使企业的生产更符合最终客户的需要。

【分析】生产流程的规范性与信息技术的有效使用,使得戴尔的生产计划更贴近市场的需求,从而减少库存,提高企业的竞争力。

任务 4.2　基于供应链的采购管理

　　采购管理是物流管理的重点内容之一,它在供应链企业之间原材料和半成品生产合作交流方面架起一座桥梁,沟通生产需求与物资供应的联系。为使供应链系统能够实现无缝连接,并提高供应链企业的同步化运作效率,就必须加强采购管理。在供应链管理模式下,采购工作要做到五个恰当:恰当的数量;恰当的时间;恰当的地点;恰当的价格;恰当的来源。采购部门负责对整个采购过程进行组织、控制、协调,它是企业与供应商联系的纽带。生产和技术部门通过企业内部的管理信息系统根据订单编制生产计划和物资需求计划。供应商通过信息交流,处理来自企业的信息,预测企业需求以便备货,当订单到达时按时发货,货物质量由供应商自己控制。图 4-3 是基于供应链的采购管理模型。

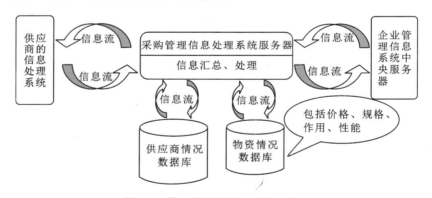

图 4-3　基于供应链的采购管理模型

4.2.1　传统采购和基于供应链采购的比较

　　传统采购的重点放在如何和供应商进行商业交易的活动上,特点是比较重视交易过程中供应商的价格比较,通过供应商的多头竞争,从中选择价格最低的作为合作者。虽然质量、交货期也是采购过程中的重要考虑因素,但在传统的采购方式下,质量、交货期等都是通过事后把关的办法进行控制,如到货验收等,交易过程的重点放在价格的谈判上。因此,在供应商与采购部门之间经常要进行报价、询价、还价等来回谈判,并且多头进行,最后从多个供应商中选择一个价格最低的供应商签订合同,订单才确定下来。传统采购和基于供应链采购的区别如表 4-1 所示。

表 4-1 传统采购和基于供应链采购的区别

类别	基于供应链采购	传统采购
基本性质	基于需求的采购	基于库存的采购
	供应方主动型、需求方无采购操作的采购方式	需求方主动型,需求方有采购操作的采购方式
	合作型采购	对抗型采购
采购环境	友好合作	对抗竞争
信息关系	信息传送畅通、信息共享	信息不通、隐瞒信息
库存关系	供应商掌控库存	需求方掌握库存
	需求方可以不设仓库,零库存	需求方可以设立仓库,高库存
送货方式	小批量多频次连续送货	大批量少频次非连续送货
供需双方关系	友好	敌对
	责任共担、利益共享、协调性配合	责任自负、利益独享、互斥性竞争
验货工作	免检	严格检查

4.2.2 供应链管理环境下采购的特点

在供应链管理模式下,采购工作要做到"5个恰当",即"5R",具体如下:

(1)恰当的数量(Right Quantity)——实现采购的经济批量,既不积压又不会造成短缺;

(2)恰当的时间(Right Time)——实现及时化采购管理,既不提前而给库存带来压力,也不滞后而给生产带来压力;

(3)恰当的地点(Right Place)——实现最佳的物流效率,尽可能地节约采购成本;

(4)恰当的价格(Right Price)——达到采购价格的合理性,价格过高则造成浪费,价格过低可能质量难以保证;

(5)恰当的来源(Right Resource)——力争实现供需双方间的合作与协调,达到双赢的效果。

为了实现上述"5个恰当",供应链管理下的采购模式必须在传统采购模式的基础上做出扬弃式的调整和改变,主要表现为以下几个方面的特点。

1.库存驱动采购转变为订单驱动采购

在传统的采购模式中,采购的目的很简单,就是为了补充库存,防止生产停顿,即为库存而采购,可以说传统的采购是由库存驱动的。在供应链管理模式下,采购活动是由订单驱动的。制造订单驱动采购订单,采购订单再驱动供应商,如图4-4所示。

图 4-4 订单驱动采购

2. 从采购管理转变为外部资源管理

所谓在供应链管理中应用的外部资源管理,是指把供应商的生产制造过程看作采购企业的一个延伸部分,采购企业可以"直接"参与供应商的生产和制造流程,从而确保采购商品质量的一种做法。应当注意的是,外部资源管理并不是采购方单方面努力就能够实现的,还需要供应商的配合与支持。

3. 从买卖关系转变为战略伙伴关系

在传统的采购模式中,供应商与需求方之间是一种简单的买卖关系,无法解决涉及全局性和战略性的供应链问题,而基于战略伙伴关系的采购方式为解决这些问题创造了条件。这些全局性和战略性的问题主要包括如下几点。

(1)库存问题:在供应链管理模式下,供需双方可以共享库存数据,采购决策过程变得透明,减少了需求信息的失真现象。

(2)风险问题:通过战略性合作关系,供需双方可以降低由于不可预测的需求变化带来的风险,比如运输过程的风险、信用的风险和产品质量的风险等。

(3)合作伙伴关系问题:通过合作伙伴关系,双方可以就制定战略性的采购供应计划共同协商,不必为日常琐事消耗时间与精力。

(4)采购成本问题:由于信息的共享避免了许多不必要的手续和谈判过程,从而避免了因信息不对称决策可能造成的成本损失。

(5)准时采购问题:战略合作伙伴关系消除了供应过程的组织障碍,为实现准时化采购创造了条件。

4. 采购业务外包管理

现代企业经营所需物品越来越多,采购途径和体系也越来越复杂,使得企业采购成本居高不下。为了克服这种状况,越来越多的企业将采购活动外包给承包商或第三方公司。

5. 电子商务采购兴起

传统采购环境下,供应商多头竞争,采购方主要进行价格方面的比较,然后选择价格最低者。在供应链管理模式下,电子商务采购已普遍得到运用。采购方将相关信息发布在采购系统上,利用电子银行结算,并借助现代物流系统来完成物资的采购。其主要特点体现在以下几点。

(1)市场竞争更宽松。供应商除报价外,还投报其他附加条件(如对交易的售后服务的要求和承诺),其结果是报价最低者不一定是胜者。

(2)供应商有更多竞争空间。打包贸易时,采购方只需统一开出打包价和各种商品的购买数量,供应商可在各种商品单价中进行多种组合,根据自己的优势进行网上竞价。

(3)采购方可节省时间,提高效率,降低成本。多种商品打包采购时,只需一次性启动网上市场。

6. 采购方式多元化

在供应链管理环境下,采购已经呈现出全球化采购与本地化采购相结合的特点。特别对一些大型企业而言,在采购方面,通常会比较各个国家的区位优势,然后进行综合判断,制定采购策略。

【案例分析 4-2】

通用电气公司照明产品分部

以前,通用电气公司照明产品分部的采购代理每天浏览领料请求并处理报价,要准备零部件的工程图纸,还要准备报价表,这样发给供应商的信件才算准备好了。简单地申请一次报价就要花几天时间,一个部门在一个星期内要通过100~150次这样的申请。通用电气公司照明产品分部的采购过程要花22天。

鉴于此,通用电气公司创建了一个流水线式的采购系统,该系统把公司55个机器零部件供应商集成在一起,开始使用贸易伙伴网络(TPN)。分布在世界各地的原材料采购部门可以把各种采购信息录入该网络,原材料供应商马上就可以从网上看到这些领料请求,然后用TPN给出初步报价。

通用电气公司的领料部门使用一个IBM大型机订单系统,每天一次。领料要求被抽取出来送入一个批处理过程,自动和存储在光盘机中的对应的工程图纸相匹配。与大型机相接的系统和图纸光盘机把申请的零部件的代码与TIFF格式的工程图相结合,自动装载,并自动把该领料请求通过格式转换后输入网络。零部件供应商看到这个领料请求后,利用浏览器在TPN上输入其报价单。

用上TPN后,通用电气公司的几个电子分公司的采购周期平均缩短了一半,降低了30%的采购过程费用,而且由于联机报价降低成本,原材料供应商也降低了原材料价格。

【分析】通用电气公司创建了一个流水线式的采购系统,使用一个IBM大型机订单系统缩短了采购周期,而且降低了采购成本。

【案例分析 4-3】

神龙公司的物资采购

神龙公司的相关部门决定实行部分外协件的JIT采购,第一个被选为批量采购试点的外协件为汽车座椅。这是因为座椅供应商产品质量稳定,服务也较好。双方通过协商谈判,开始了JIT采购的运作。通过实施座椅采购,降低了座椅的平均库存水平,减少了库存资金占用。在此基础上,神龙公司开始逐步扩大JIT采购物资的范围,取得了明显的经济效益。

【分析】神龙公司的物资采购打破了传统的采购模式,运用供应链管理的思想,建立起互惠互利的采购模式,重点考虑了采购物资的质量、交货期等要素。

4.2.3 联合采购

1. 联合采购的含义

联合采购是指在同质性企业里,把需要购买同一产品的客户联合起来组成采购联盟,使其产品的数量达到可以取得价格折扣的规模,然后向供应商提出采购的行为。它是集中采购在外延上的进一步拓展。

采购联盟体大致可分为采购方横向联盟体和供应链纵向联盟体两大类。采购方横向联盟体是指由两家或多家企业联合起来共同采购而形成的横向联盟体;供应链纵向联盟体可以定义为供应商与制造商之间在一定时期内共享信息、共担风险、共同获利的协议关系。

2. 联合采购的实施

联合采购的实施大致包括以下几个步骤。

(1)分析内外环境。在进行联合采购前,企业首先要对内部资源和外部环境进行综合分析,了解企业的优势和劣势,确定联合采购的目标和范围,在全面考虑各种因素的基础上决定是否需要进行联合采购。

(2)选择合作伙伴。选择合作伙伴是成功实施联合采购的基础。建立良好的采购联盟伙伴关系有利于成本的降低、反应时间的缩短、联盟整体和各成员利润的增加以及新市场价值的创造等,其核心问题是如何选择理想的合作伙伴。如果合作伙伴选择不当,不仅不能实现联合采购策略的初始目的,还有可能给企业带来战略机密泄露、客户关系管理失控、合作关系解除等风险。

(3)组建采购联盟。要在互补、相容、共赢原则下组建采购联盟,制定联合采购实现机制,包括联盟的组织结构、会员的权利和义务、信息系统的建立、利益共享和风险分担机制、供应商的选择和管理等。

(4)绩效评估。企业的联合采购是多周期的,通过收集联合采购运行效果的数据对联合采购绩效进行评估,包括对供应商的评估和对成员企业的评估,并把评估结果反馈给各个阶段,以促进联合采购的改进与发展。

(5)改进与发展。通过对联合采购绩效的动态考核并综合上一阶段反馈的信息,确定要改进的指标,分析问题,找出原因,然后采取改进措施,促进合作水平和联合采购绩效的提高。

3. 联合采购的模式

联合采购涉及三个主体,即采购方、采购联盟及供应商,三方密切合作,缺一不可。采购联盟处于联合采购过程的核心位置,是联合采购运行的关键。采购联盟借助信息平台来实现采购方与供应商的沟通,具体来说,首先收集各企业的采购需求并进行分类、汇总,再根据成员企业的库存情况进行平衡利库,若无库存则向供应商发送采购清单,采取合适的采购方式,选择最优的供应商。现行的联合采购模式主要有三种,即由行业协会组建的联合采购中心模式、由多家企业共同组建的联合采购联盟模式和由第三方组建和运行的联合采购模式。

(1)由行业协会组建的联合采购中心模式:在区域行业协会的协调组织下成立区域性的行业协会采购中心,中小企业自愿参加,管理人员由各企业选聘。采购中心独立运作,不受行业协会的管辖。

（2）由多家企业共同组建的联合采购联盟模式：由所有成员单位抽派专业人员共同组成联合采购工作小组或一家企业带头、多家企业响应。

（3）由第三方组建和运行的联合采购模式：从国内外的联合采购案例来看，采购联盟运行到最后都会组建相应的第三方机构来进行日常的采购管理工作。第三方采购组织可利用其专业化的知识和能力，向中小企业提供从经营决策建议到采购实施的专业化服务，具有企业的独立采购不可比拟的优越性。

【知识链接 4-2】

联合采购存在的缺点

联合采购存在诸多优点，但也存在如下缺点：企业需求千差万别，要实现采购条件的统一、标准化困难重重；为与联合采购协调一致，需要改变企业原有的采购周期，产生额外的成本；为配合联合采购的实施，需要改变企业采购流程；为实现信息共享，可能泄露企业产品设计的重要信息，使企业失去竞争优势；协调成本可能过大，使企业得不偿失；联盟太大、太复杂以致功能紊乱、效率低下。这些都需要在具体的实施过程中采取有针对性的措施，加强协调、监控，以降低联合采购风险。

 ## 任务 4.3　基于供应链的库存管理

长期以来，传统的供应链库存控制策略是各自为政，供应商、用户都保持一定的库存，分别实施自己的库存控制策略。这往往不可避免地造成了需求信息的扭曲，从而产生了"牛鞭效应"。为了消除"牛鞭效应"，不同性质的核心企业采取了许多先进的库存管理技术和方法。这些技术和方法主要有：围绕处于供应链上游、实力较雄厚的制造商（或分销商）建立的供应商管理库存（VMI）系统；围绕零售业以及连锁经营业中的地区分销中心（或在供应链上占据核心位置的大型企业）建立的联合库存管理（JMI）系统；围绕大规模生产组装型制造商建立的多级库存管理系统；可适用于各类核心企业建立的协同规划、预测与补货（CPFR）系统。

4.3.1　供应商管理库存（VMI）系统

1.供应商管理库存的含义及特点

供应商管理库存（Vendor Managed Inventory，VMI）是指供应商等上游企业基于其下游客户的生产经营、库存信息，对下游客户的库存进行管理与控制。VMI 是为了适应供应链一体化而出现的一种全新的库存管理模式，在该模式下，供应商监控用户库存水平，并周期性地执行包含订货数量、出货及相关作业的补货决策。VMI 系统作为体现供应链集成管理思想的一种新型库存管理模式,其运作流程如图4-5所示。

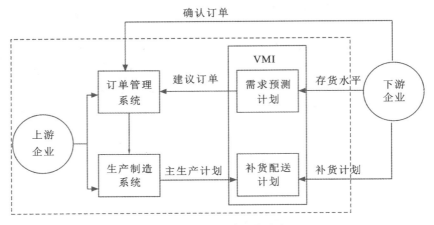

图4-5 VMI系统运作流程

VMI是优化供应链性能的主要途径,也是今后供应链管理中的重要研究方向之一,其实施需要以先进的管理理念和管理技术作为基础。引入VMI可以更好地实现供应链成员之间的信息交流与合作,加强互信,提高供应链集成化运作的可行性。供应链中常见的"牛鞭效应"也可以通过实施VMI策略而得到有效的降低。沃尔玛、卡马特、迪拉德以及杰西潘尼等著名的零售公司和亚马逊等电子商务公司往往也通过VMI来管理自己的商品,实施VMI使得这些企业可以有效管理好成千上万种商品,并能够与供应商保持一种非常良好的合作关系。VMI是一种用户和供应商之间的合作性策略,具体来说,这是一种以用户和供应商双方都获得最低成本为目的,在一个共同的协议下由供应商管理库存,并不断监督协议执行情况、修正协议内容,使库存管理得到持续改进的合作性策略。

同传统的库存控制方法相比,VMI模式主要有以下几个特点。

(1)合作性。VMI模式的成功实施,客观上需要供应链上各企业在相互信任的基础上密切合作。其中,信任是基础,合作是保证。

(2)互利性。VMI模式主要考虑的是如何通过合作降低双方的库存成本,而不太关注如何就双方的成本负担进行分配的问题。

(3)互动性。VMI模式要求各节点企业在合作时采取积极响应的态度,以快速的反应努力降低因信息不通畅所引起的库存费用过高的问题。

(4)协议性。VMI模式的实施,要求企业在观念上达到目标一致,并明确各自的责任和义务。具体的合作事项都通过框架协议明确规定,以提高操作的可行性。

VMI这种库存管理策略打破了传统的各自为政的库存管理模式,体现了供应链的集成化管理思想,适应市场变化的要求,是一种新的有代表性的库存管理思想。

2. VMI的实施方法

首先,供应商和批发商一起确定供应商的订单业务处理过程所需要的信息和库存控制参数;然后建立一种订单的处理标准模式,如EDI标准报文;最后把订货、交货和票据处理各个业务功能集成在供应商一边。其实施步骤如下所示。

第一步,建立顾客情报信息系统。通过建立顾客的信息库,供应商能够掌握需求变化的有关情况,把由批发商(分销商)进行的需求预测与分析功能集成到供应商的系统。

第二步,建立销售网络管理系统。供应商要很好地管理库存,必须建立起完善的销售网络管理系统,保证自己的产品需求信息和物流畅通。为此,必须做到:保证自己产品条码的可读性和唯一性;解决产品分类、编码的标准化问题;解决商品存储运输过程中的识别问题。

第三步,拟订供应商与分销商(批发商)的合作框架协议。供应商和分销商(批发商)一起通过协商,确定处理订单的业务流程、控制库存的有关参数(如再订货点、最低库存水平等)以及库存信息的传递方式等。

第四步,组织机构的变革。过去一般由会计经理处理与用户有关的事情,引入 VMI 策略后,在订货部门产生了一个新的职能,即负责用户库存的控制、库存补给和服务水平。

一般来说,适合实施 VMI 策略的情况主要有:零售商或批发商没有 IT 系统或基础设施来有效管理他们的库存;制造商实力雄厚并且比零售商掌握的市场信息量大;有较高的直接存储交货水平,因而制造商能够有效规划运输。

【案例分析 4-4】

家乐福:从 VMI 中受益无穷

家乐福在引进 QR 系统后,一直在努力寻找合适的战略伙伴以实施 VMI 计划。经过慎重挑选,家乐福最后选择了其供应商雀巢公司。就家乐福与雀巢公司的既有关系而言,双方只是单纯的买卖关系,唯一特殊的是,家乐福对雀巢来说是一个重要的零售商客户。在双方的业务往来中,家乐福具有十足的决定权,决定购买哪些产品及其数量。

两家公司经过协商,决定由雀巢建立整个 VMI 计划的机制,总目标是提高商品的供应效率,降低家乐福的库存天数,缩短订货前置时间,以及降低双方物流作业的成本率等。

由于双方各自有独立的内部 ERP 系统,彼此并不相容,家乐福决定与雀巢以 EDI 连线方式来实施 VMI 计划。在 VMI 系统的经费投入上,家乐福主要负责 EDI 系统建设的花费,没有其他额外的投入;雀巢公司除了 EDI 建设外,还引进了一套 VMI 系统。经过近半年的 VMI 实际运作后,雀巢对家乐福配送中心产品的到货率由原来的 80%左右提升至 95%(超越了目标值)。家乐福配送中心对零售店铺产品到货率也由 70%提升至 90%左右,并仍在继续改善中;库存天数由原来的 25 天左右下降至 15 天以下,在订单修改方面也由 60%~70%下降至现在的 10%以下,每日商品销售额则上升了 20%左右。总体而言,VMI 使家乐福受益无穷,极大地提升了其市场反应能力和市场竞争能力。

相对家乐福的受益而言,雀巢公司也受益匪浅,最大的收获便是在与家乐福的关系改善方面。在过去,雀巢与家乐福只是单向买卖关系,所以家乐福要什么就给它什么,甚至是尽可能地推销产品,彼此都忽略了真正的市场需求,导致好卖的商品经常缺货,不畅销的商品却有很多存货。这次合作使双方愿意共同解决问题,从而有利于从根本上改进供应链的整体运作效率。对于雀巢来说,这次合作使它容易掌握家乐福的销售资料和库存动态,以更好地进行市场需求预测和采取有效的库存补货计划。

【分析】VMI 是 QR 系统的一种重要物流运作模式,也是 QR 走向高级阶段的重要标志。VMI 的核心思想在于零售商放弃商品库存控制权,而由供应商掌握供应链上的商品库存动向,即由供应商依据零售商提供的每日商品销售资料和库存情况来集中管理库存,替零售商下订单或连续补货,从而实现对顾客需求变化的快速反应。VMI不仅可以大幅改进QR系统的运作效率,即加快整个供应链应对市场的回应时间,较早地得知市场准确的销售信息;而且可以最大化地降低整个供应链的物流运作成本,即降低供应商与零售商因市场变化带来的不必要库存,达到挖潜增效、开源节流的目的。

资料来源:http://www.zh—hz.com/html/2012/06/11/128717.html.

4.3.2 联合库存管理(JMI)系统

1.联合库存管理系统的含义

联合库存管理(Jointly Managed Inventory,JMI)是一种上游企业和下游企业权力责任平衡和风险共担的库存管理模式。它把供应链系统管理集成为上游链和下游链两个协调管理中心,库存连接的供需双方从供应链整体的观念出发,同时参与、共同制定库存计划,实现了供应链的同步化运作,从而部分消除了由于供应链不同环节之间的不确定性和需求信息扭曲导致的供应链的库存波动。基于协调中心的JMI流程如图4-6所示。

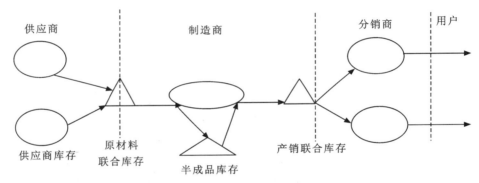

图4-6 基于协调中心的JMI流程

2.联合库存管理的两种模式

1)集中库存控制模式

在集中库存控制模式下,各个供应商的零部件都直接存入核心企业的原材料库,即变各个供应商的分散库存为核心企业的集中库存。库存管理的重点在于核心企业根据生产的需要,保持合理的库存量,既能满足需要,又要使库存总成本最小。

2)无库存模式

在无库存模式下,供应商和核心企业都不设立库存,核心企业实行无库存的生产方式。此时,供应商直接向核心企业的生产线连续、小批量、高频率地补充货物,并与之实行同步生产、同步供货,从而实现"在需要的时候把所需要品种和数量的原材料送到需要的地点"的操作模式。

3. 联合库存管理的实施策略

1）建立供需协调管理机制

为了发挥联合库存管理的作用,供需双方应从合作的精神出发,建立供需协调管理机制,明确各自的目标和责任,建立合作和沟通的渠道,为供应链的联合库存管理提供有效的机制。

2）发挥两种资源计划系统的作用

为了发挥联合库存管理的作用,在供应链库存管理中应充分利用两种目前比较成熟的资源管理系统:物料需求计划(MRP)和分销资源计划(DRP)。原材料库存协调管理中心采用MRP,产品联合库存协调管理中心则应采用DRP。

3）建立快速响应系统

快速响应(QR)系统的目的在于减少供应链从原材料到用户整个过程中的时间和库存,最大限度地提高供应链的运作效率。

4）发挥第三方物流系统的作用

第三方物流(TPL)系统也叫物流服务提供者(LSP),它为用户提供各种服务,如产品运输、订单选择、库存管理等。把库存管理的部分功能委托给第三方物流系统管理,可以为企业带来诸多好处:减少成本;使企业集中精力于核心业务;获得更多的市场信息;改进服务质量;获得一流的物流咨询;快速进入国际市场;等等。面向协调中心的第三方物流系统使供应与需求双方都取消了各自独立的库存,增加了供应链的敏捷性和协调性,并且能够大大改善供应链的用户服务水平和运作效率。

第三方物流系统作为供应链集成的一种手段,起到了增进供应商和客户之间联系的桥梁作用。第三方物流管理库存流程如图4-7所示。

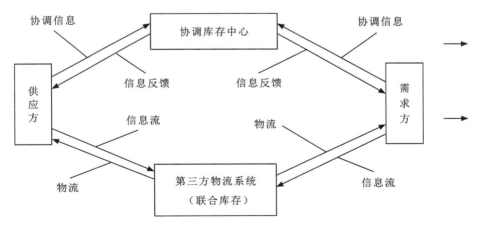

图 4-7 第三方物流管理库存流程

在图4-7中,协调库存中心的职能是负责供应链协调管理机制的建立。第三方物流企业的职能主要有:首先,负责从供方到需方的物流管理,尤其是联合仓库的管理;其次,与供需双方分别互通信息;再次,定期和协调库存中心之间保持行为的协调一致,就协调库存中心负责拟订的交易规则内容与其展开谈判。

4.3.3 多级库存管理系统

1. 多级库存管理系统的含义

多级库存的优化与控制是在单级库存控制的基础上形成的。多级库存系统根据不同的配置方式,有串行系统、并行系统、纯组装系统、树形系统、无回路系统和一般系统。

多级库存控制的方法有两种:一种是非中心化(分布式)策略,另一种是中心化(集中式)策略。非中心化策略是指各个库存点独立地采取各自的库存策略,这种策略在管理上比较简单,但是并不能保证产生整体的供应链优化效果,如果信息的共享度低,多数情况下产生的是次优的结果,因此非中心化策略需要更多信息共享。如果使用中心化策略,所有库存点的控制参数是同时决定的,考虑了各个库存点的相互关系,通过协调的办法获得库存的优化。但是中心化策略在管理上协调的难度大,特别是当供应链的层次比较多即供应链的长度增加时,协调控制的难度更大。

2. 供应链的多级库存控制应考虑的问题

1)库存优化的目标是什么?成本还是时间?

传统的库存管理无一例外地都致力于库存成本优化,在强调敏捷制造、基于时间的竞争条件下,这种成本优化策略是否适宜?供应链管理的两个基本策略——ECR 和 QR,都集中体现了对顾客响应能力的基本要求,因此,在实施供应链库存优化时,要明确库存优化的目标(成本还是时间)。成本是库存控制中必须考虑的因素,但是,在现代市场竞争的环境下,仅优化成本这样一个参数显然是不够的,应该把时间(库存周转时间)的优化也作为库存优化的主要目标来考虑。

2)明确库存优化的边界

供应链库存管理的边界也就是供应链的范围。在库存优化中,一定要明确所优化的库存范围是什么。供应链的结构有各种各样的形式,有全局的供应链,包括供应商、制造商、分销商和零售商各个部门;有局部的供应链,分为上游供应链和下游供应链。在传统的所谓多级库存优化模型中,绝大多数的库存优化模型涉下游供应链,即关于"制造商(产品供应商)—分销中心(批发商)—零售商"的三级库存优化。很少有关于"零部件供应商—制造商"的库存优化模型,在上游供应链中,主要考虑的问题是关于供应商的选择问题。

3)多级库存优化的效率问题

简单的多级库存优化并不能真正产生优化的效果,需要对供应链的组织、管理进行优化,否则,多级库存优化策略的效率仍然是低下的。

4)明确采用的库存控制策略

在单库存点的控制策略中,一般采用的是周期性检查与连续性检查策略,这些库存控制策略对于多级库存控制仍然适用。

3. 供应链环境下的库存补货

对于单一品种的补货,可以采用拉动式库存管理法进行库存控制,其基本思想就是采用连续检测的补货对策进行补货。连续检测的补货对策目前已被国内外广泛地研究和应用,再订货点法是其中的一个重要内容。基于连续库存检测的再订货点法具有重要的理论研究价值和实践指导意义。图4-8展示了产品需求不确定条件下的再订货点库存图,从该图中可以了解其基本思想。

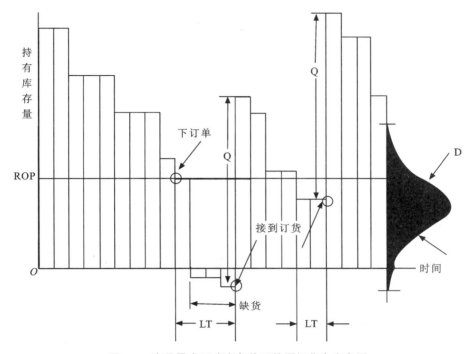

图4-8 产品需求不确定条件下的再订货点库存图

其中,图中各变量的含义如下:ROP——再订货点;Q——订货批量;LT——平均提前期。另外,可用 DDLT 表示提前期内需求,P 表示提前期内的期望现货供应概率。

目前,对于多品种的库存补货方法有以下几种。

1)联合补货法

联合补货法是通过对多种产品集中补货来降低库存成本的。从传统角度看,它是一个多阶段或多产品补货问题。多阶段的联合补货问题主要解决上下游库存之间补货渠道的协同问题,以减少整个库存系统成本;多产品联合补货则是协同不同产品之间的补货,以降低库存成本,实现成本优化。联合补货对策在许多行业已经得到了广泛的应用。

2)CPFR 补货法

随着供应链库存管理技术的发展,出现了一种新的管理方法——协同规划、预测与补货(CPFR)方法。CPFR 既是一种理念,又是一系列活动和流程。它以提高消费者价值为共同目标,通过供应链上企业的相互协作,共享标准化的信息,制定有的放矢的计划,开展精确的市场预测和有效的库存管理,根据需求动态及时补货,以提高整个供应链的业绩和效率。通过整合供应链上需求和供应两方面的信息,由生产商、零售商等彼此分享,为供应链上各个企业降低库存成本、减少运营费用、创造更多业务机会、提高销售额、提升消费者满意度、形成多方共赢的环境等提供了一定的指导作用。

3) 定期盘点法

对于不需要做详细控制的库存商品，或为了方便快捷而减少库存控制环节、简化程序的需要，常常采用定期盘点法在同一时间对多种产品的库存水平进行核查。使用定期盘点法会导致库存水平略有上升，但持有成本的上升可能远远低于管理成本的降低、价格和/或采购成本的下降。因此，它是一种简单实用的库存控制方法，在众多大型企业中有广泛的应用。

对于多品种的季节性商品，应该根据商品自身的特点，综合考虑企业的资产配置、人员结构、组织机能、资金实力和内外环境等因素，选择以上几种方法之一或将多种方法结合起来应用。

4.3.4 零库存管理

1. 零库存管理的含义

零库存管理（Zero Inventory Management，或 Zero-stock Management）并不是指某种或某些物品的仓库储存数量真正为零，而是通过实施特定的库存控制策略，不保存经常性库存，实现库存量的最小化。它是在物资有充分社会储备保证的前提下所采取的一种特殊供给方式。

实现零库存管理的目的是减少社会劳动占用量（主要表现为减少资金占用量）和提高物流运动的经济效益。如果把零库存仅仅看成是仓库中存储物的数量变化趋势而忽视其他物质要素的变化，那么，上述目的很难实现。因为在库存结构、库存布局不尽合理的状况下，即使某些企业的库存货物数量趋于零或等于零，从全社会来看，由于仓储设施重复存在，用于设置、维护仓库的资金占用量并没有减少。因此，从物流运动合理化的角度来研究，零库存管理应当包含以下两层意义：一是库存货物的数量趋于零或等于零；二是库存设施、设备的数量及库存劳动耗费同时趋于零或等于零。后一层意义上的零库存，实际上是社会库存结构的合理调整和库存集中化的表现。

2. 企业实行零库存管理的做法

零库存管理方式不仅在日本、美国广泛应用，其应用足迹也遍布欧洲、大洋洲等世界各地。虽然零库存在美国、日本和欧洲等许多国家和地区已经被普遍推广，但它在充满诱惑的同时也充满了风险，零库存能否真正实现取决于各方面的具体条件和情况，包括供应商、技术、产品、客户和企业自身决策层的支持。因此，建议企业做好以下几项工作。

(1) 转变员工观念，树立减少库存的认识。企业在推行零库存管理前，应对全体员工进行广泛的宣传教育，对于不同专业的员工进行有针对性的宣传，做到人人了解推行零库存管理的意义，形成推行零库存管理的良好氛围。

(2) 合理选择供应商，与供应商建立合作伙伴关系。零库存要求供应商在需要的时间提供高质量的原材料，因此，原料库存、供应商的距离远近及运输方式的选择是确定供应商的关键因素。同时，应注重与供应商建立长期的合作伙伴关系，分享信息，密切协作解决问题，保证对订货的及时供应。

(3) 建立"以销定产"的观念。销售部门要致力于拓展销售市场，并保证销售渠道的稳定；生产部门要有灵活的应变能力和以弹性的生产方式全力配合销售部门的工作，使企业能较均衡地进行生产,这对减少存货是有利的。

(4)严格奖惩制度。在零库存管理系统中,企业生产经营各环节、各生产工序的相互依存性空前增强。企业内部整个作业链条中的任何一个环节出现差错,都会使整条作业链出现紊乱甚至瘫痪。因而应严格奖惩制度,保障生产经营活动顺利进行。

实现零库存的方式有许多,就目前企业实行的零库存管理方式而言,主要有:无库存储备;委托营业仓库存储和保管货物;协作分包方式;适时适量生产方式;按订单生产方式;合理配送方式。

【案例分析 4-5】

奥康的零库存管理

2004年以前,奥康在外地生产加工的鞋子必须通过托运部统一托运到温州总部,经质检合格后方可分销到各个省级公司,再由省级公司向各个专店和销售网点进行销售。没有通过质检的鞋子需要重新打回生产厂家,修改合格以后再托运到温州总部。这样一来,既浪费了人力、物力,又浪费了大量的时间,加上鞋子是季节性较强的产品,错过上市最佳时机,很可能导致这一季的鞋子积压。

经过不断探索与实践,奥康运用将别人的工厂变成自己仓库的方法来解决这一问题。在外地生产加工的鞋子,只需总部派出质检人员前往生产厂家进行质量检验,质量合格后生产厂家就可直接从当地向各营销点发货。这样,既节省大量人力、物力、财力,又可以大量减少库存甚至保持零库存水平。

【分析】根据企业的现实情况,适时采用零库存管理,可以取得比较好的效果,特别是可以降低库存成本。

任务 4.4　供应链配送管理

供应链环境下的物流配送是信息化、现代化、社会化的物流配送,通过采用网络化的计算机技术、现代化设备、软件系统和先进的管理手段,严格守信地按用户的订货要求对商品进行分类、编配、整理、分工、配货等工作,定时、定点、定量地将商品交给没有范围限度的各类用户,以满足其对商品的需求。

4.4.1　物流配送对供应链管理的重要作用

物流配送是对整个物流过程实行统一的信息管理和调度,按照用户订货要求,在物流基地进行理货工作,并将配好的货物送交收货人的一种物流方式。配送作为现代物流的一种有效的组织方式,对降低物流成本、优化社会库存配置、提高服务质量,从而提高企业的经济效益及社会效益具有重要作用。

1. 有效降低供应链管理的物流成本

从供应链管理的角度看,在整个交易费用的构成中,实体物品的运输费用占据了很大一部分,因此,交易主体通过各种途径努力降低物流费用。信息的及时传递和正确地进行物流规划,可以尽量减少不必要的实物转移从而降低物流费用;而借助于灵活的物流配送能有效地降低从一方转移到另一方的实物运输成本。

2. 提高供应链管理对客户需求的快速反应能力

配送中心不仅与生产企业保持紧密的伙伴关系,而且直接与客户保持联系,能及时了解客户的需求信息,并沟通企业和客户双方。对于现在这样一个信息高速流通、技术进步快、消费需求多样且多变的环境,消费者要求快速获得所选购的商品,以便能获取时间效用;而对生产企业来说,为在快速满足消费者需求的同时降低生产成本而采用零库存生产、敏捷制造等先进生产方式,更要求加快物流速度。从某种意义上讲,缩短物流周期比缩短制造周期更重要,这就要求在物流的整个供应链上,各环节之间信息传递畅通、衔接紧密且传递环节少,通过协作以提高整体协同效用。

3. 是实现"以客户为中心"理念的保证

在供应链环境下,要为客户提供全方位的服务,既包括仓储、运输服务,还包括配货、分发及各种配套服务,因此,物流成为连接生产企业与最终用户的重要环节。电子商务的出现在很大程度上方便了最终消费者,他们可以在网上方便地搜索、查看、挑选需要的商品,并进行在线支付,完成购物过程。但是,一旦网上购买的商品迟迟不能送达,消费者必然会转向通常来说更可靠的传统购物方式,我国1999年轰动一时的"72小时网络生存测试"充分说明了这一点。欧洲的电子商务开展得比日本早,但他们的电子商务公司普遍发展得不如日本好,就因为他们缺乏像日本流通网络中的24小时便利店这类送货网点的支持。面对供应链环境对发达物流配送的需求,物流业可以说面临着巨大的机遇。

4.4.2 供应链物流配送的特征

1. 信息化

信息化具体表现为物流配送信息的商品化、信息收集的数据化和代码化、信息存储的数字化、信息处理的电子化和计算机化、信息传递的标准化和实时化等,并通过条码技术、数据库技术、电子数据交换、电子订货系统、快速反应等技术来实现。没有物流的信息化,任何先进的技术设备都不可能很好地完成物流配送任务。

2. 网络化

网络化的基础是信息化,其一方面是指物流配送系统的计算机通信网络,包括物流配送中心与供应商或制造商的联系、与下游顾客的联系等都要通过计算机网络进行通信;另一方面是指企业内部连接为一个整体网络(Intranet),实现组织的网络化,使总部与物流配送中心、各门店之间形成一个有机网络,及时做出反应,提高物流配送效率。

3. 自动化

自动化的基础也是信息化,具体表现在很多工序无须人工操作,节省大量人力;同时扩大了物流作业能力,提高了劳动生产效率,有效减少了物流作业的差错。通过条码、语音、射频自动识别系统,自动分拣系统,自动存取系统,货物自动跟踪系统等,可以有效地发挥物流配送中心的功能,形成较好的软件优势。

4. 柔性化

柔性化是指根据消费者需求的变化来建立配套的物流配送系统,充分考虑到消费者需求"多品种、小批量、多批次、短周期"的特点,灵活调节进货和存货,组织和实施物流作业,真正做到以顾客为中心。柔性化的物流系统正是为适应这种多样化的需求而发展起来的一种新型物流模式。

5. 智能化

库存水平的确定、运输路径的选择、自动导向车的运行轨迹和作业控制、自动分拣机的运行、配送中心经营管理的决策支持等问题,都需要借助大量的知识来解决。智能化是物流配送自动化、信息化的一种高层次应用。

4.4.3 第三方配送模式

第三方配送模式是指交易双方把自己需要完成的配送业务委托给第三方来完成的一种配送运作模式,是一种专门从事商品运输、库存保管、订单处理、流通加工、包装、配送、物流信息管理等物流活动的社会化物流系统。

1. 第三方配送模式的特点

第三方配送模式之所以将成为现代工商企业和电子商务企业进行货物配送的首选模式与方向,是因为第三方配送模式具有优越于其他配送模式的特征,具体表现如下。

(1)使企业能够集中精力于核心业务。企业应把自己的主要资源集中于自己擅长的主业,而把物流配送等辅助功能外包给其他专业的物流配送公司。

(2)灵活运用新技术,实现以信息换库存,降低成本。第三方配送公司能以一种快速、更具成本优势的方式满足更新自己的资源或技能的需求,而这些服务通常都是生产厂商一家难以做到的。

(3)减少固定资产投资,加速资本周转。企业自营配送需要投入大量的资金购买硬件设备,建设仓库和信息网络等专业配送设施。而使用第三方配送公司不仅可以减少设施的投资,还能够免去仓库和车队等方面的资金占用。

2. 第三方配送模式的运作方式

1)企业销售配送模式

企业销售配送模式是指工商企业将其销售物流业务外包给独立核算的第三方物流公司或配送企业运作,企业采购和供应物流配送业务仍由供应物流管理部门承担,其运行情况如图

4-9 所示。

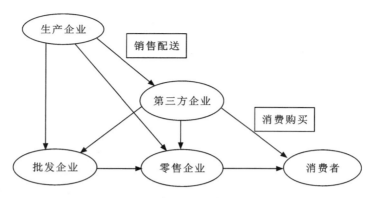

图 4-9　企业销售配送模式运行情况

2）企业供应配送模式

企业供应配送模式是指由社会物流服务商对某一企业或者若干企业的供应需求实行统一订货、集中库存、准时配送或采用代存代供等其他配送服务的方式。企业供应配送模式运行情况如图 4-10 所示。

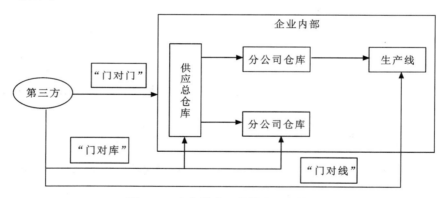

图 4-10　企业供应配送模式运行情况

这种供应配送按用户送达要求的不同可以分为以下几种形式。

(1)"门到门"配送供应：即由配送企业将用户供应需求配送到用户"门口"，后续工作由用户自己去做。这有可能在用户企业内部进一步延伸成企业内的配送。

(2)"门对库"配送供应：由配送企业将用户供应需求直接配送到企业内部各个环节的仓库。

(3)"门到线"配送供应：由配送企业将用户供应需求直接配送到生产线。显然，这种配送可以实现企业的"零库存"，对配送的准时性和可靠性要求较高。

3）供应—销售物流一体化配送模式

供应—销售物流一体化配送是指第三方物流企业承担了用户企业的供应与销售物流，其运行情况如图 4-11 所示。

随着物流社会化趋势的增强和企业供应链管理战略的实施，除企业的销售配送业务社会化以外，企业供应配送也将社会化，即由第三方物流公司来完成。特别是工商企业和专职的第

项目4 智慧供应链环境下企业的生产运作

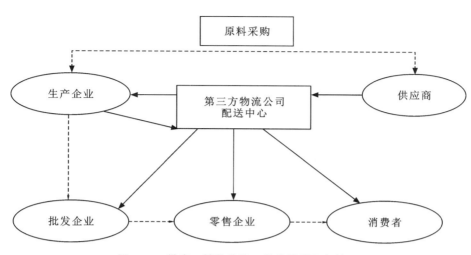

图 4-11 供应—销售物流一体化配送运行情况

三方物流配送企业形成战略同盟关系后,供应—销售物流一体化所体现的物流集约化优势更为明显。第三方物流在服务于企业销售配送的同时,又承担用户物资商品内部供应的职能,也就是说,第三方物流既是用户企业产品销售的物流提供者,又是用户企业物资商品供应的代理人。这种供应—销售物流一体化的第三方物流配送模式是配送经营中的一种重要形式,它不仅有利于形成稳定的物流供需关系,而且有利于工商企业专注于生产销售等核心业务的发展。同时,长期稳定的物流供需关系还有利于实现物流配送业务的配送中心化、配送作业计划化和配送手段的现代化,从而保持物流渠道的畅通、稳定和物流配送运作的高效率、高效益、低成本。因此,现在这种供应—销售物流一体化的第三方物流服务模式备受人们关注。当然,超大型企业集团也可以自己运作供应和销售物流配送,但中小企业的物流配送走社会化之路,可以肯定地说,是有利于企业降低供应成本、提升企业竞争力的。

 【知识链接 4-3】

组合配送

第三方物流企业的组合配送是指第三方物流企业根据采购方小批量和多频次的要求,按照地域分布密集情况,决定供应方的取货顺序,保证 JIT 取货和配送。其适用情况与要求包括:拉式经营模式;小批量、多频次取货;门到门的服务;运输时间代替仓储时间;组合后的最佳经济批量;GPS 全程监控;订单处理增值服务。

根据供应商的分布和数量要求,组合配送可分为三种运输方式:第一,对较小、较远且分布分散的供应商,确定一个聚合点,将小车里的零部件转配入大车,运送到工厂;第二,对较小、分布集中的供应商,采用多点停留,固定集配路线,将零部件集结运输;第三,对主要供应商,一天中需要多次运送的,直接送到工厂。

任务 4.5 供应链环境下的营销管理

在传统的市场竞争法则中,达尔文的"适者生存"观念在相当大的程度上作用于企业的经营。零售商与零售商为市场统治权而争斗,批发商、制造商同样如此,甚至零售商、批发商和制造商这些产品供应的上下游环节也都把彼此视为对手,不断地讨价还价,要挟对方,以一种"互为成本"的关系存在。在新千年,企业虽仍旧立足于市场,但左右竞争的是价值、灵活性、速度和效率,这些因素都由于消费需求的影响而变得越发重要。取代和超越企业个体之间相互竞争的是,它们需通过供应链联盟来增强竞争实力。实质上,随着竞争在供应链和供应链之间进行,竞争优势将经由整个供应链获得。所以,实现供应链的一体化,再造供应链一体化营销管理新体系,就成为每个企业无法回避的事实。

4.5.1 供应链一体化营销管理的内容

以供应链一体化为基础的营销不是等待产品生产出来之后才开始寻找顾客并进行推销,而是以关键顾客和合适顾客的需要为起点,以顾客需求满足过程中的价值最大化为目标的全方位、全流程的互动活动。因此,供应链一体化营销管理的内容可以体现为如下几个方面。

1. 直面终端顾客,提供个性化服务,建立良好的顾客关系

首先通过顾客关系管理对顾客进行准确、合理的分类和行为分析,然后根据企业合适顾客和关键顾客的需求特点进行产品设计和提供服务。为了赢得顾客、赢得市场,应该与顾客建立良好的关系,让顾客参与产品方案设计,知晓制造过程,进行顾客消费培训,对顾客的抱怨应及时响应,从而为他们提供个性化服务。直面终端顾客,提供个性化服务,单靠一个企业是难以做到的,只有发挥供应链一体化的资源优势,才能为顾客提供从产品设计到售后服务的全面服务。

2. 异业结盟,协同服务,实现顾客价值最大化

供应链的管理可降低整体物流成本和费用水平,加快资金周转和信息传递,使供应链上的各项资源得到最大化的合理利用,因此,全行业的供应链管理是适应国际经济发展潮流、提高科学管理水平的最佳选择。在供应链管理环境下的企业各自都具有资源优势,它们可以也都愿意以自身的优势资源为其他企业提供支持和服务,追求以最低的成本、最快的速度响应市场,获得最大化的利益。因此,它们不仅愿意与供应链中的企业结盟,而且也愿意与供应链之外的非同业企业结盟,通过组成异业同盟来实现营销目标。

3. 让供应链成为顾客化定制的生产线

在以往,产品的设计、生产、检测、包装、运输都是营销之前的事,营销工作只有等到产品出厂之后才开始。而供应链管理改变了产品设计、生产、储存、配送、销售、服务的方式,供应链一体化的营销是从产品的构思开始的,根据顾客数据库的信息进行产品构思,与顾客开展"头脑

风暴",让顾客参与设计、评价,围绕核心顾客进行生产和提供服务,而核心顾客的其他品种和生产业务通过业务外包形式分散到供应链上的其他有优势的企业去生产,从而使各企业都能通过供应链实现资源的最佳配置,保持库存最小化以节约成本并提高效率。

4. 信息化库存使供应链成为库房

供应链一体化的物流管理的精髓是以信息代替库存,以供应链作为库房,实现物流的敏捷配送。信息化库存是依靠供应链一体化优势使产品开发、材料采购、生产计划、寻找供应商和生产商、融资、制造控制、包装、运输等在同一时间并行运作,从而使原材料能够准时送到加工厂,产品能够准时送到销售点,顾客能够便捷地购买到所需要的产品。在这个过程中,公司虽然没有建立庞大的库存体系,但是信息化库存使得物流更具敏捷性,这样做的结果是公司节省了成本,顾客增加了收益。

5. 让供应链上的所有企业一起为顾客服务

传统的营销模式中,供应链节点企业之间是一种基于价格与利润挤压的博弈关系,从供应商到终端顾客实质上是一条"博弈链",一方的获益往往是另一方的让利。但供应链一体化管理模式可以革除这种弊端,因为供应链的良好运作是以供应链成员企业相互间充分信任和合作为基础,供应链成员参与的是信任与合作的双赢性战略联盟,其一方的成功是以自身的核心优势服务于另一方的成功,整个供应链的成功是以供应链上的每一个成员企业的成功为基础的,一方的失败或受损会导致其他企业甚至整个供应链的受损,它们是"一荣俱荣,一损俱损"的共生共赢的关系。如果供应链中的某个企业篡改供应链规则,压榨供应商或漠视顾客服务质量,那么在现实环境下,它将会被顾客所遗弃,这时供应链中的核心企业及其他成员将会采取一致行动,将其清除出供应链,因为它的存在可能造成供应链的崩盘。所以,良性的供应链一体化应是通过供应链上的无缝连接,让所有企业一起为顾客服务,使供应链中的每个成员在服务好终端顾客中分享好处。

6. 通过现代信息技术提高顾客价值

现代信息技术是供应链一体化的纽带,利用现代信息技术能够使企业内部供应链顺畅连接,且通过提供良好的在线顾客服务,让顾客能便捷地通过网络解决自己的问题。因此,现代信息技术是提高顾客价值的一项重要内容。

4.5.2 供应链一体化对营销管理的影响

在全球市场竞争环境下,企业成功与否不再由纵向一体化的程度高低来衡量,而是由企业积聚和使用的知识为产品或服务增值的程度来衡量。企业在集中资源于自身核心业务的同时,通过利用其他企业的资源来弥补自身的不足,从而变得更具竞争力。但是仍有不少的企业直到今天还认为降低库存成本、制造成本和运输成本与提高顾客服务质量之间是不可兼得的,因为它们认为,降低成本可能意味着顾客的可得性降低;降低制造成本可能导致不能按照顾客个性化需求定制或偷工减料;降低运输成本意味着交货期延长,或不能按照顾客所要求的时间、地点准时交货。所有这些都是基于传统的纵向一体化管理模式的必然结论。事实上,在供应链环境下可以通过利用现代信息技术和合适的供应链设计来降低这些成本,同时保持顾客服务水平不变甚至得到提高。也就是说,在营销管理方面可通过供应链一体化的协调互动、资源优化配置和先进技术的应用来降低顾客成本,提高顾客价值,创造增值服务。具体表现在如下几个方面。

1. 改变传统价值标准,树立新的价值观念

客户满意度是衡量价值的标志,供应链管理要时时了解客户的价值标准,最大限度地把满足客户的需求同提高企业的经营效益统一起来;应站在客户的立场,按照客户的需求,用客户的眼光看待生产经营,通过供应链一体化运作的有机整合,合理分配资源,做到有序运作,为顾客提供满足个性化需求的高附加值的产品和服务;应跟踪客户需求,倾听市场的需求信息,发掘潜在客户,不断开拓市场,扩大市场份额;在供应链的每一个环节要杜绝一切无效流动与浪费,不使客户增加不必要的开支;增加技术性投入和服务投入,开展价值创新竞争;按照增值的要求进行企业业务流程重组。

2. 重视作为营销竞争主要手段的物流服务

物流作为一种先进的组织方式和管理技术,是营销竞争的主要手段之一,受到了前所未有的重视。在目前,物流理论和应用得到了长足的发展,物流信息化管理通过条码、数控工具、GPS等现代管理工具与方法的应用,已大大地提高了劳动生产效率和物流效率,在一定程度上也降低了营销成本。现代物流已被广泛认为是企业取悦顾客、强化价值主张的重要机会,并且是在降低物资消耗、提高劳动生产率以外的重要利润源泉。

3. 加强员工培训,实现营销目标

营销人员不仅仅是企业的员工,他们更是顾客的服务者。因此,企业应该聘请顾客喜欢的营销人员,顾客喜欢的营销人员就是企业的优秀员工。为使营销人员当好顾客消费方案的顾问,企业管理者的主要职责是加强员工培训,提高员工为顾客服务的技能,只有这样才能实现企业的营销目标。

4. 借助电子商务平台提高顾客服务质量

现代供应链管理的重要内容是通过客户和供应商网络进行有效的协作,先进的供应链管理提升了电子商务对于制造和分销的重要性。要想提高生产率、降低成本和增强客户服务,必须加强对电子商务手段的有效应用。如果说高速、低成本地与客户、供应商进行交流和协作是有效供应链管理的关键成功因素,那么完全电子化的供应链(e-chain)就是对未来的展望,而支持未来供应链管理的信息系统将是 e-ERP 和电子商务平台的完美结合。

● 基本训练

□ 知识题

1.1 阅读理解

1. 供应链物流配送的特征有哪些?
2. 企业实行零库存管理的做法有哪些?

3.供应链管理环境下的生产计划有哪些特点?
4.什么叫联合采购?联合采购有几种模式?
5.简述供应商管理库存的含义及特点。

1.2　知识应用

1.判断题

(1)中小企业的物流配送走社会化之路,可以肯定地说,是有利于企业降低供应成本、提升企业竞争力的。(　　)

(2)实行零库存管理不需要改变员工观念。(　　)

(3)供应商管理库存是为了适应供应链一体化而出现的一种全新的库存管理模式。(　　)

(4)在供应链管理环境下,生产进度计划属于可共享的信息。(　　)

(5)供应—销售物流一体化配送,是指企业本身承担了用户企业的供应与销售物流。(　　)

2.选择题

(1)供应配送按用户送达要求的不同可以分为(　　)。
A."门到门"配送供应　　　　　　B."门对库"配送供应
C."门到线"配送供应　　　　　　D."门对户"配送供应

(2)企业实行零库存管理,应做好的工作主要包括(　　)。
A.转变员工观念　　　　　　　　B.合理选择供应商
C.建立"以销定产"的观念　　　　D.严格奖惩制度

(3)供应链管理环境下,在生产计划的制定过程中,主要面临的问题包括(　　)。
A.柔性约束　　　　　　　　　　B.生产进度
C.生产能力　　　　　　　　　　D.市场需求

(4)VMI模式的主要特点包括(　　)。
A.合作性　　　B.互利性　　　C.互动性　　　D.协议性

(5)目前,对于多品种的库存补货方法主要有(　　)。
A.随机补货法
B.联合补货法
C.协同规划、预测与补货(CPFR)方法
D.定期盘点法

□ 技 能 题

实训内容:参观一家企业,请有关负责人介绍本企业供应链管理情况。

实训目的:结合所学知识,了解该企业在供应链管理环境下的生产运作管理、采购管理、库存管理等方面的具体情况。

实训要求:熟悉同类企业在实际操作过程中的业务流程。

●综合案例

案例1　希捷公司的库存策略

VMI(供应商管理库存)是建立需求驱动型供应链的关键组成部分,被越来越多的电子制造企业所采用。下面以全球著名的硬盘驱动器制造商希捷科技公司作为研究案例,分析VMI的主要需求和实施方法,探讨实施这一策略所能获得的潜在收益。

一、希捷的VMI解决方案

希捷的制造策略是只关注给自己带来竞争力的关键技术和器件,而通用元器件和装配等由其供应商负责。希捷所面临的挑战是客户拥有广泛的产品线,而且这些产品的功能不断提升,产品生命周期越来越短。每周都有新产品推出,同时也有旧产品在不断淘汰。由此造成的结果是,希捷客户的需求变化越来越快,却很少提前通知,但是他们对希捷准确出货仍抱有较高期望。

在传统的按预测驱动的供应链里,这种需求波动导致库存过量、流程成本高、设施和相关资产投资成本高等一系列问题,频繁的库存转移也导致物流成本的增加。为解决这些问题,希捷转而采用需求驱动型供应链策略,并推行高效率的VMI项目。在这条供应链中,希捷设立了两个VMI中心,一个设在希捷与客户的供应链之间,成为JIT中心,由希捷自己负责管理;另一个设在希捷与其供应商之间,外包给第三方物流提供商管理。

通过推行需求驱动型供应链策略,希捷的供应链转变为拉动模式,完全根据客户实际需求制造和交付产品。实施VMI项目之后,希捷的信息和物品流动的方式发生了改变。在新的流程下,希捷客户发出提货信号,从JIT中心提取硬盘产品,这个中心由希捷代表客户进行运作。当该中心库存量低于需求预测水平时,就会自动产生一个信号,发给希捷工厂,希捷工厂向其VMI中心发出元器件需求信号,而该中心根据这一信号安排出货和向供应商发出新的采购需求。供应商根据采购需求交货到VMI中心库,由VMI中心根据实际生产需求送往希捷的工厂生产成品,最后送到希捷JIT中心,根据客户订单进行交货。

二、所获得的收益

由于实现了客户订单信息在整条供应链中的实时传递,希捷可以完全根据客户的订单安排生产,从而为生产制造带来更多弹性,并大幅减少库存量。

在流程改善前,希捷需要30天的补货周期,包括每周将客户订单手工输入ERP系统,然后根据系统已有库存进行评估,手工进行计划安排。更新之后的计划发送给那些需要了解订单最新变化的工厂主管。工厂再对更新信息进行响应,制定一个13周交货承诺时间表。最后,工厂根据新的时间表生产、包装和运输产品到库存中心。重新设计流程和实现运作自动化之后,希捷30天的补货周期减少一半,而且由于消除了手工操作,供应链团队不仅可以很快获得信息,而且减少了大量人工成本。比如,在流程改善以前,当希捷成品仓库收到一个客户订单信号时,希捷需要安排人员在ERP系统中输入销售订单,并产生出货副本,为保证及时输入,希捷安排了一个全职团队,将每周超过2万个客户提货需求输入到ERP系统中,而且耗费大量纸张进行确认。借助自动化流程,希捷将人力和相关成本减少到原来的50%以下。

通过采用需求驱动型供应链策略,希捷获得了令人瞩目的收益:在希捷将产量从每季度400万套增加到2 500万套的同时,供应链流程上的员工人数缩减一半;年库存次数从8次增加到16次;很好地消除了关键元器件短缺的状况;客户整体满意度得以大幅改进。

这些收益可以归结为希捷有效地将供应链策略转变为以拉动式为基础的需求驱动策略,并执行了高效的VMI程序,实现了整个供应链端对端流程的自动化。希捷的供应商和客户有效地用信息代替了库存,他们的团队将关注重点转移到异常管理,并持续优化这一程序,进一步减少手工作业流程。

问题:
(1)针对上述案例,分析希捷公司的库存管理策略;
(2)围绕此案例,说说学习库存管理的心得体会。
资料来源:沈莹.供应链管理[M].北京:北京交通大学出版社,2008:134-135.

案例2 壳牌公司的采购外包管理

壳牌公司的加油站站点有850多个,出售各种品牌的汽油、食品和饮料,类似一个杂货店。当市场迅速膨胀时,许多后勤的日常事务和配送的流程提高了分立的程度和复杂性,一个网点每一星期从15个不同的分销商手中接受40次配送。可想而知,这样的协调工作量很大,对多个网点列出共同管理的时间表并进行控制和衡量是非常困难的。壳牌公司的解决办法是分销的合理化。一个专门的后勤公司以5年10亿美元的报酬与壳牌公司订立了协议,该公司负责壳牌公司850个加油站点(占总数的90%)的非石油商品的配送。合同中规定,该公司要确保在每天7点左右,把商品送到加油站。这样,一星期比以前能节省8小时,一个加油站节省的金额相当于2%~3%的毛利。

问题:
(1)结合壳牌公司采购管理的变化,谈谈在供应链管理环境下采购有哪些特点?
(2)在实行采购业务外包管理时,哪些业务可以外包?哪些不能外包?并简要说明理由。

●综合实训

ERP沙盘模拟

一、训练目标
1. 对企业经营管理有一个概略性的了解。
2. 理解战略对于企业经营成败的重要性。
3. 对企业的业务活动有明确的认识。
4. 理解财务活动和业务活动之间的关系。
5. 认识到每个职能角色在企业经营中所担负的职能及与其他职能部门间的关系。
6. 作为组织中的一员,学会以全局的视角和共同的语言来处理问题。
二、训练方法
以模拟竞争体验为主,辅以引导和案例解析。
1. 有效引导
ERP沙盘模拟课程的讲授不同于传统的授课形式,整个课程分六个阶段展开,教师的角色随课程阶段的展开不断变化,以有效引导教学进程。

2. 控制进程

课程以互动体验方式进行。由于学生在受训知识面、素质、性格特点方面的差异,会出现推进速度不均衡的情况,教师要按照教学进度要求控制模拟企业经营活动的进行。

3. 现场案例解析

课程的精彩之处在于现场案例的抓取和解析,如果能够点到"痛处",给受训者的感受将是最强烈的。

三、培训设施及工具

1. 培训场地

培训场地面积大小为 100~200 平方米。现场部署示意图如图 4-12 所示。

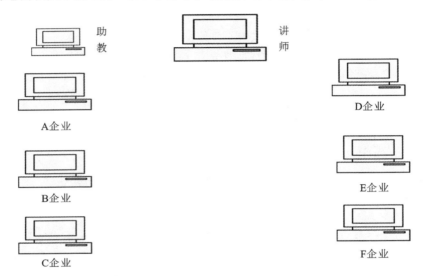

图 4-12 现场部署示意图

2. 培训用品

培训用品主要包括如下几项。

(1)培训桌椅:学员用 6 张,规格以 110 cm×150 cm 为宜;教师用 1 张或 2 张,放置电脑和投影仪;外部合作单位用 1 张,可能包括银行(贷款)、客户(收货)、资格认证单位;另备茶水桌。

(2)教师用的创业者沙盘分析工具、授课用 PPT。

(3)学生用的学员手册。

除了桌椅之外,需要补充的培训用品见表 4-2。

表 4-2 需要补充的培训用品

序号	品名	数量	序号	品名	数量
1	沙盘教具	1 套	9	A4 白纸	50 张
2	投影仪	1 个	10	签到表	1 份
3	电脑	最好 7~8 台,最少 2 台	11	培训效果评估表	按学员人数确定
4	音响设备	1 套	12	沙盘分析工具	1 张

续表

序号	品名	数量	序号	品名	数量
5	白板	1张	13	学生手册	按学员人数确定
6	白板笔	红、蓝各1支	14	铅笔	按学员人数确定
7	学员用白板笔	每组1支,共6支	15	演讲伙伴	1位
8	海报纸及铁夹	30张			

说明:电脑最好每组1台,计6台;讲师及助教各1台;共8台。如果条件不具备,应保证讲师及助教各有1台。

四、培训内容大纲

1. 教学准备

(1)组织方预先按要求准备好学员信息;

(2)培训现场初始状态设置。

2. 课程导入

ERP沙盘模拟课程简介。

3. 企业组建

(1)学员分组;

(2)确定角色,明确岗位职责。

4. 模拟企业概况

企业基本情况主要包括产品、市场、生产设施、股东期望、财务状况及经营成果等。

5. 企业竞争规则

企业竞争规则主要有市场规则、订单竞争规则、产品研发规则、设备投资规则、产品加工规则、材料采购规则、企业融资规则、会计核算规则等。

6. 企业运营流程

(1)按企业运营流程进行教学年经营:年初—每季度—年末—报表编制。

(2)企业运营:①企业总体规划;②订货会议;③监控企业运营进度;④企业经营过程记录。

(3)现场案例讲评:①企业经营的本质;②企业生存的基本条件;③利润与现金流。

7. 课程总结

(1)企业经营自我剖析;

(2)课程价值分析。

项目 5　供应链管理中信息技术的运用

▸思政目标◂

◎培养学生的创新意识及使用新技术的能力。

▸知识目标◂

◎了解制造业、零售业供应链管理的特点；
◎明确供应链管理信息技术支撑体系；
◎熟知企业资源规划、流程再造的基本概念；
◎掌握几种常用的供应链管理应用系统。

▸技能目标◂

◎分析供应链管理中的信息技术，构建各种供应链管理应用系统；
◎基于供应链管理应用系统，掌握制造业和零售业供应链管理的特点与方法。

 /【引例】/

海尔：基于信息技术的一体化供应链管理

作为我国乃至世界上很有影响力的家电制造厂商，海尔集团一直面对着国内外同行业的激烈竞争，制造成本可能的降低已经非常有限，为了保证企业的生存和发展，物流能力的开发与提升成为海尔新战略的一个重要组成部分。

1999 年，海尔成立了专门的物流部门，其后经历了推进重组、供应链管理、物流产业化三个发展阶段。到了 2002 年，海尔集团平均每个月接到 6 000 多个销售订单，订单的品种达 7 000 多个，需要采购的物料品种达 26 万余种。海尔物流自整合以来，呆滞物资降低了 73.8%，仓库面积减少了 50%，库存资金减少了 67%。海尔国际物流中心货区面积为 7 200 平方米，其吞吐量相当于原来普通平面仓库的 30 万平方米。同样的工作量，整合后的海尔物流中心只需安排 10 个叉车司机，而按原来的模式，一般仓库至少要上百人。短短二三年就达到这样的成绩，得益于海尔物流管理体系的发展。

在家电激烈竞争的环境下，海尔集团在战略上不断寻求新的、更有利的经营途径。在关键的物流与供应链管理环节，海尔结合信息技术采用统一采购、统一原材料配送等措施使内外部资源得以整合和优化,使采购、生产支持和物资配送实现战略一体化。

海尔在短短几年时间内取得了显著的成绩,也打响了海尔物流这一金字招牌,创出了名声,被中国物流与采购联合会授予首家"中国物流示范基地"称号以及"科学技术奖"一等奖。在我国的物流领域,海尔物流这面旗帜的树立,对我国其他企业的发展起到了积极的示范作用。

【分析】在企业内部以及与外部连接的平台上,各种先进的物流技术和计算机自动控制设备的运用不但降低了人工成本、提高了劳动效率,还直接提升了物流过程的精细化水平。计算机管理系统搭建了沟通海尔集团内外的信息高速公路,将电子商务平台获得的信息实现迅速转化,让信息代替库存,达到零营运资本的目的。

资料来源:http://wenku.baidu.com/view/6403a353ad02de80d4d84049.html.

任务 5.1 供应链管理与信息系统

5.1.1 信息技术的发展及其应用

1. 现代信息技术的发展

现代信息技术奠定了信息时代发展的基础,同时促进了信息时代的到来,它的发展以及全球信息网络的兴起,把全球的经济、文化联结在一起。任何一个新的发现、新的产品、新的思想、新的概念都可以立即通过网络和先进的信息技术传遍世界。经济国际化趋势的日渐显著,使得信息网络、信息产业发展得更加迅速,各行各业、产业结构乃至整个社会的管理体系都发生了深刻变化。现代信息技术是一个内容十分广泛的技术群,它包括微电子技术、光电子技术、通信技术、网络技术、感测技术、控制技术、显示技术等。在 21 世纪,企业管理必然是围绕信息管理来进行的。最近几年,技术创新成为企业改革的主要形式,而 IT 的发展直接影响企业改革和管理的成败。不管是计算机集成制造(CIM)、电子数据交换(EDI)、计算机辅助设计(CAD),还是经理信息系统(EIS),信息技术革新都已经成为企业组织变革的主要途径。

2. 信息技术与供应链管理

IT 在供应链管理中的应用可以从两个方面理解:一是 IT 的功能对供应链管理的作用(如 Internet、多媒体、EDI、CAD/CAM、ISDN 等的应用);二是 IT 技术本身所发挥的作用(如 CD-ROM、ATM、光纤等的应用)。IT 特别是最新 IT(如多媒体、图像处理和专家系统)在供应链中的应用,可以大大减少供应链运行中的不增值行为。

根据 IT 在供应链管理主要领域的应用,可以归纳出如图 5-1 所示的应用领域。

从图 5-1 中可以很容易地看出,供应链管理涉及的主要领域有产品、生产、财务与成本、市场营销/销售、策略流程、支持服务、人力资源等多个方面,通过采用不同的 IT,可以提高这些领域的运作绩效。

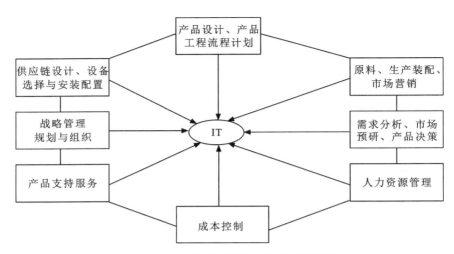

图 5-1　IT 在供应链管理中的应用示意图

EDI 是供应链管理的主要信息手段之一,特别适用于国际贸易中有大量文件传输的情形。CAD/CAE/CAM、EFT 和多媒体的应用可以缩短订单流的提前期,如果把交货看作一个项目,为了消除物料流和信息流之间的障碍,就需要应用多媒体技术、共享数据库技术、人工智能、专家系统和 CIM。这些技术可以改善企业内部和企业之间计算机支持的合作工作,从而提高整个供应链系统的效率。

供应链管理强调战略伙伴关系的管理,这意味着要处理大量的数据和信息,只有这样才能做出正确的决策去实现企业目标。可以通过电话会议、Netscape、多媒体、网络通信、数据库、专家系统等途径收集和处理数据。决策的准确度取决于收集的内外部数据的精确度和信息交换的难易度。EDI 和 EFT 在供应链管理当中的应用,可以提高供应链节点企业之间资金流的安全性和交换的快速性。

生产过程中的信息量大而且繁杂,如果处理不及时或处理不当,就有可能出现生产的混乱、停滞等现象,MRPII、JIT、CIMS、MIS 等技术的应用就可以解决企业生产中出现的多种复杂问题,提高企业生产和整个供应链的柔性,保证生产及供应链的正常运行。

在供应链设计中运用 CIM、CAD、Internet、专家支持系统等技术,有助于供应链节点企业的战略选择、定位和资源、设备的配置。决策支持系统(DSS)有助于核心企业及时、正确做出决策。

【案例分析 5-1】

联华战略联盟的供应链价值分析

2009 年 4 月 5 日,连续 8 年排名中国连锁业百强首席的联华超市与全球最大的 IT 公司 IBM 以及台湾特力集团联手,就共同打造联华具有国际水准的供应链管理体系正式签订战略合作协议书。

此番合作是当时中国零售业首创的战略合作项目。项目为期 6 年,总投资约 1.2 亿元,按照建设进度逐步投入。项目主要依托 IBM 公司领先的 IT 技术以及台湾特力集团丰富的零售经验及其成熟的供应链应用技术,首先建立联华超市旗下的大型综合超市业态的电子订单处理、网上对账及结算、数据分析及共享等供应链管理及其支撑体系,依据这样的平台向联华超市托管的世纪联华提供管理支撑,并进一步向超级市场和便利业态延伸。根据当时的预测,所构建的供应链管理系统可处理的交易金额能力将超过700亿元。此举所形成的持续性回报对联华未来的发展具有深远的战略意义。

长期以来,联华超市瞄准国际化,努力打造国内领先的供应链管理体系,以支撑联华跨地区发展战略的顺利实施。早在几年前,联华超市就与光明乳业、可口可乐、达能和宝洁等一批品牌供应商在供应链协同方面进行探索性合作。而大型综合超市作为联华跨地区发展的主力业态,担当着拓展全国市场的战略任务,发展地域和管理跨度大,因此,建立强大、高效的供应链管理体系就显得尤为重要。该项目的建立可通过信息处理平台整合所有卖场和供应商之间的交易数据,大大提高"下单—供货—对账"信息交换的准确性和及时性,为供应商提供完整的销售及库存信息,使商品从采购到销售终端的过程管理进一步透明化,提高双方对供应链的预测和优化能力,从而降低运营成本,提高效益,改善工商关系,形成协同效应。IBM(中国)公司在中国建有完善的数据中心,能及时跟进联华的跨地区发展,为联华全国战略的实施提供强有力的保障体系。

【分析】零售行业的竞争已经深入到各个层面,利用IT技术建立统一的供应链管理平台,已经成为大型零售企业参与竞争的重要技术支撑。目前,国际大型零售集团如沃尔玛、家乐福都建有强大的供应链管理平台。此项战略合作项目的启动,标志着国内零售商与国际零售商的竞争已经上升到针对各环节的管理竞争阶段。

资料来源:http://www.chinacpx.com/zixun/95032.html。

5.1.2 供应链管理信息技术支撑体系

1. 基于EDI的供应链管理信息技术支撑体系

国际标准化组织(ISO)将EDI定义为"将商业或行政事务处理,按照一个公认的标准,形成结构化的事务处理或信息数据格式,从计算机到计算机的数据传输"。EDI系统原理与组成如图5-2所示。

在供应链管理的应用中,EDI是供应链企业信息集成的一种重要工具,一种在合作伙伴企业之间实现信息交互的有效技术手段,特别是在全球进行合作贸易时,它是在供应链中连接节点企业的商业应用系统的媒介。通过EDI,可以快速获得信息,提供更好的服务,减少纸面作业,实现更好的沟通和通信,提高生产率,降低成本,并且能为企业提供实质性的、战略性的好处,如改善运作,改善与客户的关系,提高对客户的响应,缩短事务处理周期,减少订货周期,减少订货周期中的不确定性,增强企业的国际竞争力等。

最终消费者的需求是供应链中的不确定因素,必须对最终消费者的需求做出尽可能准确的预测,供应链中的需求信息都源于而且依赖于这种需求预测。利用EDI相关数据进行预测,可以减少供应链系统的冗余性,因为这种冗余可能导致时间的浪费和成本的增加。通过预测信息的利用,用户和供应商可以一起努力缩短订单周期。

将EDI和企业的信息系统集成起来能显著提高企业的经营管理水平。如美国的福特公

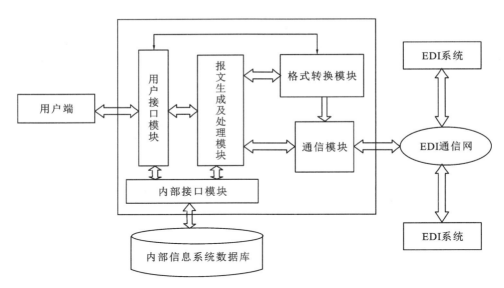

图 5-2　EDI 系统原理与组成

司把 EDI 视为"精细调整 JIT 的关键",美国数字设备公司(DEC)也是把 EDI 和 MRP 连接起来,使 MRP 系统实现了电子化,公司库存因而减少 80%,交货时间减少 50%。通用电气公司(GE)通过采用 EDI,采购部门的工作效率提高了,节约了订货费用和人力成本。

基于 EDI 的信息集成后,供应链节点企业与有关商务部门之间也实现了集成,形成一个集成化的供应链,如图 5-3 所示。其基本过程是先将企业各子公司和部门的信息系统组成局域网(LAN),在局域网的基础上组建企业级广域网(WAN),http://www.bcl-computers.com/相当于 Intranet,再和其他相关的企业和单位通过增值网(EDI 中心)或 Internet 连接起来。随着 Internet 的发展,传统的客户/服务器模式 EDI 也将向 Browser/Server 模式转变。

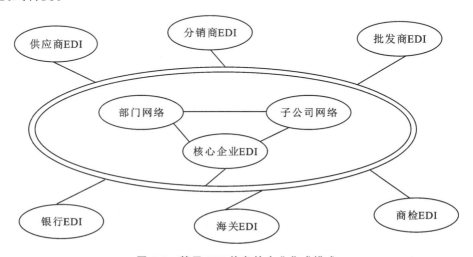

图 5-3　基于 EDI 信息的企业集成模式

建立基于 EDI 的供应链信息组织和传递模式,各企业都必须遵守统一的商业操作模式

(标准),采用标准的报文形式和传输方式,目前广泛采用的是联合国贸易数据交换标准(UN/EDIFACT)。

供应商和用户(分销商、批发商)一起协商确定标准报文。首先,用户(分销商、批发商)提供商品的数据结构,然后由EDI标准专业人员在EDIFACT标准中选取相关的报文、段和数据元。

2. 基于Internet/Intranet的供应链管理信息技术支撑体系

实施供应链管理的企业在构建管理信息系统时,要正确处理各种关系,并充分考虑各种因素的影响程度。根据企业所处环境、自身条件和营销策略,建立一种现代企业的管理信息系统,包括企业经营观念、方式和手段的转变,它将产生新的深层次变革。一般企业可以通过高速数据专用线连接到Internet骨干网中,通过路由器与自己的Intranet相连,再由Intranet内主机或服务器为其内部各部门提供存取服务。

根据该结构,我们可以在供应链企业中充分利用Internet和Intranet建立三个层次的管理信息系统。

1) 外部信息交换

企业首先应当建立一个Web服务器(Internet和Intranet软件的主要部分)。通过Internet,一方面完成对企业在不同地域的分销商、分支机构、合作伙伴的信息沟通与控制,实现对重要客户的及时访问与信息收集;另一方面可以实现企业的电子贸易,在网上进行售前、售中、售后服务和金融交易。这一层的工作主要由企业外部的Internet信息交换来完成。企业需要与交换对象签订协议,规定信息交换的种类、格式和标准。

2) 内部信息交换

管理信息系统的核心是企业的Intranet,因为企业的事务处理、信息共享、协同计算都是建立在Intranet上的,与外部交换信息也是以Intranet组织的信息为基础的。因此,企业建立了硬件框架之后的关键工作就是要决定在Internet上共享信息的组织形式。信息处理系统主要完成数据处理、状态统计、趋势分析等任务。它们以往大部分由企业部门内部独立的个人计算机应用系统组成,主要涉及企业内部所有部门的业务流程。它们所处理的信息是企业内部Intranet信息共享的主要对象。

3) 信息系统的集成

集成化供应链管理环境下,要实现企业内部独立的信息处理系统之间的信息交换,就需要设计系统之间信息交换的数据接口。以往企业各部门的信息系统之间往往由于系统结构、网络通信协议、文件标准等环节的不统一而呈现分离的局面,而通过Internet的"标准化"技术,Intranet将以更方便、更低成本的方式来集成各类信息系统,更容易达到数据库的无缝连接,使企业通过供应链管理软件将内外部信息环境集成为一个统一的平台整体。

当客户用浏览器浏览页面时,通过Web服务器CGI激活应用服务器,调用其中已定义好的应用处理(CGI脚本或PB60应用等),处理完毕,执行结果以HTML格式返回Web服务器,Web服务器再将HTML发布给用户,客户端用浏览器接收结果。

任务 5.2　供应链管理应用系统

5.2.1　经理信息系统

1. 经理信息系统的定义

经理信息系统(Executive Information Systems,EIS)是用于提供经理决策所需要的信息的系统,也称为高级管理人员信息系统或主管信息系统。图 5-4 显示了 EIS 与智能子系统的关系。

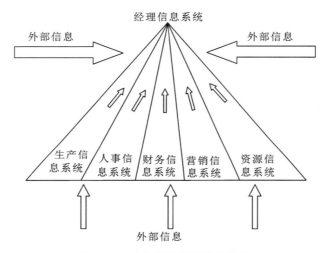

图 5-4　EIS 与智能子系统的关系

2. 经理信息系统的特点

EIS 作为支持高层管理的计算机工具,要适合经理直接使用而不通过中间环节,应具有以下特点:

(1)能存取和集合大范围的系统内、外部数据;
(2)能对数据进行提取、过滤和压缩,并能跟踪重要数据;
(3)提供联机检索、趋势分析和非常规报表;
(4)具有友好的人机界面,使用户易学易用甚至不学即用;
(5)提供图表和文本信息;
(6)提供其他功能,例如支持电子通信(如电子邮件、字处理),有独立的数据处理分析工具(如电子表格、查询语言或与 DSS 相连)和其他办公计算工具等。

为实现 EIS 的基本功能,不仅要从企业内部数据库中提取数据,而且要广泛地收集企业外部环境信息。EIS 的数据提取模式如图 5-5 所示。

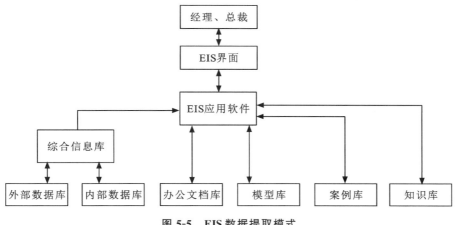

图 5-5　EIS 数据提取模式

3. 经理信息系统在企业中的作用

归纳起来，EIS 在企业中的作用主要体现在以下几个方面。

1）方便数据收集加工

EIS 提供给高级经理们的是数据加工工具，而不是事先约定一个专门的问题再给出答案。经理们可以根据个人需要随意地对问题进行加工。他们在思考问题、做出决策时，把系统作为个人能力的延伸。EIS 不是做决策的系统，而是辅助高级经理做决策的工具。

2）增强分析、比较、预测能力

EIS 一个最明显的优点是它的分析、比较以及预测某种趋势的能力。用户可以很方便地利用图形输出结果，用较少的时间浏览更多的数据信息，而且这种方式比完全是数字的报告系统所提供的信息更清晰、内涵更多。如果不使用 EIS，经理要得到同样的数据信息，他的下属职员要花费几天甚至几周的宝贵时间。有了 EIS，就可以节省很多时间，经理和他的下属职员可以利用省下来的时间去做那些富有创造性的分析和决策工作，而且 EIS 所具有的"漫游"能力能够提高经理们分析问题、进行决策的质量。

3）监控组织运作

经理们还可以利用 EIS 在其责任范围内更有效地监控组织的运作情况。EIS 就好像是一个"监视器"，监视组织中的主要运行指标，它可以及时有效地获得数据，以便尽早发现问题，采取措施，使问题在其产生严重后果之前得以解决，同时也可以更早地发现机遇。

4）下放决策权限，提高管理绩效

EIS 可以非常及时地存取大量的数据，改善下属部门向经理汇报日常运行情况的方式，使经理们能够更好地监控组织的运行。正是这种监控能力使决策可以分散进行，甚至可以发生在运作层。经理们通常也都愿意将决策工作逐级分解，让组织中的下属经理们参与其中，而EIS 能使这一切得到保证。一个好的 EIS 能够改变组织的工作方式，极大地改善管理绩效，提高高层管理者们的控制范围。

尽管如此，目前国内对 EIS 基本上还停留在研究与讨论的阶段，少数报道的 EIS 例子与目标尚有较大的差距。究其原因,开发 EIS 在技术上难度很大,费用也很高;在需求上,EIS 还没有被企业高层普遍重视起来。有理由相信,随着信息化的普及和 IT 技术的迅速发展,EIS 系统必将成为有前途的增长领域。

5.2.2 决策支持系统

1. 决策支持系统的定义

决策支持系统(Decision Support System,DSS)是指在半结构化和非结构化决策活动过程中,通过人机对话,向决策者提供信息,协助决策者发现和分析问题,探索决策方案,评价、预测和选择方案,以提高决策有效性的一种以计算机为手段的信息系统。

2. 决策支持系统的功能

DSS 的功能主要有:
(1)管理并随时提供与决策问题有关的组织内部信息;
(2)收集、管理并提供与决策问题有关的组织外部信息;
(3)收集、管理并提供各项决策方案执行情况的反馈信息;
(4)能以一定的方式存储和管理与决策问题有关的各种数学模型;
(5)能够存储并提供常用的数学方法及算法;
(6)上述数据、模型与方法能容易地修改和添加;
(7)能灵活地运用模型与方法对数据进行加工、汇总、分析、预测,得出所需的综合信息与预测信息;
(8)具有方便的人机对话和图像输出功能,能满足随机的数据查询需要;
(9)提供良好的数据通信功能,以保证及时收集所需数据并将加工结果传送给使用者;
(10)具有使用者能忍受的加工速度与响应时间,不影响使用者的情绪。

3. 决策支持系统的基本模式与结构

DSS 的基本模式反映了其与"真实系统"、人和外部环境的关系。其建立是开发中最初阶段的工作,它通过对决策问题与决策过程的系统分析来进行描述。图 5-6 显示了 DSS 的基本模式,图 5-7 为 DSS 结构图。

5.2.3 电子订货系统

1. 电子订货系统的定义

电子订货系统(Electric Ordering System,EOS)是零售业与批发业之间通过增值网或互联网和终端设备以在线(On-line)连接方式将从订货到接单的各种信息用计算机进行处理的系统。

2. 电子订货系统的运作方式

EOS 并非单个的零售店与单个的批发商组成的系统,而是许多零售店与许多批发商组成

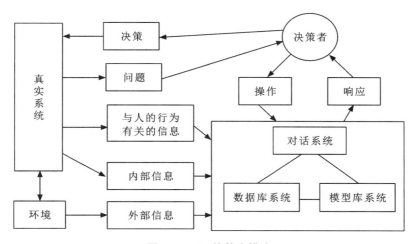

图 5-6　DSS 的基本模式

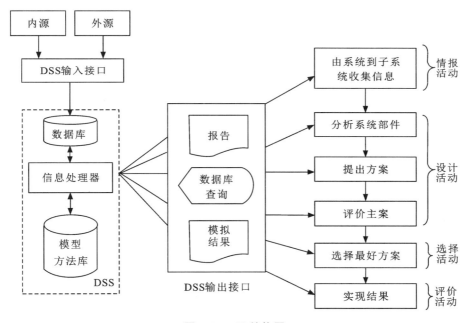

图 5-7　DSS 结构图

的整体运作的大系统。EOS 的运作步骤基本上可分为如下几步：

（1）在零售终端利用条形码阅读器获取准备采购的商品的条形码，并在终端机上输入订货资料；

（2）利用电话线将订货资料通过调制解调器传到批发商的计算机中；

（3）批发商开出提货传票，并根据传票同时开出拣货单，实施拣货，然后依据送货传票进行商品发货；

（4）送货传票上的资料成为零售商的应付账款资料及批发商的应收账款资料，并接到应收账款的系统中去；

（5）零售商对送到的货物进行检验后，便可以陈列与销售了。

3.电子订货系统的基本框架

按应用范围,EOS 可分为企业内的 EOS(如连锁店经营中各个连锁分店与总部之间建立的 EOS)、零售商与批发商之间的 EOS 以及零售商、批发商和生产商之间的 EOS。EOS 的基本框架如图 5-8 所示。

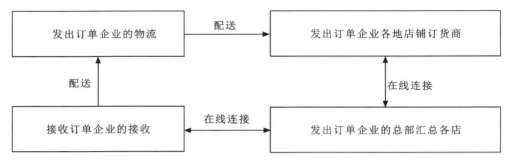

图 5-8　EOS 的基本框架

4.电子订货系统的作用

EOS 能帮助企业及时、准确地交换订货信息,它在企业物流管理中的作用如下:

(1)对于传统的订货方式,如上门订货、邮寄订货、电话订货、传真订货等,EOS 可以缩短从接到订单到发出订货的时间,缩短订货商品的交货期,减少商品订单的出错率,节省人工费;

(2)有利于减少企业的库存水平,提高企业的库存管理效益,同时也能防止商品特别是畅销商品缺货现象的出现;

(3)对于生产厂家和批发商来说,通过分析零售商的商品订货信息,能准确判断畅销商品和滞销商品,有利于企业调整商品生产和销售计划;

(4)有利于提高企业物流信息系统的效率,使各个业务信息子系统之间的数据交换更加便利和迅速,丰富企业的经营信息。

5.电子订货系统的网络应用

EOS 能处理从新商品资料的说明直到会计结算等商品交易过程中的所有作业,可以说,EOS 涵盖了整个商流。

在寸土寸金的情况下,零售业已没有许多空间用于存放货物,在要求供货商及时补足售出商品的数量且不能缺货的前提下,更必须采用 EOS。EDI/EOS 包含了许多先进的管理手段,因此在国际上使用非常广泛,并且越来越受到商业界的青睐。图 5-9 显示了 EOS 的网络应用。

小思考 5-1

【问题】企业在应用 EOS 时应注意哪些问题?

【回答】企业在应用 EOS 时应注意如下几个问题。

(1)订货业务作业的标准化,这是有效利用 EOS 的前提条件。

(2)商品代码的设计。在零售行业的单品管理方式中,每一个商品品种对应一个独立的商

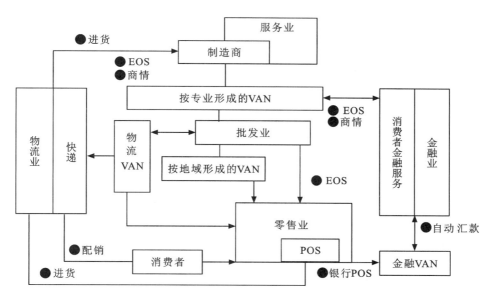

图 5-9　EOS 的网络应用

品代码,商品代码一般采用国家统一规定的标准。对于统一标准中没有规定的商品,则采用本企业自己规定的商品代码。商品代码的设计是应用 EOS 的基础条件。

(3)订货商品目录账册(Order Book)的制作和更新。订货商品目录账册的设计和运用是 EOS 成功的重要保证。

(4)计算机以及订货信息输入和输出终端设备的添置与 EOS 设计是应用 EOS 的基本条件。需要制定 EOS 应用手册并协调部门间、企业间的经营活动。

5.2.4　销售时点信息系统

1.销售时点信息系统的概念

销售时点信息(Point of Sale,POS)系统是指通过自动读取设备(如收银机)在销售商品时直接读取商品销售信息(如商品名、单价、销售数量、销售时间、销售店铺、购买顾客等),并通过通信网络和计算机系统将商品销售信息传送至有关部门进行加工、分析以提高经营效率的系统。

POS 系统最早应用于零售业,以后逐渐扩展至其他服务性行业,如金融、旅馆等,利用 POS 信息的范围也从企业内部扩展到整个供应链。下面以零售业为例对 POS 系统进行说明。

2.销售时点信息系统的运行步骤

POS 系统的运行由以下五个步骤组成。

第一步,店头销售商品都贴有表示该商品信息的条形码(Barcode)或光学字符识别(Optical Character Recognition,OCR)标签。

第二步,在顾客选购商品后结账时,收银员使用扫描读数仪自动读取商品条形码标签或

OCR 标签上的信息,通过店铺内的微型计算机确认商品的单价,计算顾客购买总金额等,同时返回给收银机,打印出顾客购买清单和付款总金额。

第三步,各个店铺的销售时点信息通过 VAN 以在线连接方式即时传送给总部或物流中心。

第四步,总部、物流中心和店铺利用销售时点信息来进行库存调整、配送管理、商品订货等作业。通过对销售时点信息进行加工、分析来掌握消费者购买动向,找出畅销商品和滞销商品,以此为基础进行商品品种配置、商品陈列、价格设置等方面的作业。

第五步,在零售商与供应链的上游企业(批发商、生产厂家、物流业者等)结成协作伙伴关系(也称为战略联盟)的条件下,零售商利用 VAN 以在线连接的方式把销售时点信息即时传送给上游企业。这样,上游企业可以利用销售现场最及时、准确的销售信息制定经营计划、做出相关决策。例如,生产厂家利用销售时点信息进行销售预测,把销售时点信息和订货信息进行比较分析来把握零售商的库存水平,以此为基础制定生产计划和零售商连续库存补充计划(Continuous Replenishment Program,CRP)。

3. 销售时点信息系统的特征

1)单品管理、职工管理和顾客管理

零售业的单品管理是指对店铺陈列展示销售的商品以单个商品为单位进行销售跟踪和管理的方法。POS 信息即时、准确地反映了单个商品的销售信息,因此,POS 系统的应用使高效率的单品管理成为可能。

职工管理是指通过 POS 终端机上计时器的记录,依据每个职工的出勤状况、销售状况(以月、周、日甚至时间段为单位)等进行考核管理。

顾客管理是指在顾客选购商品后结账时,通过收银机自动读取零售商发行的顾客 ID 卡或顾客信用卡来把握每个顾客的购买品种和购买金额,从而对顾客进行分类管理。

2)自动读取销售时点的信息

在顾客选购商品后结账时,POS 系统通过扫描读数仪自动读取商品条形码标签或 OCR 标签上的信息,在销售商品的同时获得实时(Real Time)的销售信息是 POS 系统的最大特征。

3)信息的集中管理

将在各个 POS 终端获得的销售时点信息以在线连接方式汇总到企业总部,与其他部门发送的有关信息一起由总部的信息系统加以集中并进行加工、分析,可以把握畅销商品和滞销商品的区别以及新商品的销售倾向,对商品的销售量和销售价格、销售量和销售时间之间的相关关系进行分析,对商品店铺陈列方式、促销方法、促销期间、竞争商品的影响进行相关分析等。

4)连接供应链的有力工具

供应链参与各方合作的主要途径之一是信息共享,而销售时点信息是企业经营中最重要的信息之一,供应链的参与各方可以利用销售时点信息并结合其他的信息及时把握顾客的需求信息,制定企业的经营计划和市场营销计划。

目前,领先的零售商正在与制造商共同开发一个整合的物流系统——协同预测与补货

(Collaboration Forecasting and Replenishment，CFAR)系统，该系统不仅分享 POS 信息，而且联合进行市场预测，分享预测信息。

4.销售时点信息系统的组成结构

商业 POS 系统分为硬件和软件两部分。

1）硬件

硬件是一个计算机网络系统，既可以是集中式的大系统，也可以用微型机连成局域网，这要视商场的规模、信息量、处理量和资金投入而定，但大致可分为以下三大组成部分。

(1)前台收款机。可采用具有顾客显示屏、票据打印机和条形码扫描器的 POS 机型。条形码扫描器可根据商品的特点选用手持式或台式，以提高数据录入的速度和可靠性。

(2)网络。目前我国大多数商场一般内部信息的交换量很大，而对外的信息交换量很小，因此，计算机网络系统应采用以高速局域网为主、电信系统提供的广域网为辅的整体网络系统。

(3)硬件平台。大型商业企业的商品进、存、调、销的管理复杂，账目数据量大，且需频繁地进行管理和检索。因此，选择较先进的客户机/服务器结构，可大大提高工作效率，保证数据的安全性、实时性及准确性。

图 5-10 展示了商业 POS 系统的硬件组成。

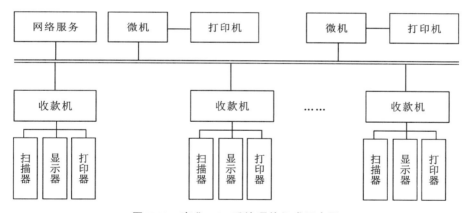

图 5-10　商业 POS 系统硬件组成示意图

2）软件

软件系统是商业 POS 系统的核心部分。从根本上说，它仍属于管理信息系统（MIS）的范畴，MIS 的三个层次——操作层、管理层、决策层，对于商业 POS 系统同样适用，但人们更习惯把商业 POS 系统的软件分为前台和后台两个部分。

(1)前台销售系统的功能主要有：日常销售、交班结算、退货、各种付款和即时纠错。

(2)后台管理软件的功能主要有：商品入库管理、商品调价管理、单据票证管理、商品销售管理、报表打印管理和数据维护管理。

图 5-11 展示了商业 POS 系统的软件组成。

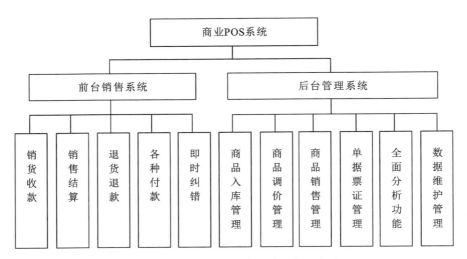

图 5-11　商业 POS 系统软件组成示意图

小思考 5-2

【问题】引入 POS 系统后，企业效益通常会发生怎样的变化？

【回答】POS 系统引入前后的效益对比如表 5-1 所示。

表 5-1　POS 系统引入前后的效益对比

	引入前	引入后
前台收款作业	人工作业，费时费力	用条形码进行商品分类管理，省时省力
	输入错误率高	扫描器输入，正确率高，收款速度快，服务质量稳定
	收款难免舞弊	培训成本低，对人员流动没有顾虑
	现金管理不易	现金管理周全
	商品多得无法掌握	保证实现顾客满意的目标
销售管理作业	凭直觉判断畅销、滞销商品	前台可进行实时监控
	无法进行销售时段及顾客层次分析	后台可提供顾客层次、销售时段等分析
	运用变价及特价比较困难	可提供畅销、滞销商品管理
	难以掌握顾客购买动向	较易根据顾客购买动向调整商品价格
	人力耗费大，信息反馈慢	节省人力，信息可及时反馈
库存管理作业	库存掌握困难	货架库存由计算机管理
	采购凭直觉	采购单由计算机直接提供
	成本及毛利计算模糊	提供成本与毛利管理
	损耗无法准确管理	可追踪分析损耗

任务 5.3 制造业供应链管理信息系统

5.3.1 制造业供应链管理概述

1. 制造业供应链结构模型

随着经济全球化和信息技术的发展,企业经营环境发生了翻天覆地的变化,单个制造企业感到很难独自应对复杂和动态变化的市场竞争环境,任何制造企业都不可能在价值链中的所有环节取得绝对的竞争优势。制造企业开始注重与它们的上下游企业建立和改善长期的合作伙伴关系,以降低交易成本,供应链就这样产生了。

制造业供应链是以大型制造企业为核心,将众多的原材料供应商、中小型通用件制造企业和专用件制造企业、物流企业、分销商、零售商等经济活动主体连成的一个整体,其结构模型如图 5-12 所示。以汽车制造业供应链为例,大型汽车制造企业为整个供应链的核心,众多的原材料供应商、中小型通用件制造企业和专用件制造企业为它提供上万种零部件配套,汽车分销商、汽车零售商和汽车物流企业将其总装的汽车送至用户。

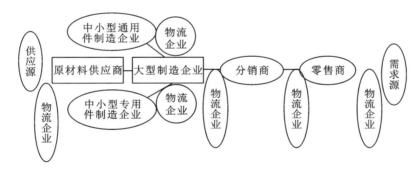

图 5-12 制造业供应链结构模型

在制造业中,制造商是处于中间商位置的上游企业,它在供应链中向下游中间商提供产品,而自身又根据中间商的订单向原料供应商购买生产所需的原料。

2. 制造业供应链管理层次

制造业供应链管理以最终客户为中心,根据客户需求定制生产方式,制造产品,对整个生产制造全过程进行有效的管理,同时也注意减少库存、采购和物流成本。可以利用信息技术将设计、制造和物流的流程连接起来,从而使企业的制造流程和物流流程完全同步。

图 5-13 显示了制造业供应链管理的层次。

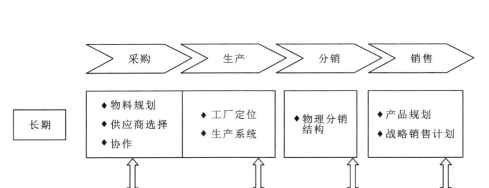

图 5-13 制造业供应链管理的层次

【案例分析 5-2】

东南汽车的资源管理

东南汽车是国内知名的大型轿车生产厂商之一。2000 年前后,年产 15 万辆轿车和 20 万台发动机。2006 年,其规模扩大至年产 30 万辆轿车和 40 万台发动机。该公司坚持"以市场为导向、以质量为基础、以管理为载体、以效应为目的"的方针,倡导"忠诚、务实、拼搏、创新"精神,努力实现"打造中国家用轿车第一品牌"的远景目标。目前,该公司已在全国建立了约 300 家销售服务网点,形成了覆盖全国的销售、服务、信息及物流四大网络。

公司物流业务由备件物流、供应商物流和整车物流组成。备件物流是指从其备件中心库向全国 197 个城市的 267 个特约服务站的汽车备件配送;供应商物流是指全国 226 个供应商向该公司(武汉)总装线及备件库的备件供应;整车物流是指将汽车成品送至客户及销售服务站。2003 年 9 月初,该公司委托中邮物流为其提供备件物流的门到门运输服务。中邮物流公司承诺,根据双方合作的业务进程及业务规模,将在备件运输上帮助该公司降低物流成本,并提高运输服务质量。

【分析】当今汽车制造企业如果想有更大的发展,与其他企业合作是一种趋势。企业集中资源做好核心业务,才能更有竞争力,才能有更好的明天。

资料来源:http://wenku.baidu.com/view/3dc780bc1a37f111f1855bb5.html.

5.3.2 制造业供应链管理信息系统结构

1. 制造业供应链管理信息系统的体系结构

制造业供应链管理信息系统(Management Information System for Manufacturing Supply Chain, MISMSC)的体系结构由以下部分构成。

(1)企业级数据库。企业级数据库存储制造业供应链各成员企业的本地数据,包括原材料信息、产品信息和生产信息等,是制造业供应链分布式数据库的一部分。

(2)数据库管理系统(Database Management System, DBMS)。DBMS 负责制造业供应链各成员企业的本地数据的管理,包括数据库的建立、原始数据输入等。

(3)企业级管理信息系统(Enterprise Management Information System, EMIS)。EMIS 负责制造业供应链各成员企业本地各项业务活动的具体处理,主要包括业务数据输入、查询、存储、打印及维护等,是分布式制造业供应链管理信息系统的一部分。

(4)浏览器。浏览器是众多的原材料供应商、中小型通用件制造企业、中小型专用件制造企业、物流企业、分销商、零售商的企业级管理信息系统相互之间以及与大型制造企业信息系统交互的界面。

(5)制造业供应链知识库。制造业供应链知识库存储制造业供应链的公共知识和供应链成员企业之间的合作协议,支持制造业供应链的工作流执行。

(6)知识挖掘工具。知识挖掘工具以制造业供应链知识库中的大量知识为基础,自动发现潜在的商业知识,并以这些知识为基础自动做出预测。知识挖掘工具发现的新知识可以用于指导制造业供应链各成员企业的业务处理,也可以立即补充到制造业供应链管理信息系统的知识库。

(7)工作流管理系统(Workflow Management System, WMS)。工作流管理系统是制造业供应链管理信息系统的关键部分,负责商业过程的建模、执行与监控。基于制造业供应链各成员企业的命令,工作流管理程序按存储在知识库中的规则分析形成工作流,并利用工作流来协调完成制造业供应链各成员企业级管理信息系统之间的通信。

(8)WEB 服务器。当众多的原材料供应商、中小型通用件制造企业、中小型专用件制造企业、物流企业、分销商、零售商的 WEB 浏览器连到大型制造企业的 WEB 服务器上并请求文件时,WEB 服务器将处理该请求(当需要用到制造业供应链知识库的知识时,通过知识挖掘工具访问制造业供应链知识库)并将文件发送到该浏览器上,附带的信息会告诉用户如何在浏览器上查看该文件。

制造业供应链管理信息系统的体系结构如图 5-14 所示。

2. 制造业供应链管理信息系统的功能结构

制造业供应链管理信息系统的功能结构由以下部分构成。

(1)系统数据管理。系统数据管理包括企业级数据库管理、制造业供应链知识库管理、

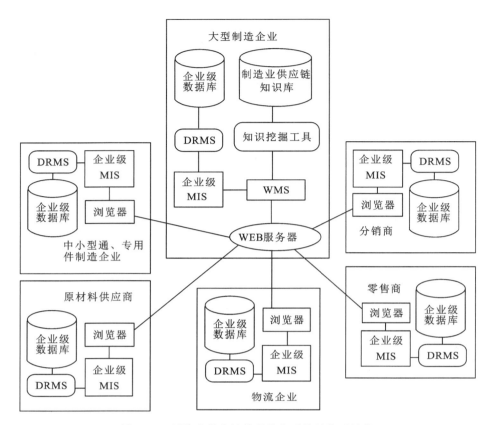

图 5-14 制造业供应链管理信息系统的体系结构

主要指制造业供应链管理信息系统对数据、模型、方法、规则的建立、修改、删除等维护性操作。

(2)供应商管理。制造业供应链管理信息系统对制造业供应链众多的原材料供应商、中小型通用件制造企业、中小型专用件制造企业的供应能力及其提供的原材料、通用件和专用件的质量、价格、及时交货率等进行评价,对原材料供应商、通用件制造企业、专用件制造企业进行动态管理。

(3)销售商管理。制造业供应链管理信息系统对制造业供应链众多的分销商、零售商的区位、营销能力、资信、财务状况等进行评价,对分销商、零售商进行筛选。

(4)订单与物流管理。制造业供应链管理信息系统对制造业供应链中的第三方物流企业进行评价和筛选,对订单与合同涉及的物流进行跟踪管理和库存控制。

(5)财务管理与资产管理。制造业供应链管理信息系统对现金流进行跟踪,及时进行制造业供应链成员企业之间的资金结算,管理固定资产的新置、折旧与更新换代。

(6)计划与研发管理。制造业供应链管理信息系统为供应链的所有业务编制计划,对供应链计划进行检查和调整,对制造业供应链的新产品研发活动进行管理。

制造业供应链管理信息系统的功能结构如图 5-15 所示。

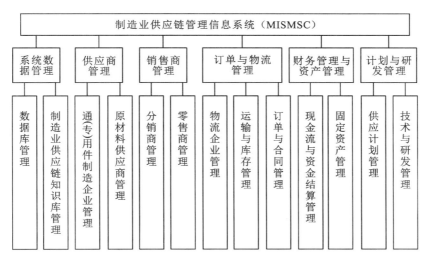

图 5-15 制造业供应链管理信息系统的功能结构

5.3.3 制造业供应链的演化

供应链管理思想从 20 世纪 80 年代提出至今,其本身的内涵不断得到拓展,企业对供应链管理思想的认知也在逐步深化。比如,刚开始提供应链的时候,企业问供应链"是什么",现在变成"为什么做"和"如何去做"。从信息化的角度讲,实施供应链管理必须有系统思维,整体不等于个体的简单加总,但现在很多企业管理人员还是把管理的重点放在单一企业或单一职能上。

供应链管理的内核就是"平顺思维",对供应链上的物料流、信息流和服务流,应以系统思维方式追求"流"的协调性。近些年来,供应链管理发生了以下六大变化。

(1)从跨部门整合到跨供应链整合。过去,企业管理经常围绕一个企业展开,但是现在不行,要实现跨企业整合。

(2)从有形效率到市场调整。过去,企业主要追求的目标是提高库存周转率;现在看来,光做到这一点是很不够的,要跟整个市场的调节前后相呼应。

(3)从单独设计产品到合作设计流程。过去企业自己决定怎么做,现在需要把供应链的合作伙伴整合起来,跟供应商合作设计新的产品。

(4)从简单的削减产品成本到突破商业模式。在早期,企业很重要的一个目标是降低成本,但是成本降低是有限度的,不可能降到零。可以说,当今的生产技术和管理技术对成本的削减已经到了差不多接近极限的地步。下一步必须突破原有的商业模式,找到新的商业模式,只有这样,成本才不成问题。

(5)从大众化供应到个性化服务。

(6)从单体效率的管理到整个供应链协同管理。

【知识链接5-1】

制造业与零售业供应链角色的转变

在传统的生产销售模式中,制造商控制了生产的原料和技术,很容易成为供应链的主导力量。例如,汽车制造企业可以自由选择在各个地区的经销商,控制和决定市场的销售价格。相比之下,经销商主要是通过自身的努力来增加销售量,从而增加自身的收入,影响价格的能力相对较小。随着现代产业链中连锁销售企业的出现和迅速发展,零售商在供应链中扮演着越来越重要的角色,某些大型的强势零售商在产品市场上已经开始充当渠道领袖的角色。作为供应链中最接近消费者的一环,零售商在以消费者为中心的市场中占据越来越重要的地位。

传统的以制造商为主导的供应链模式逐渐转变为以零售商为主导的供应链模式。例如,沃尔玛、家乐福这样的大型超市占据了很大份额的日用品消费市场;像国美、苏宁这样的在全国都拥有分店的大型电器零售商几乎垄断了家电销售市场。零售商对供应链拥有了巨大的影响力,而这些零售商也在拼命地利用这种影响力来领导供应链内的其他企业。

【分析】零售商供应链以实力强大的零售商为核心企业,这些核心企业在整条供应链中居于主导地位,对供应链的其他企业发挥着它们的领导作用。

 【案例分析5-3】

青岛啤酒的供应链管理

啤酒具有易腐、保质期短、运输条件要求高以及不易搬运等特点,对供应链具有很大的挑战性。青岛啤酒在实行供应链管理前,每年由于车队而带来的亏损就达上千万,其表现主要有以下几个方面:①产品的"保鲜"之痛;②在运输环节上缺乏有效控制;③储存设备的管理不当;④人为管理没有实现信息化。

供应链管理并不是简单地调整物流配送网络。青岛啤酒为了改善自己的供应链,开始同日本的朝日啤酒进行合作,并组织人员去参观学习。朝日啤酒的供应链管理又称"鲜度管理",以生产后8天内送到客户手中为目标,库存量控制在1.5天到1.6天。通过参观学习,青岛啤酒于2001年提出了要实行自己的供应链管理,随之,在供应链方面开始了全方位改革。

(1)严格评估服务商和经销商,对不负责任的服务商和经销商进行撤换。服务商和经销商是一个企业供应链的命脉,尤其是在啤酒行业,必须拥有大批的运输服务商来解决运力问题。青岛啤酒通过筛选,确定了最优的运输服务商,然后交给招商物流来运作。

(2)对运输过程进行严格监控。青岛啤酒对每条路线都规划了具体的时间,实行自动车辆配载,这样就提高了配车效率和配载率。在储存设备的管理上,取消了原有的仓库及物流职能,实行"中央仓—区域仓—客户"的配送网络体系。

(3)采用信息化管理。从运输到仓储,青岛啤酒逐步理清头绪,改变过去的人为管理模式,通过使自己的 ERP 系统和招商物流的 SAP 物流管理系统实现自动对接,借助信息化对订单流程进行全面改造,从而使"鲜度管理"的战略得以有条不紊地实施。

(4)加强对市场终端的掌控。青岛啤酒的各个分公司不仅要做市场管理与拓展,还要负责所在范围内的物流运作。这样就可以将企业的全部精力投入到市场终端,而销售人员也能够及时掌控市场终端的情况。正如青岛啤酒管理层人员所说:"我们以前 80% 的精力都放在处理物流的问题上,但现在,我们可以把精力完全放到营销上了。"同时,由于终端的有效维护,青岛啤酒能够较为准确地做好每个月的销售计划,然后报给招商物流。而对方根据销售计划安排安全库存,这样也就减少了库存过高的危险。

在一系列的整合后,每年给青岛啤酒带来过千万亏损的车队转变成一个高效、诚信的运输企业。运输成本由 0.4 元/千米下降到了 0.29 元/千米,每个月下降了 100 万元。运往外地的速度也比以往提高了 30% 以上。山东省 300 千米以内的消费者都能喝上当天的啤酒。而在其他地区,如销往东北的啤酒一出厂,直接用大头车上集装箱,运到大连时还是热乎乎的。

【分析】青岛啤酒通过实行供应链管理,大幅度削减了成本,并增加了收入,从而使企业的利润得到了大幅度的提高。

资料来源:http://wenku.baidu.com/view/617b1f04eff9aef8941e064b.html。

任务 5.4 零售业供应链管理信息系统

5.4.1 零售业供应链概述

1.零售业供应链的定义

在零售业供应链中,零售业主采购不同来源的货品提供给客户,以满足客户的需求,同时获得利润。

零售业供应链系统包含三个子系统:①零售商与供应商系统;②零售商内部管理系统;③零售商与客户关系系统。为了实现信息的共享和对客户的快速响应,这三个系统是建立在互联网基础上的。

零售业典型供应链的组成如图 5-16 所示。

小思考 5-3

【问题】零售业供应链与制造业供应链有哪些区别?

【回答】相比制造业供应链,零售业供应链的特征主要体现在如下几个方面。

(1)零售商的主导地位。具体来说,零售商在选择制造商的时候更加自由,制造商要更多地依赖零售商的销售渠道。

(2)在供应链中,零售商是强势一方。零售商可以先决定自己的订货函数,再将它告知制

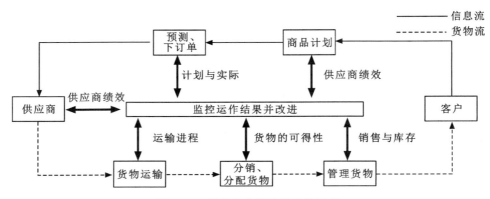

图 5-16 零售业典型供应链的组成

造商,制造商只能选择所能提供的转移价格和质量水平。

(3)零售商在供应链中具有先动优势。制造商不通过制定一个转移价格来诱使零售商选取一个订货量,而零售商可以通过制定订货函数来筛选自己理想的转移价格和质量水平,最大化自己的利润函数。

(4)零售业没有制造过程,所以就不可能有如制造业一样的生产管理系统,如 MRP/MRPII。

(5)零售业供应链接近市场终端,所以最了解市场;而制造业供应链离终端市场较远,较易发生"牛鞭效应"。

2. 零售企业供应链管理的实施

1) 识别零售企业的商品需求特性

可以从商品的生产周期、需求可预测性、商品多样性、市场导入期与服务的标准等方面来识别商品的需求特性。一般来说,功能性商品的生命周期较长(两年以上),创新性商品的生命周期较短(3 个月~1 年);功能性商品的品种较少(10~20 种变形),创新性商品的品种较多(通常有上千万种变形);功能性商品的需求预测偏差较小(10%左右),创新性商品的需求预测偏差较大(40%~100%);功能性商品的平均存货率较低(1%~2%),创新性商品的平均存货率较大(10%~40%);功能性商品的市场导入期较长(6 个月~1 年),创新性商品的市场导入期较短(1 天~2 周);功能性商品的利润贡献率较低(5%~20%),创新性商品的利润贡献率较高(20%~60%)。

2) 实施零售商品类别管理

零售商品类别管理是指零售商以某一商品类别作为战略经营单位进行管理,集中精力传递和实现消费者的价值,以取得更好的经营绩效。具体来说,零售企业对经营的所有商品按类别进行分类,确定和衡量每一类别商品的功能、收益性、成长性等指标,并将商品类型区分为功能性商品和创新性商品。在此基础上,结合考虑各类商品的库存水平和货架展示等因素,制定商品品种计划,对整个商品类别进行管理,提高顾客的服务水平,实现整个商品类别的整体收益最大化。

3) 按照商品类型分别采用相应的供应链战略

对于功能性商品,应当侧重于降低物流成本,采用效率型供应链,实施有效客户反应(ECR)系统。可以从提高商品供应的效率入手,与上游供应商和制造商之间利用现代信息技术建立相互协调的供应模式,零售商总部根据POS系统提供的商品销售信息以及对销售量的预测,利用电脑辅助订货系统向供应商订货,由供应商或区域配送中心向各零售商店提供即时补货,拉动制造商进行产品生产,形成销售和配送的同步运转,共享物流设施和仓库资源,降低配送成本,最大限度地减少生产流通环节可能产生的各种浪费。

对于创新性商品,应当侧重于降低商流成本,采用反应型供应链,实施快速反应(QR)系统。可以从提高顾客响应的速度出发,与供应链各方建立战略伙伴关系和合作机制,采用电子数据交换(EDI)技术实现供应链各节点企业的分工协作和信息共享,缩短商品的设计和生产周期,实施JIT生产方式,进行多品种、中小批量生产和高频度、小批量配送,降低供应链的库存水平,迅速地满足顾客的个性化和定制化需求,提高整个供应链的反应能力。

5.4.2 零售业营销信息系统

1. 营销信息系统的概念

营销信息系统是由人员、设备和程序所构成的一个相互作用的复合体。其基本任务是及时、准确地搜集、分类、分析、评价和提供有用的信息,供市场营销决策者制定或修改市场营销计划,执行和控制市场营销活动。

2. 营销信息系统的构成

营销信息系统包括内部报告系统和营销情报系统。

内部报告系统是最基本的信息系统,它向管理人员提供订单、销售额、存货水平、应收账款和应付账款等信息。内部报告系统的核心是"订单—收款"的循环。该循环主要包括:销售代表、经销商和顾客将订单送交公司;销售部门准备好发货清单并将副本分送各有关部门;对库存不足的商品进行重新订货,装运的商品则附上装运单和发票,同时将副本分送各有关部门;最后,企业将货物及账单送至顾客手中。

营销情报系统是使企业获得关于营销环境发展的恰当日常信息的一整套程序和来源。

内部报告系统为营销人员提供反映企业营销活动结果的数据,营销情报系统则提供与企业正在进行的营销活动有关的数据。

营销信息系统的组成结构如图5-17所示。

【知识链接5-2】

企业营销情报资料的收集

企业可能从各种途径获得情报,比如通过阅读有关书籍、报刊和行业协会的出版物,或与顾客、供应商、中间商、其他外部人员及企业内部人员的接触、交谈来收集信息。这些做法往往带有偶然性。除此之外,企业可从以下几个方面来改进营销情报的收集工作,以提高营销情报

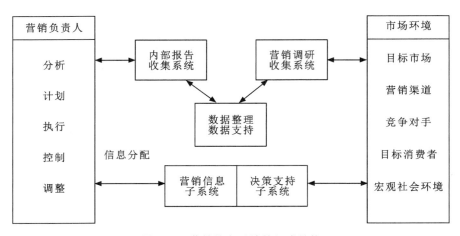

图 5-17 营销信息系统的组成结构

的质量：

(1) 训练和鼓励营销人员收集情报；

(2) 鼓励中间商及其他合作者提供重要情报；

(3) 聘请专家或建立专门的内部信息中心收集情报；

(4) 从专业营销调研公司等外部情报机构购买营销情报；

(5) 通过多种方式收集竞争者的情报，如购买竞争者的产品，参加公开的商品展销会或展览会，阅读竞争者的出版物，出席股东大会等。

市场营销调研系统的任务就是系统、客观地识别、收集、分析和传递有关市场营销活动各方面的信息，提出与企业所面临的特定营销问题有关的研究报告，以帮助营销管理者制定有效的营销决策。营销调研系统不同于营销信息系统，它主要侧重于企业营销活动中某些特定问题的解决。

营销分析系统通过对复杂现象进行统计分析，建立数学模型，帮助营销管理人员分析复杂的市场营销问题，做出最佳的市场营销决策。

【知识链接 5-3】

市场营销信息系统在零售业中的运用

市场营销信息系统在零售业中的运用主要体现在营销决策和营销可行性分析两个方面。

一、市场营销信息系统在营销决策中的运用

市场营销信息系统应配合营销决策系统，针对营销管理的需要而运作。一个企业的营销决策系统可视为企业决策者与营销信息系统的相互沟通，营销决策者向信息系统提出问题，信息系统则向决策者提供相应的信息。市场信息系统可通过经常性地提供有关市场的信息来支持营销活动决策。

二、市场营销信息系统在进行营销可行性分析中的运用

当企业考虑进行大规模营销活动时,一般都要进行可行性调研。决定这一调研成功与否的关键因素,是能否得到有关市场的高质量的信息,以及在对各种信息进行分析的基础上所产生的洞察力。而市场信息系统具有寻求市场机会、监测市场环境的功能和作用,因此将有利于企业做出是否进入某目标市场的决策。在可行性调研阶段,一个企业若有能力通过市场营销信息系统获得可信度高的信息,就会清楚地了解并合理地规避拟进入的目标市场的风险。

5.4.3 零售业供应链管理

做好零售企业商品类型与供应链战略的匹配,就要正确区分零售企业的商品类型。零售企业的商品类型可以根据市场需求的特性划分为功能性商品和创新性商品。

1. 功能性商品

功能性商品是指那些用以满足基本需求、生命周期长、需求稳定且边际收益较低的商品,例如超市销售的各种日用百货、冷冻冷藏食品、常温加工食品等。功能性商品的生命周期长、需求稳定并可准确预测,从而可以使供求达到近乎完美的平衡,这使市场调节变得容易,其商流成本可以忽略不计,零售企业可以集中几乎全部精力来降低物流成本,通过与上游供应商的密切合作,加速库存周转,及时补充存货,采取高效率、低成本的采购,对供应商的选择侧重成本和质量,根据市场预测保证均衡、有效地满足顾客的需求,实现整条供应链的库存最小化和效率最大化。显然,功能性商品要求效率过程,经营此类商品的零售企业应当采用效率型供应链。

2. 创新性商品

创新性商品是指在设计或者服务等方面有所创新的商品,例如时装、高档电器、时尚用品和奢侈品等。这些商品能够带来较高利润,但是由于其生命周期短暂和商品的多样化,需求很难准确预测,并且大量仿制品的出现会削弱创新商品的竞争优势,企业不得不进行一系列更加新颖的创新,从而使需求更加具有不可预见性。创新性商品具有的高度市场不确定性,增加了供求不平衡的风险,因此其主要成本是商流成本而非物流成本,需要零售企业根据市场的变化快速灵活地响应顾客需求。选择供应商要考虑的不是低成本,而是获得速度和柔性;库存和生产能力的关键决策不是使成本最小化,而是响应速度和灵活性,以最大限度地减少市场需求的不确定性给企业造成的损失。显然,创新性商品要求灵敏反应的过程,经营此类商品的零售企业应当采用反应型供应链。如果零售企业经营的商品是功能性商品却采用反应型供应链,或者经营的是创新性商品却采用效率型供应链,其供应链战略就发生了根本性的错误,这时就需要重新设计供应链。

任务 5.5 基于大数据的智慧供应链

随着供应链变得越来越复杂,必须采用更好的工具来迅速、高效地发挥数据的最大价值。

供应链作为企业的核心网链,将彻底变革企业的市场边界、业务组合、商业模式和运作模式等。大数据将用于供应链上从需求产生、产品设计到采购、制造、订单、物流以及协同的各个环节,主要体现在:通过大数据的使用全面掌控其供应链,更清晰地把握库存量、订单完成率、物料及产品配送情况等;通过预先进行数据分析来调节供求;利用新的策划来优化供应链战略和网络,推动供应链成为企业发展的核心竞争力来源。

5.5.1 大数据智慧供应链的优势

一条供应链是否以最理想的状态运行,效率是否还有提高的空间,成本是否还能更低?对于供应链运行过程中表现出的种种问题,管理者能否透过问题的表象,准确把握问题产生的根源并有效解决?这些都是供应链管理需要关注的问题,而要解决这些问题,只有对供应链进行准确的"诊断",才能"对症"修复,使供应链的运行更加高效。大数据就是供应链体系运行状况的"报告单",通过对供应链运行数据的收集、整理、分析和应用,管理者能够维护供应链的健康、高效运行,并使供应链变得更"智慧"。

供应链服务项目业务维度多、信息多、系统多,如果缺乏专业的数据收集、分析、挖掘和展示工具,未能有效整合数据资源进行大数据分析、最大限度发挥数据价值,将导致需求预测不准确、框架合同断档、缺货与爆仓现象并存、供货质量问题频发、供货配送不及时、库存呆滞严重等问题长期存在。为实现更高效的供应链运营,可以利用大数据技术,共同研发智慧供应链运营平台,将目前相对孤立的数据有机联系起来。通过系统间的对接打通与数据整合,将形成大数据仓库,可以利用设计模型算法对数据进行整理、分析、挖掘,提供业务全程跟踪以及物资全生命周期的信息展示,并提供精准、快捷、多维度的数据分析结果和智能预警,引导用户准确评估业务现状,提前采取合理的管控措施,大大降低企业集约化供应链运营的风险,实现供应链智慧化运营。

【知识链接5-4】

大数据应用的概念

大数据应用是指从多种渠道收集信息并进行应用分析。这种分析能够帮助企业识别那些已经发生但不易被察觉的关键信息,并帮助企业预测未来将会发生的情况。大数据有三个特点。

(1)大量。大数据一词中的"大"主要是指可用于分析的信息量。在供应链领域,它可能包括销售网点体系、条形码扫描设备、射频识别阅读仪、用于车辆和移动电话的全球定位系统以及用于管理交通、库房和其他运作的软件体系。

(2)多样性。数据不仅仅来自一个单一的信息源,除了那些记录在数据库中的信息等结构性数据以外,还包括隐藏在文本、影像资料以及其他形式文件中的非结构性数据。

(3)时效。在过去,以每日、每周或每月为单位对模型或数据进行分析就足够了。但现在,企业如果想避免库存不足或者由于恶劣天气导致的送货延迟等现象的发生,就必须进行实时或者近乎实时的数据分析。

1. 高新技术管控有效

当前社会中,大数据技术是基于物联网发展起来的,其通过各行各业的基本事物相互联通产生了整体的云数据,对各个环节进行快速准确的计算,从而在实现更加精准的控制、保证物流效率的同时,有效地降低了物流的成本。就物流的细分领域冷链物流来说,冷链运输比其他快件运输的温度要求高,其运输区域可分为几大温区,每个区域对温度的控制要求又不相同;此外,我国冷链运输企业在很长一段时间内大多出于成本控制的考虑,很难做到全程冷链运输,这在一定程度上影响了生鲜产品的质量,进而影响了客户的消费体验。但到了万物互联的物联网时代,冷链物流便可借助大数据、信息技术、物联网技术实现冷链物流的智能化,将大幅提升冷链配送的效率和质量,并对整个冷链过程实施更好的管理和控制。另外,可以根据大数据绘制购物地图,根据地区的消费倾向备货,这在很大程度上可以减少库存积压,并节约运输物流成本。

2. 从价格竞争转向价值竞争

随着线上平台的不断发展,我国电子商务整体上实现了有效的提升,物流需求总量越来越大。但是,不断扩大的市场份额使得越来越多的物流快递企业建立、发展起来,物流行业整体的竞争力度越来越大。企业要想更好地占据市场份额,获得更多利润,就必须依靠自身的优势,实现良好的价值竞争,通过提升自身的服务质量,改变原有的价格竞争形式,真正为自身的发展提供一定的支撑。各企业应当积极采用大数据云计算技术,对自身的物流数据进行更加快速、准确的处理,更好地优化自身的资源配置,实现自我竞争价值的有效创建。

3. 推动大物流体系的形成

随着大数据技术的不断应用和推广,大物流体系开始形成和发展,整个物流行业面临着巨大的变革。大物流体系主要是指企业将自身的物流资源与第三方物流企业的资源进行整合协调,实现各方面资源更加高效、稳定的利用,从而有效地降低物流的成本。在大物流体系建设完成之后,企业可以更好地与专业的物流公司进行合作,从而按照自身的需求从第三方物流企业获得一定的支持,使得自身的商品运输更加简单、高效,既能保证自身的经济效益,又能够与第三方物流企业实现共赢发展。

4. 降低物流成本,提高配送效率

大数据技术的不断发展使得很多高新技术在物流运输和管理过程中的多个环节实现了有效的应用,如大数据存储技术、大数据管理技术及大数据检索技术等,这些技术能够帮助企业在物流管理和运输过程中更好地进行信息的有效识别和采集,完成信息的快速传播和利用,为物流过程中的数据应用提供了极大的支撑。随着大数据技术的不断发展和完善,各企业将会形成自身的数据中心,依靠该数据中心实现自身物流的有效管理,同时还能够更好地管理相关工作人员,更加合理地确定物流运输和配送方案,在提高自身物流效率的同时,还能够极大降低物流过程中产生的多种成本和费用。

5. 提高企业各个环节的稳定性

大数据技术在物流管理过程中的应用已经不仅仅局限在单一的物流数据处理层面，其在整个物流的仓储运输及后期的销售和配送过程中都能够发挥出至关重要的作用。当前，物流大数据已经覆盖整个物流管理产业链的全过程，成为企业物流管理及物流决策的有力支撑。比如，亚马逊发明了一项新的专利技术，可以帮助其实现预测性运输，利用该技术，各地的线上零售商可以更好地判断各地区顾客的消费习惯，根据顾客的搜索频次及浏览时间等更好地观察顾客的购物需求，从而提前对自身的货物库存进行调整，制定相应的销售计划，更好地实现产品的销售和运输。大数据技术的不断发展促使智慧物流的出现，将物流各个环节有效地统一起来，更好地降低了各环节产生的物流成本，同时还能够依托互联网技术实现商品的有效生产和流通，促进各企业更加高效率地发展。

6. 提升客户服务体验

大数据技术不仅能够为企业的物流运输和配送等提供有效的支撑，而且能够对物流管理的多个环节产生积极作用，甚至还能够帮助企业对消费者行为做出科学的、有前瞻性的预测，更好地满足不同地区、不同客户的消费需求，为企业的发展提供助力。完整的端到端的浏览、购物、仓配、送货和客户服务等信息都能在大数据技术的驱动下有所记录，通过对数据的挖掘和分析，以及合理地运用这些分析成果，物流企业能够更好地为客户提供服务，更加准确地处理商品运输和配送过程中的多种问题，加强与客户之间的联系。通过向客户提供多种定制化的服务工具，可以更好地帮助客户获得优质的服务体验。

大数据在供应链管理领域的应用，打开了供应链全流程可视化管控的视角，将业务流程的每一个环节置于"可视、可控"状态，让供应链管理从局部"盲目"判断升级到全链"智慧"掌控。

【案例分析 5-4】

物流和供应链领域的大数据应用

大数据的应用已经成为具有前瞻战略眼光的企业区别于同行的核心竞争力的体现。那么，对于管理物流和供应链运作，大数据应用究竟有着什么样的价值？

一、亚马逊：预测性运输

亚马逊的"预测性运输"技术能够帮助在线零售商根据特定地区顾客的在线消费习惯、搜索频次以及商品浏览时间等因素来预测顾客需求，从而调整库存及运输资源。"亚马逊希望能通过对顾客及人口分布的了解，对趋势的预测，以及快速匹配等工作，实现商业上的抢先布局。"密西根大学管理学副教授、供应链一体化管理项目经理 Bret Wagner 如是解释。

【分析】大数据智能调度，可以对物流流向与流动热门路线等因素进行分析，预测各条线路的运力需求，提前做好运力准备，最终推动对流运输、循环运输等合理运输模式的实现，大大提升运力的利用率。

二、Avnet 公司：运输评估

总部位于美国菲尼克斯的 Avnet 公司是一家全球性的电子元器件分销商，每年大概要处理500多万票的小型包裹运输交易。每一桩运输交易都会生成超过50列的数据,数据值总计超过2.5亿个。这远远超过了该公司的数据处理能力,于是,该公司选择了"运输评估"数据分析服务,以帮助企业从运输数据中获取商业决策的依据和创新发展的思路。该数据分析工具能够评估承运商表现,分析最经济的运输模式,帮助完成全球分销中心选址,为企业经营决策提供含有关键业绩指标的报告。

【分析】运力考核KPI借助大数据处理能力,通过车辆规格、司机考核、运输时效等维度,对承运商及司机进行服务能力考评,并生成报表,促进运力的优化。

三、Glasfloss公司:数据融合

Glasfloss公司主要生产用于加热和通风的空气过滤器以及空调系统。2013年,通过第三方服务实现了供应链的智能化管理。该服务将来自不同供应链系统和外部来源(譬如运输管理体系、库房管理体系、资源规划以及生产体系等)的数据进行融合,同时提供实时查询功能。管理者能够轻松、便捷地获取有关运营情况的定制报告。该服务的应用帮助公司减少了36%的顾客索赔量,同时将60天的理赔结案率提高到了83%。

【分析】信息共享、协同在供应链管理中有着至关重要的作用,通过数字化供应链管理平台,可以实现供应链企业与企业之间、企业内部各部门之间的信息收集和处理,并通过信息的实时共享,保证企业之间的信息沟通迅速、全面,有利于供应链协同管理。

四、Hillcrest Foodservice:供应链流程可视化

过去,如果一家比萨餐馆抱怨Hillcrest将番茄沙司错误地配送为番茄酱时,很难追根溯源。要想弄清楚究竟是人为失误还是系统故障,非常困难。Hillcrest通过引入智能工具,可以了解工人的分拣准确率,并以此为依据来制定激励机制。通过条形码扫描识别,可以监测库房操作的全过程;其另一款移动运输管理系统则能够实时、可视化地看到驾驶员是否准时到达,司机是否有充足的时间完成货物运送,并生成重要的服务报告。

【分析】供应链可视化管理以物联网为载体提升原料采购、产品生产、仓储物流等环节的管控效率,帮助企业在市场经济环境中准确研判市场预期,控制生产销售,降低各环节成本和提高服务品质;在物流可视化模式下,采取物联网手段,在GPS的配合下,能够随时随地掌握货物的运输情况;另外,在发货管理层面,则可以借助RFID标签,快速进行产品的清点。

资料来源:https://baijiahao.baidu.com/s?id=1724452451499715246&wfr=spider&for=pc.

5.5.2 大数据智慧供应链的实施步骤分析

1.加大智能设备投入,提升数据获取能力

供应链服务项目涉及的业务环节较多,包括需求发起、采购建单、到货跟踪、干线提货、物流仓储、末梢配送、列账结算等多个供应链环节。建设智慧供应链运营平台之前,各个环节的数据分散沉淀在各个系统中或者未能通过系统进行监控,信息闭塞,供应链管控难度大。因此,为了加强全链条管控,搭建智慧供应链运营平台,可以综合MSS、SCV、供应商前端、物流

系统等系统,集成显示需求、采购、生产、到货、仓储、配送、财务等各个业务系统的实时数据,从而减少多系统数据不同步、系统流程不贯通的问题,同时减少多系统部分数据的重复操作量及烦琐度。另外,实现多系统单号串联,将需求单号、汇总需求单号、采购订单号、物流订单号、入库单号等几个主要的系统单号进行全生命周期关联,便于不同环节人员或部门根据各自单号进行全流程的跟踪及查询。

2. 打造智慧供应链平台,强化运营管控能力

可以建立需求预测模型,提高采购精准度。例如,可以以各需求部门的采购需求数据、采购供货数据、实际使用数据以及供应产能数据等供应链历史数据为基础,利用各类算法及数据分析模型,针对物资需求特性,在平台上搭建多个需求预测模型,为各需求单位及地(市)的采购需求优化提供数据支撑,确定备货品种及数量,动态调整备货水平,避免库存的积压或短缺,从源头助力供需平衡。

3. 开发全流程跟踪功能,实时掌握供应状态

通过建设、开发全程可视化平台系统,实现与采购相关系统、供应商系统、物流信息系统、检测平台系统、物资使用管理系统等供应链上下游相关系统的对接,汇集和抓取需求、采购、生产、到货、仓储、配送、账务等信息,促进信息资源充分共享,实现对物资的采购订单(或备货单)下达、供应商排产、提货、检测、仓储、末端配送、使用(或销售)、回收、报废等全程状态的跟踪,完成物资全生命周期监控,提高供应链全流程的集中、高效、便利管理水平。

4. 开发现场作业看板功能,动态监控作业实况

通过数据大屏轮播展示,实现对仓库订单作业状态、出入库、单据、库存、仓储使用率、异常信息预警等实时作业的数据分析,帮助现场操作人员实时查看当前业务单据状态,协同跟进作业处理。

5. 开发库存管控功能,实现库存精细化管控

供应链智慧运营平台对库存数据按照地(市)、子库、库龄、物资种类、呆滞物资以及重点物资等维度进行分析和平台展示。全省采购人员均可通过平台实时掌控本地(市)的库存以及相应风险情况,进而调整相应的管控策略。平台的应用推广有效解决了地(市)人员数据获取慢、分析能力薄弱等库存管控难的问题。

1)定时推送实物库存数据清单

根据管控重点,确定需求部门和采购部门对实物库存数据的推送模板;每日定时推送《实物库存明细表》至OA邮箱,相关需求部门等可通过库存明细查看每日最新库存情况。

2)定时推送收发货信息

通过微信端将物资在仓库的收发情况发送给相关部门及需求人,实现对实时库存变化的信息共享。

3）库存信息共享，压降闲置库存

在供应链智慧运营平台设置"共享库"，将全省的闲置物资进行汇聚，全省各地（市）分公司可通过系统查看全省共享的库存，并根据自身需求，与共享方完成物资的共享盘活和调拨。供应链智慧运营平台打破了信息壁垒，实现了全省闲置库存信息的共享，便于其他地（市）分公司及时获取信息，在消耗闲置库存的同时，也及时响应了紧急需求。

6.开发运营分析及风险管控功能，提高风险管控能力

供应链绩效管理指标作为企业聚焦现代供应链运营与管理创新的手段，对助力提升企业运营的效益、效率和质量有重要意义。通过智慧供应链运营平台开发精准、快捷、多维度的运营数据分析和智能预警程序，可以实现业务信息的可视化监控管理。平台根据不同用户的特点多维度展示关键指标，各下属单位可通过数据大屏准确评估当前业务的数据情况，采用合理的管控措施，降低供应链物流运营的风险。

5.5.3 大数据智慧供应链的实施效果分析

随着智慧供应链运营平台建设的推进，通过对供应链全流程各环节（需求审核—订单创建—供应排产—干线提货—收货确认—仓储管理—支线配送—末梢配送—发票校验—付款结算）的处理进度进行预警监控，并按照不同维度（如需求单位、采购方式、物资种类、物资型号、包装方式、供应商等）进行挖掘对比分析，在物流状态可视化、风险预警、数据运营、库存管控等方面，智慧供应链运营平台已经取得了一定成效，有效提升了项目整体运营效率及客户满意度，各参与方对集约化物流运营风险的管控能力也有了质的飞跃。

其中，平台对现有库存量、历史用量、业务发展预判信息等运营数据的深入挖掘分析和对物资全流程的实时跟踪及异常状态的预警处理，方便了业务人员快速锁定不同需求部门、不同物资、不同供应商的供应瓶颈，并有针对性地进行业务的梳理优化，为实现精准采购、智慧运营提供了有效工具。

随着通信市场交易规模的快速增长，精益供应链服务已成为市场运营和企业供应链管控不可或缺的部分。而供应链数据分析在精益运营中的作用越来越重要，智慧供应链运营平台的建设不仅大大提升了内部运营效率，降低了沟通成本，提高了客户满意度；同时，也为相关大型项目提供了经验借鉴和复制模板，对企业提升业内信息服务竞争力和品牌形象具有长远发展意义。

物流的大数据应用涉及物流的运输、仓储、搬运装卸、包装及流通加工等各个环节，能够对多环节的数据和信息进行有效的归纳和统计应用，更好地提升数据分析的效率，帮助企业实现高效率的配送和运输，降低整体的物流成本，更好地满足多种客户的使用需求。同时，应用物流大数据技术，还能够更好地将货物的流通信息、快递公司的物流信息及供求双方的信息有效地综合起来，建立起良好的信息沟通平台，帮助各企业实现更加快速、稳定的运营，在为客户提供优质服务的同时，也能够更好地提升自身的物流建设水平。大数据在物流行业的有效使用，极大地改善了传统的低效率、高成本的运输模式，使得整体的物流环节更加简单高效，为企业带来了更大的利润。因此，面对今后的发展形势，各企业应当给予大数据更大的重视，充分利用其优势，促进企业快速、高效发展。与此同时，各企业还应当认识到物流过程中的一些问题并给予充分的重视，进行快速、妥善的解决，不断提升自身对于大数据的应用水平和物流管理水平。

任务 5.6　基于物联网的智慧供应链

5.6.1　物联网智慧供应链概述

1. 物联网的含义

物联网(Internet of Things,IOT)又名"传感网",指的是运用射频识别等各种信息传感设备将所有商品的信息和互联网进行实时连接,从而实现智能化的识别与管理。物联网为每一个商品分配标识,经过射频识别装置、全球定位系统、激光扫描器以及红外感应器等设备获取商品中的标识信息,从而达到对商品进行识别和供应链实时追踪的目的。这便需要物联网具有协调能力、自制能力以及感知能力,升级为智能化系统。物联网主要由三个部分组成,分别为射频标签、传感器识别以及二维码。我国以低频 RFID 为主要项目,其次为传输网络,就是通过现有的广电网络、通信网络、未来 NGN 网络以及互联网进行,从而实现数据的计算以及传输,例如中国移动公司积极推行的 M2M。最后则是处理终端,指的是输出或者输入的终端控制,例如电脑、通信基站、手机、电视或者其他移动终端。

2. 物联网中的主要技术

在无线射频识别技术中,"识别"是物联网运行的重要步骤之一。物品识别功能要经过 EPC 编码标准、RFID 电子标签、阅读器、Savant 网络、GPS 追踪技术和公司应用系统等实现。

1)EPC 编码标准

EPC 编码标准指的是产品电子编码,而产品电子编码的存在是为了实现物品分配编码的唯一,通过该编码便可以读取物品在对应数据库里的相关数据。产品电子编码通常包括四部分,前缀码表示该编码是 96 位方案还是 64 位方案,持有者码(EPC Manager)简称代表该产品制造商或者该产品的所有者,产品类编码(Object Class)简称为产品的类型。96 位方案中的 EPC 码可以为 2.69 亿公司赋码,而每一个公司可以针对 1 610 多万种产品进行编码,产品序列码(Serial Number)简称是每一类产品中单品唯一的编码。经过统一的编码制度,世界上任何产品都拥有属于自己的唯一编码。

2)RFID 电子标签

RFID 电子标签指的是射频卡,其中包括小型芯片、内置天线以及其他连接部分。电子标签中蕴含着 EPC 码,当运行数据互换的时候,运用阅读器与 EPC 中的信息相连接,内置天线则负责传递无线信号。电子标签分为被动式以及主动式,而主动式标签设有内置电源,因此要比被动式标签识别距离远,但是其价格昂贵,没办法普及。

3)阅读器

阅读器是指主要负责读取或者录入相关数据的设备。当阅读器发射信号的时候,便会读取进入识别范围内的相关电子标签信息,用来识别不同的产品。另外,阅读器可以在同一时间读取两个及两个以上标签,读取的距离由频率与电源所决定。

4）Savant 网络

Savant 网络用于处理从电子标签中所接收的海量数据。Auto-ID Center 推出了 Savant 系统，这是可以在公司系统与阅读器之间起到连接作用的系统。在将数据送往公司应用系统前，Savant 将会对传输数据进行计算、集成、压缩数据容量以及过滤等操作，用来减少网络数据流量。

5）GPS 追踪技术

GPS 追踪技术用于对产品进行追踪与监控。构建一个有效的物联网，有两个问题需要解决，首先是规模性，只有具备了一定规模，才可以让物品智能发挥其作用；其次是流动性，物品的一般状态都是非静止的，时刻处于运动甚至高速运动中，需要随时随地对该产品进行追踪与监控。因此，运用 GPS 是目前最好的解决方式之一。目前，GPS 在我国运用得越来越普遍，例如汽车导航、铁路运输、水上救援等，只要拥有 GPS 装置，太空中卫星便可以确定地球中任何物品的精确位置。另外，GPS 具有全天候、效率高以及精度高的特征，适合对任何产品进行实时跟踪。

6）公司应用系统

公司应用系统是把物联网技术和商业实现互相连接的重要环节。为了让物联网技术大面积进入实际生活中，公司需要先进的 WMS、CRM 以及 ERP 等系统。很多公司现有的系统还不适合物联网的运用，如果想形成销售、运输以及生产等环节的智能化、自动化管理，开发新的、强大的系统应用是这些公司目前急需解决的重要问题之一。

3. 物联网对供应链的影响

物联网的出现对各大公司供应链管理的内容、方式以及过程都有着直接影响，主要体现在以下几个方面。

1）管理过程优化

公司供应链的管理由"物—人—物"模式逐渐转变为"物—物"模式，经过物和物之间的直接"接触"，管理系统对人工的依赖性大大减少，供应链管理过程将得到极大的优化。此类运转模式可以提升所有供应链的效率，降低人工出错率，从而实现真正意义上的实时监控、跟踪以及管理。

2）信息同步化

只有当信息在所有供应链中同步时，供应链中参与者才可以根据客源要求进行改动，从而形成同步运行状态。物联网技术用于跟踪供应链中流动的物品，并且要向所有参与者传送实时数据，从而减少信息失真现象的发生。信息的实时传送标志着公司与其他参与者都可以准确、及时地预测市场变化，从而降低库存水平。

3）网络无缝化

伴随着市场的不断发展，顾客的个性化要求逐渐增多，为了满足顾客需求，公司需要加快反应速度，从而保证生产与柔韧性加工。但是这种方式极容易造成成本的增加。智能型供应链网络通过增强对信息流、资金流和物流的控制力，帮助公司确定采购路线，从而降低库存成本，优化物品运输，实现供应链相关业务流程再造，新的业务流程让供应链在网络衔接方面更加紧密。当公司所面对的环境较为复杂多变时，物联网技术还可以缩短公司备货时间，让公司在短时间内应对相应的紧急情况，提升生产效率，降低管理成本。

4.网络协同化的意义

网络协同化指的是公司每个部门或者相应供应链环节的公司之间可以对信息进行充分共享和整合。通过运用物联网技术,可以非常方便地对流通中的产品进行监控、管理以及跟踪,并且还可以把以上信息数据分享到供应链中每个环节的公司。各个公司在获取信息特别是上下游公司的有关信息后,可以准确、及时地预测市场变化,以便对以后的生产加工安排进行合理决策,这对于降低公司未来出现大量库存积压的风险具有非凡意义。

针对供应链这种需要不断改变数据信息的场合,物联网的运用可以说再合适不过,基于物联网的供应链管理系统可以运用于仓库管理、物品跟踪、货架识别、生产管理等。以无锡某配送中心为例,该中心运用了物联网储藏管理系统,该系统可以依据客户所下订单以及库存情况进行系统补货,并且通过职工无线射频工具进行操作。最终将收到的信息录入数据库,并且和网络连接,从而完成通信以及信息交换。这便实现了所出售产品的信息更新,中央库存的信息实现互联和共享。

物联网与无线射频技术已经成为第三次科技革命浪潮的战略产业技术成果,逐渐深入全球各个领域。虽然物联网发展仍然处于起步的阶段,但是供应链管理的每个环节都会受到物联网很大的影响。伴随无线射频技术以及物联网技术的飞速发展及其有关理论研究的深入,物联网极有可能改变供应链管理传统模式,从而实现供应链可视化、智能化的管理。

5.6.2 物联网驱动的供应链管理解决方案的好处

物联网驱动的供应链管理解决方案的好处主要体现在如下几个方面。

(1)供应链的端到端可见性。智能供应链管理解决方案为制造商提供供应链环节中产品状态、位置和流程的实时数据——从监控供应商方面的材料和组件,一直到产品到达最终客户手中。

(2)更高的运营效率。实时可见性使企业达到一个新的运营效率水平。有了库存物资数量、在制品位置、在途货物状态等数据,企业在缩短物资搜寻时间、降低成本的同时,也实现了更高的运营效率。

(3)更好的客户服务。借助物联网,企业可以减少完成客户订单所需的时间,并向客户提供物品在哪里以及何时准确交付的数据。

(4)优化库存管理。有了库存物品数量、位置和移动的实时数据,制造商可以知道何时需要补充库存。它消除了保持数周库存的需要,并仍然可以保持高水平的客户服务。

(5)更有效的浪费管理。物联网有助于识别并因此减少七种浪费(没有价值的运营活动)中的至少五种,包括运输、库存、等待、生产过剩和过度处理。

任务 5.7 敏捷供应链

5.7.1 敏捷供应链概述

敏捷供应链是"敏捷性"和"供应链"两个概念的综合体。敏捷性是指适应内外部环境变化的能力和柔性,供应链中的敏捷性是指在多变的市场环境中,利用掌握的信息和虚拟组织而获利的能力。敏捷供应链(Agile Supply Chain,ASC)是指在竞争、合作、易变的动态环境中,由供应链上各个节点企业(如供应商、客户等)构成的快速响应市场环境变化的动态供需联盟。其核心目标是充分利用每个市场机会,提升产品的可获得性,快速响应复杂多变的市场或满足最终客户需求。

1. 敏捷供应链的内涵

在竞争日趋激烈、市场需求更为复杂多变的网络时代,有必要将敏捷化思想运用于整条供应链管理,其实质是在优化、整合企业内外资源的基础上,更多地强调供应链在响应多样化客户需求方面的速度目标。同原来的一体化供应链管理相比,敏捷供应链有着显著不同的内涵。

1)战略目标

传统管理思想的灵魂是高成本、低效率,而敏捷供应链管理思想的理论假设是认为消费者偏好更多地倾向于价格和制造质量。一体化供应链管理没有摆脱传统企业管理思想的束缚,质量和价格依然是其主要战略目标。敏捷供应链管理则顺应时代潮流,将战略目标定位于对多样化客户需求的瞬时响应。

2)资源观念

一体化供应链管理也强调对资源的充分利用和挖掘,但是其资源观点局限于企业内部。敏捷供应链从扩大的生产概念出发,将企业的生产活动进行前伸和后延,把上游的供应商和下游的客户纳入企业的战略规划之中,实现对企业内外资源的最佳配置。

3)供应链驱动方式

依赖传统生产组织方式是很难真正实现以需定产的,因为缺乏即时按单生产的能力,一体化供应链管理只能按照从供应到生产再到销售的推动生产方式进行,结果造成各个环节大量库存的堆积。敏捷供应链在敏捷制造技术、信息技术及并行工程技术(OE)的支持下,成功地实现了客户需要什么就生产什么的订单驱动生产组织方式,降低了整条供应链的库存量。

4)组织机构构建

新战略依赖新型组织机构,敏捷供应链的成功实施依赖于虚拟组织的构建,即若干相互关联的厂商基于战略一致性而构成的动态联盟。与传统的实体组织相比,虚拟组织具有如下几个特点。

(1)超组织性:它不一定是一个独立的法人实体,而是为了实现特定目标或完成特定项目而由相关节点企业形成的联盟。

(2)动态性:虚拟组织不是一成不变的,当市场需求或组织目标发生变化时,原先的组织即刻解体。

(3)网状组织:它改变了传统的等级分明的金字塔结构,允许信息横向传递与交流,使信息利用更为充分、及时。

5)与节点企业的关系

一体化供应链管理没有超越企业的边界,依旧把供应商看成讨价还价的利益博弈对手,把客户看成服务对象。敏捷供应链突破以往框架,重新定位与上下游节点企业的关系,与供应商结成利益一致的合作伙伴,客户则被看成是企业创造价值、使产品增值的重要资源。

在供应链管理系统中,一项核心的研究内容是,随着动态联盟的组成和解散,如何快速地完成系统的重组。动态联盟的重组不可避免地要求各联盟企业的信息系统也能进行重组,如何采用有效的方法和技术,实现对现有企业信息系统的集成和重组,保证它们和联盟企业的其他信息系统之间的信息畅通,是供应链管理系统要重点解决的问题。供应链管理系统的另一项核心研究内容是多种异构资源的优化利用。在跨企业的生产计划调度和资源控制方面,联盟内各企业的信息系统往往是异构的。如何有效地利用这些资源,支持它们之间的协同工作,是供应链管理系统必须解决的关键问题。

2. 敏捷供应链的特点

敏捷供应链应随着联盟的形成和解体,快速完成系统的重构和调整,这是敏捷供应链系统区别于一般供应链系统的主要特点。由于市场需求的动态化特性以及市场竞争的不断加剧,敏捷性不再是企业内部的概念,它已延伸至整个供应链的范围。敏捷供应链不但要求供应链的各个实体具有应对变化的敏捷能力,而且要求供应链整体也能敏捷适应环境的变化。

敏捷供应链通过计算机信息集成技术和管理技术对知识流、物流和资金流等进行有效控制,将供应商、制造商、批发商、零售商和客户整合到一个极具竞争力的动态供需网络,通过链条上动态联盟的不断重构与调整,来快速响应市场需求变化。不同于传统的供应链,敏捷供应链具有以下几个方面的特点。

1) 以产品需求为导向的动态联盟

不同于传统供应链只关注质量和成本,敏捷供应链主要是快速响应市场需求而形成的临时短期组织联盟,以市场需求拉动敏捷制造,分析产品需求,主动或者被动地去创造产品。动态联盟随产品需求而快速重构,如果需求消失,那么动态联盟也将解散。

2) 集成其他供应链和管理信息系统

在重构的过程中,核心企业或者平台集成其他合作伙伴的信息与供应链情况,进行不同企业的整合,建立信息集成系统,将它们联系起来,协同工作,制定协作计划,实现信息共享和流程一体化。

3) 共担风险与利益

敏捷供应链的节点企业集自身的核心优势形成一条极具竞争力的供应链,实现顾客需求的透明传递,避免"牛鞭效应"带来的信息不匹配等影响。供应链成员企业做到利益共享,一荣俱荣,一损俱损,每个节点企业完成自己的任务,如果有一端产生中断,协作计划将被打乱,风险由各节点企业共担。

3. 敏捷供应链关键技术

敏捷供应链管理的研究与实现是一项复杂的系统工程,它牵涉一些关键技术,包括统一的动态联盟企业建模和管理技术、分布计算技术,以及互联网环境下动态联盟企业信息的安全保证等。

1)统一的动态联盟企业建模和管理技术

为了使敏捷供应链系统支持动态联盟的优化运行,支持对动态联盟企业重组过程进行验证和仿真,必须建立一个能描述企业经营过程、产品结构、资源领域和组织管理之间的相互关系,并能通过对产品结构、资源领域和组织管理的控制和评价来实现企业经营管理的集成化企业模型。在这个模型中,将实现对企业信息流、物流和资金流以及组织、技术和资源的统一定义和管理。

为了保证企业经营过程模型、产品结构模型、资源利用模型和组织管理模型的一致性,可以采用面向对象的建模方法,如统一建模语言(Unified Modeling Language,UML),来建立企业的集成化模型。

2)分布计算技术

由于分布、异构是结成供应链的动态联盟企业信息集成的基本特点,而 Web 技术是当前解决分布、异构问题的常用代表,因此,我们必须解决如何在 Web 环境下开展供应链的管理和运行的问题。

Web 技术为分布在网络上的各种信息资源的表示、发布、传输、定位、访问提供了一种简单的解决方案,它是现在互联网使用最多的网络服务,并正在被大量地用于构造企业内部信息网。Web 技术有很多突出的优点,它操作简单、维护方便,能够很容易地把不同类型的信息资源集成起来,构造出内容丰富、生动的用户界面。但是,随着应用的不断深入,Web 技术一些严重的缺陷也暴露了出来,主要有:Web 技术所依赖的传输协议 HTTP 从本质上来说是一个面向静态文档的协议,难以处理复杂的交互操作;Web 效率低,对复杂和大规模的应用越来越不适应;Web 服务器负担越来越重。

3)互联网环境下动态联盟企业信息的安全保证

动态联盟中结盟的成员企业是不断变化的,为了保证联盟的平稳结合和解体,动态联盟企业网络安全技术框架要符合现有的主流标准,遵循这些标准,才能保证系统的开放性与互操作性。企业在保护信息的安全方面面临着巨大的压力,这种保护主要体现在如下五个方面。

(1)身份验证(Authentication)用来确信用户身份的真实性。用户、服务器等任何参与通信的一方,均需要明确对方的真实身份。

(2)访问控制(Access Control)仅允许被授权的用户访问资源。由安全策略管理员限定适合访问的资源。访问控制用于保护企业敏感信息不被非授权访问,并且针对不同的数据设置不同的权限,对于工资表、项目计划等数据,除了相应工作岗位的人员外,可能只是有选择地对一些员工开放;市场策略、谈判计划等数据则只有极少数高层人员才有权访问。

(3)信息保密(Provacy)是任何安全环境的基础。不论是存贮还是传送,重要信息必须被加密,并保证未授权的第三方不可解密。

(4)信息完整性(Integrity)也很关键,因为通信双方必须确信信息在传送中没有被截获后篡改,或完全就是假造的信息。

(5)不可抵赖(Non-repudiation)是指随着商业事务越来越多,不论发生在内部还是外部,这些商业事务都需要通过电子形式来进行,这就有必要为发生了的事务提供法律上的证据,也就是"不可抵赖"。

5.7.2 敏捷供应链实施策略

1. 简化策略

供应链规模越大,复杂性就越大,供应链的复杂性已成为提高供应链敏捷性的障碍。这种复杂性可能源自产品和品牌的扩散,也可能来自陈旧的组织结构和管理程序。减少产品和流程的复杂性是增强供应链敏捷性的重要途径。

减少产品的复杂性需要市场营销人员和设计人员共同解决,既要考虑产品设计理念是否合理,也要减少对顾客价值没有多大贡献的品种,去掉产品中功能过剩的部分。如在产品设计中融入模块化设计思想,采用标准化模块、零部件,减少定制模块和定制零部件的数量;或在制造过程中采用延迟策略,推迟定制活动的开始时间,尽量采用标准的生产环节,减少定制环节。

来自组织结构和管理程序方面的复杂性,可以通过企业流程再造(BPR)解决。传统的企业组织分工细、专业化程度高,已不再适应当今顾客需求日益多样化、市场需求急剧变化的情况。企业流程再造不是对现有的系统进行修修补补,而是打破原来陈旧的组织结构和管理规范,从头开始,展开功能分析,消除根植于传统经营活动中无附加价值的活动,重构新的管理程序。这将有助于减少组织的复杂性,提高供应链的敏捷性。这时,处于供应链上游的供应商不是被动地等待下游企业的订单来安排生产,而是可以主动地通过互联网了解下游企业的需求信息,提前获取它们的零部件消耗速度,这样一来就可以主动安排好要投入生产的资源,并且及时、准确地为需求方提供服务,提高对需求方的响应速度。

2. 并行技术

并行技术包括并行工程和并行信息。并行工程是让生产、物流及营销人员参与产品研发,实现各业务功能同步设计的过程。由于产品研发阶段对产品成本起决定作用,并行工程可以大幅度降低产品成本,且能使许多问题在早期得到解决,降低下游业务部门或企业解决问题的回头率,减少非增值时间,加快业务运作。并行信息是指在企业内各部门或供应链各节点企业之间实现需求信息同步共享。并行信息可以削弱需求信息的逐级放大效应,确保存货的及时发送和补充,提高配送速度。需求波动、订购批量越大,提前期越长,并行信息对放大效应的弱化作用越明显。

3. 延迟化策略

延迟化策略是将供应链上的产品顾客化活动延迟至接到订单时为止,即在时间和空间上拉近顾客化活动与顾客需求的距离,实现快速响应和有效顾客响应。其核心内容是:在不同产品的实现中,尽可能采用相同的制作过程,使满足定制需求或最终需求(体现个性化需求的部件)的差异化过程尽可能被延迟,从而提高企业的柔性和顾客价值。

延迟制造是推动式供应链和拉动式供应链的有机结合,供应链的上游可以看作推动阶段,而下游可视为拉动阶段。在推动阶段,通过对产品的设计与生产采用标准化、模块化和通用化的技术,产品可以由具有兼容性和统一性的不同模块组合拼装而成,制造商根据预测进行半成品或通用化的各种模块的大规模生产,获得大批量生产的规模效益。在供应链下游的拉动阶段,产品才实现差别化,根据订单需要,企业将各种模块进行有效的组合,或将通用化的半成品根据要求进行进一步的加工,从而实现定制化服务。在推行延迟制造时,需求切入点十分关键,它是推动阶段和拉动阶段的分界点。在需求切入点之前,是推动式的大规模通用化半成品生产阶段,能产生规模效益,生产按预测进行,这些中间产品生产出来以后,就保持中间状态,而进一步的加工装配成型过程将延迟。在需求切入点之后,是拉动式的差别化定制阶段,根据用户的不同需求将中间产品加工成适合顾客需求的个性化产品。

4.供应链集成化策略

供应链集成化阶段是实施供应链敏捷化战略的最后阶段。在信息网络技术强有力的支撑下,为了支持快速响应能力,供应链必须用数字化设计打破传统顺序式流程、多级层次的速度屏障,采用同步与集成方式使供应链各种信息快速、自动地传递给供应链各个合作伙伴。为此,各节点企业要分离核心功能,各自将低附加值的功能剥离,交给拥有该项功能专长的协作生产商;建立新的绩效评估系统,该系统必须清楚地认识供应链中分配的概念,按照各个企业对整个供应链获利过程的贡献原则,为每张订单选择相应的合作伙伴。如前文所述,供应链的形成不是固定不变的,为了适应市场变化、柔性、速度等的需要,企业需根据订单动态组合供应链,迅速响应市场需求,从而产生更快的速度、更好的适应性和响应性。整个供应链成为一个以最终消费者为中心的"无缝"网络系统,起始于客户需求识别与确定,终止于客户的回应与反馈。

●基本训练

☐ 知识题

1.1 阅读理解

1. 信息管理在供应链中的作用是什么?
2. 实施 ECR 的要点是什么?
3. 简述 EDI 的构成要素。
4. POS 系统由哪些要素组成?它的任务是什么?
5. 如何理解 BRP?

1.2 知识应用

1. 判断题

(1)企业流程重构是在原有部门基础上的专业化划分,是对原有业务的计算机化。(　　)

(2)供应链的业务流程是指为客户产生具体的价值输出的活动。(　　)

(3)QR 是指在供应链中,为了实现共同的目标,零售商和供应商建立战略伙伴关系。(　　)

(4)店铺空间管理是对店铺的空间安排、各类商品的展示比例、商品在货架上的布置等进行最优化管理。(　　)

(5)POS 是供应链中零售端最接近客户的部分。(　　)

2. 选择题

(1)对供应链流程进行集成以及重组的目的在于(　　)。

A. 满足顾客需求

B. 盈利能力最大化

C. 提升横跨供应链总体流程的高效性与有效性

D. 运行效率最大化

(2)实施 QR 需要六个步骤,第一步是( )。
A. 条形码和 EDI   B. 固定周期补货
C. 零售空间管理   D. 联合产品开发

(3)供应链管理应用系统不包括( )。
A. 经理信息系统   B. 决策支持系统
C. 电子订货系统   D. 营销信息系统

(4)组成 ECR 系统的技术要素不包括( )。
A. 信息技术   B. 物流技术   C. 营销技术
D. 条码技术   E. 组织革新技术

(5)用配送方式连续补充商品,提高客户服务水平和企业竞争力的供应链管理方法主要有( )。
A. 定期   B. 少批次、大批量
C. 多批次、大批量   D. 多批次、小批量

☐ 技 能 题

1. 实训内容:参观 1~2 家制造企业,要求学生写一份参观报告,报告内容包括制造企业生产与运作流程模式、先进生产方式的使用、企业生产类型、生产过程组织、供应链管理系统等情况。

实训目的:帮助学生了解典型制造企业的生产方式、生产类型、生产过程组织、供应链管理模式和信息系统。

实训要求:仔细观察,认真听讲解;结合所学知识进行认真思考。

2. 实训内容:查阅供应链管理应用系统的知名网站,写出 3~4 个网址,对自己感兴趣的某个网页栏目的话题写一篇 1 000 字左右的关于生产与运作管理的体会。

实训目的:使学生进一步认识到供应链管理中信息技术的重要性,掌握一些企业对供应链管理应用系统的使用经验。

实训要求:认真思考,结合所学知识,用自己的语言写出自己关于供应链管理应用系统的体会。

● 综合案例

福特汽车公司的供应链战略

福特汽车公司供应链系统主管特里·塔凯(Teri Takai)在她的日历上留出了一段时间来思考准备向其高级经理们提出的建议。高级经理们所提出的问题被普遍认为对福特的前途具有极其重要的意义:公司应该如何利用不断出现的信息技术(例如互联网技术)和来自高新科技行业的思想来变革与供应商之间的相互作用方式。对于这一问题,特里·塔凯领导的小组成员有着不同的观点。

一些人认为新技术不可避免地会使全新的商业模式得到盛行,福特需要从根本上重新设计其供应链及其他活动,否则的话,将面临落伍的危险。这一群体赞成"虚拟一体化",参考如戴尔等公司的供应链构建福特的供应链。戴尔公司通过大胆地利用技术,减少了流动资金,降

低了库存过时的风险。该主张的支持者认为,尽管由于历史原因以及汽车产品的内在复杂性,汽车行业十分复杂,但是没有理由认为这种商务模式不能为福特公司应尝试的方向提供一个概念性的蓝图。另一群体则比较谨慎。他们认为,汽车行业与相对较新的行业如计算机制造业之间的差别是很大的,意识到这种差别也很重要。一些人注意到,相对于戴尔这样的计算机公司,福特的供应商网络具有更多的层次,涉及更多的公司,并且福特的采购组织历来就比戴尔的采购组织起着更加显著和独立的作用。在仔细分析的时候,这些差别以及其他方面的不同引起了许多复杂的问题,因此很难确定合适和可行的流程重新设计的范围。

在阅读她领导的小组所提供的文件时,特里·塔凯想起了首席执行官雅克·纳塞(Jac Nasser)在全公司范围内对股东价值和客户反应所做的强调。人们普遍承认,戴尔在这些方面已经取得了成功,但是同样的方法对于福特来说是否能够取得同样的结果呢?

表 5-2 展示了福特公司与戴尔公司财务指标的比较。

表 5-2 福特公司与戴尔公司财务指标的比较

比较指标 (最近的财政年度)	戴尔	福特	
		汽车	金融服务
员工	16 100	363 892	
资产(百万美元)	4 300	85 100	19 400
收入(百万美元)	12 300	122 900	30 700
净收入(百万美元)	944	4 700	2 200
销售利润率	7.7%	3.8%	7.2%
现金(百万美元)	320	14 500	2 200
制造设施	3(得克萨斯州、爱尔兰、马来群岛)	180(北美、南美、欧洲、亚洲、澳大利亚)	
市场资本(百万美元)	58 469	66 886	
P/E	60	10*	
5 年平均收入增长率	55%	6%	
5 年平均股票价格增长率	113%	33.4%	

* 减去企业的副产品收入

资料来源:1998 年度戴尔财务报告,1997 年度福特财务报告,《华尔街杂志》。

1998 年底时,福特汽车公司已经积聚了 69 亿美元的利润,公司股东享受了创纪录的利润分配,销售利润率(1997 年为 3.9%)有稳步的上升趋势。公司的卡车业务位居全球第一。公司代替了克莱斯勒而成为美国汽车工业单车利润(1 770 美元)最高的企业,并且成为 1997 年 J.D. 发动机首次质量研究中质量提高幅度最大的汽车制造商之一(位于第 4 名,仅次于本田、丰田和尼桑)。在新成立的福特投资企业的指导下,福特在俄克拉荷马州(Oklahoma)的塔尔萨市(Tulsa)开始了其福特零售网络(FRN)的第一份风险投资。成立福特投资企业的目的在于利用北美的零售汽车分销系统应对不断变化的局面。福特投资企业有两个主要的目标:①

成为零售分销方面最佳实践的试验地,并将那些实践在整个经销商网络中推广;②创建一个可选的分销渠道来与诸如汽车帝国(Auto Nation)等公共零售链进行竞争。

图 5-18 展示了福特汽车公司两种销售模式的比较。

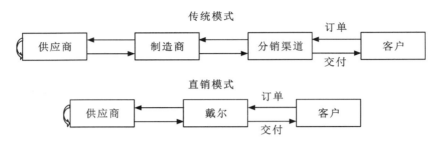

图 5-18 福特汽车公司两种销售模式的比较

问题:
(1)思考现代信息技术(例如互联网技术)等高新科技对当今企业的影响,谈谈你的看法。
(2)你认为福特是否能像戴尔那样取得直销的成功? 为什么?
(3)你对福特的供应链战略取舍有何建议?

●综合实训

供应链管理问题的解决

一、实训目的与要求

让学生了解支持供应链管理运行的信息技术,可以根据企业的特点,进行供应链系统设计识别与方案设计。掌握供应链管理中需要解决的问题,根据案例和现实需求来提供一个完整的解决方案,或者通过编程来解决供应链管理中的一个问题。

二、实训准备

了解供应链管理的产生和发展过程,熟悉供应链设计的方法和程序。通过阅读一些经典的供应链管理案例,总结、分析其优势和劣势,回答以下问题。

1. 分析"牛鞭效应"产生的原因,并提出一定的解决措施。
2. 供应链设计的原则和策略有哪些?
3. 如何提高供应链管理的绩效?

三、实训环境

运行 Windows 的 PC 机,有 VS、VC、C 等程序编译软件。

四、实训内容和步骤

1. 结合预习的案例,对供应链管理问题进行系统的分析。
2. 选择供应链管理中的一个问题,包括人员管理、采购管理、报表管理、物流配送管理、库存管理等,设计一个完整的供应链管理方案,进行系统分析,绘制相应的系统流程图和模块图。

五、实训要求

1. 根据实训内容,结合自己的案例,对供应链管理问题进行分析。
2. 对供应链管理中的某个问题,设计一个完整的供应链管理系统方案,分析自己的系统是否满足供应链设计的原则和策略,是否提高了供应链管理的绩效。

项目6 智慧供应链的组织结构与流程重构

- **思政目标**
  ◎ 服从组织约束,强化纪律意识。

- **知识目标**
  ◎ 了解传统企业组织结构和业务流程的特征;
  ◎ 明确 BPR 的定义、核心内容和特点;
  ◎ 熟知支持业务流程的技术手段的变化。

- **技能目标**
  ◎ 能在供应链管理环境下构建跨企业业务的流程模型;
  ◎ 能在电子商务支持下构建供应链管理业务流程。

/ 【引例】/

电子商务价格战

  2012年8月15日,由京东商城 CEO 刘强东的一条微博引发的电商价格战备受瞩目。在他前一天的微博中,这位在网络上以"大嘴"著称的电商大佬宣称"京东大家电三年内零毛利""京东所有大家电保证比国美、苏宁连锁店便宜至少10%以上"。这一挑战书引起了竞争对手苏宁的强烈反应,国美电器、易迅网等电商也纷纷加入价格战,但争斗主要在京东商城和苏宁电器之间展开。京东表示,价格战的目标是苏宁电器。按当时的门店数量计算,苏宁电器是中国第一大电子产品零售商。"京东与苏宁之间'6·18'的时候已经开火了,苏宁对京东的挑衅,超过京东的极限了,这是一次反击。"电商专家贾敬华表示。尽管口水战、价格战是电商界的常态,这一轮突如其来的价格战,仍显示出了电商之间在营销、资本和供应链等方面的争斗升级。业内人士认为,价格战还体现了双方对供应链控制的争夺。阿里巴巴秘书长邵晓峰在谈到京东和苏宁的价格战时称:"他们争夺的根本不是电商,他们争夺的是未来三年以后对后端供应商的控制权,这是他们想要的东西。如果简单从电商这个角度看他们之间的价值之争,会理解偏的,他们也不是傻子,为什么要花那么大价钱?谁最终控制了供应商的管理,控制了整个主要的渠道,在这个行业里才能做老大,这已经超越了做电商一般的思考。"价格战当天,还传出海尔停止向京东供货的消息。虽然随后海尔否认了停止与京东的合作,不过,多个大家电供应商的负责人都表示,不支持不负责任的超低价竞争行为。当时,一位业内人士指出,京东大家电的规模还比较小,破坏游戏规则,很难获得厂家的支持。在当时,国美、苏宁大家电的销售额是上百亿元的规模,京东大家电的销售额不足10亿元。

【分析】供应链环境下的业务流程控制与管理对当今企业的经营模式有着较大的影响,甚至关系到企业今后的生存与发展。其实,价格战不仅仅是价格问题,寻找合适的供应链结构和新的业务流程模式势在必行。

资料来源:www.m-zone.cn/read.php? tid=390251 2012-09-30.

任务6.1 传统企业的组织结构与业务流程

6.1.1 传统企业的组织结构

1. 组织结构的含义

组织结构是在组织内部分工协作的基础上,由部门职责、职权及相互关系所构成的结构体系。它是指构成组织的各要素的排列组合方式,是组织各要素之间排列顺序、空间位置、聚集状态、联系方式及其相互关系的一种模式,是人们实现组织目标的手段。组织结构犹如人体的骨架,起着支撑、保护的作用。传统的企业组织结构的形式主要有直线制、职能制、直线—职能制、事业部制和矩阵结构等。

(1)直线制是一种最早也是最简单的组织形式,最初广泛应用于军事系统,后来推广到企业管理。

(2)职能制组织结构,又称多线型或"U"型组织结构,它是按管理职能专业化的要求设计的组织结构形式。在职能制组织结构下,各级行政单位除主管负责人外,还相应地设立一些职能机构,如在厂长下面设立职能机构和人员,以协助厂长从事职能管理工作。

(3)直线—职能制,也叫生产区域制或直线参谋制。它是在直线制和职能制的基础上,取长补短,吸取这两种形式的优点而建立起来的。这种组织结构形式把企业管理机构和人员分为两类:直线领导机构和人员、职能机构和人员。

(4)事业部制最早是由美国通用汽车公司总裁斯隆于1924年提出来的,故有"斯隆模型"之称,也叫"联邦分权化",是一种高度(层)集权下的分权管理体制。它适用于规模庞大、品种繁多、技术复杂的大型企业,是国外较大的联合公司所采用的一种组织形式。

(5)矩阵组织结构是把按职能划分的垂直领导系统和按产品(项目)划分的横向领导关系组合在一起的结构。

以上企业组织结构形式的共同点在于,它们都是按不同职能划分部门所形成的垂直型组织结构形式。正如明茨伯格所说:"每一位经理都处于他那个单位同单位的环境之间的地位上。一个公司的总经理领导着他的公司,并面向着一个由竞争者、供货者、政府组成的环境;一个车间的主任领导着他的车间,并面向公司内部的其他车间主任、职能人员以及公司外部的供货者等。"传统的企业组织形式与工业经济时代需要高度的专业化分工协作、实现规模经济效益的要求相吻合,适应工业经济时代信息传递的技术要求和企业高层管理者的要求。

2. 基于劳动职能分工的企业组织结构

传统企业的组织结构大都是基于职能部门的专业化模式,实行按职能专业化处理企业业务流程的管理模式。专业化能够提高工作效率,原因在于通过分工使劳动者成为某一方面的专家,提高处理某一问题的单位效率,但系统总的效率并不等于单个人的效率的简单汇总。同时,为了便于控制,这种分工还具有权力平衡、制约作用,在管理系统内某一方面的任务需要由几个部门的人一起完成,以这个过程来相互制约,降低失误率。传统企业典型的金字塔形组织结构如图 6-1 所示。

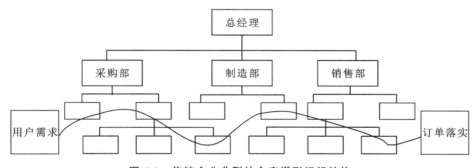

图 6-1　传统企业典型的金字塔形组织结构

【知识链接 6-1】

传统企业组织结构形式的缺陷

社会、科学、技术的迅速发展使企业的外部环境和内部生产方式发生了很大变化,传统的企业组织结构形式趋于落伍和过时,它存在以下致命的缺陷:
(1)金字塔式的层级组织使处于组织低层的人看不到自己的发展前景;
(2)严格的等级系列使企业中的信息沟通困难;
(3)管理幅度与管理层次是一对永远扯不清的矛盾;
(4)传统的垂直组织使企业缺乏对外部环境变化的适应能力;
(5)官僚组织使企业组织更加"官僚化";
(6)垂直式组织效率的提高是以降低顾客服务质量为代价的。

总之,职能型的垂直组织结构形式是一个完全基于"物"的因素而形成的组织结构形式,它曾经是有效的,但是在当今经济环境下面临着严峻的挑战。

3. 传统企业组织的不适应性

传统企业组织的管理模式主要以劳动分工和职能专业化为基础,组织内的各部门划分非常细,各部门的专业化程度较高。这种组织适合于稳定的环境、大规模的生产、以产品为导向的时代,不太适合当今市场需求突变、经营模式发生变化的情况。在供应链管理的概念提出后,传统的组织结构形式和运行管理在实施供应链管理的过程中显现出一定的不适应性。

随着信息社会的到来,市场环境日趋不确定;顾客的要求越来越多样化;企业员工强调自我实现;企业不仅追求规模经济效益,更强调时间经济。在这样的情况下,片段化的企业流程越来越难以使企业满足多方的要求,企业传统的组织结构显得越来越僵硬。因为一项任务要顺次流经各职能部门,虽然各职能部门的专业化程度提高了,但由于要等上一个环节的工作完成后才能开始下一环节的工作,结果是一个完整的任务或项目所包含的各项作业在职能部门之间被分解得支离破碎,既造成部门之间在衔接中的大量等待,又使各部门增加了很多重复劳动,大大延长了完成任务所花费的时间。

6.1.2 传统企业的业务流程

1. 订货流程

在传统的采购业务中,采购人员往往需要在众多供应商的产品目录里查询产品及其定价信息,相关信息来源除了供应商的宣传材料以外,还包括报纸、电视、杂志等,呈现出多样性特征,因此,商品的查询和选择费时费力。当商品和供应商确定后,企业要安排订货。从以纸介质文件为基础的订货意愿的提出,到订货过程结束、订单最终下出,这需要企业与供应商通过传真、电话等多次联系或见面。另外,在传统采购中有很多不合规则的行为存在,如采购人员拿回扣,不按正常的采购程序采购,很多采购都是没有委托书的非授权采购等。造成这些现象的原因是采购人员与企业的管理者之间存在着信息不对称。管理者因为要全面负责,不可能时时外出采购,这就使采购人员面临着很大的道德风险,并最终产生"采购黑洞"。

2. 库存及物资配送流程

在传统采购模式中,由于对市场的未来变化难以把握,为了保证对市场的供应不会断档,企业一般都宁愿增加库存。特别是大型百货类企业,甚至可能在不同地理位置设立多个仓库。在这种管理方式下,不同仓库都需要一定的安全储备,对于整个企业而言,就会形成数额巨大的不必要的安全储备,如果再考虑因运输提前期和销售提前期而形成的超额储备,加上超额存货的维护管理、追加的仓库投资和运输开支,就会形成巨额的存货资金沉淀。另外,在传统方式下,仓储设施的投资、运输能力的规划、存货资金的预算等,大都是根据销售计划层层分解而得。而市场处于朝夕变化过程中,考虑到商品结构,其变化更是无穷无尽,这就使得原计划下的存货安排穷于应付,要么存货积压,要么缺货。企业不断出现应急状态下的折扣出货或加急运输等,造成成本上升。

3. 生产或销售流程

在传统销售模式下,企业无法提供个性化服务,只能采用大批量、少品种的销售方式,没有形成企业内部与外部环境的柔性销售体系,大部分为人工销售,销售手段落后,信息沟通不畅。

4. 管理流程

传统的企业管理体制是分级、分层管理，企业组织结构的设置呈金字塔形。按这种管理体制所建立起来的经营模式一般都表现为一套分级审批程序。这种审批程序费时、费力，会造成严重的低效。

我国的传统企业在观念上以生产为中心，关注内部信息，习惯于面对确定的外部环境，管理偏重于日常业务活动，内部实行科层制组织模式。这些传统观念和做法在信息经济时代将受到严重挑战。因为在经济全球化的背景下，顾客需求、产品生命周期、市场增长、技术更新速度、竞争规律或性质等外部信息的重要性日益凸显，其中几乎没有一样是可以预料或保持不变的，而且企业内部的科层化组织会使企业失去变革的勇气和创业的活力，使企业的规模变成巨大的包袱，管理效率低下，运营成本增加，对外界变化和顾客要求无动于衷。因此，传统企业为了寻求持续的增长，势必借助于新的管理模式。于是，业务流程再造应运而生。

任务 6.2　基于业务流程重组(BPR)的企业组织结构

6.2.1　BPR 的含义、内涵及特点

1. BPR 的含义

业务流程重组(Business Process Reengineering, BPR)是由美国 MIT 教授迈克尔·哈默(Michael Hammer)和 CSC 管理顾问公司董事长詹姆斯·钱皮(James Champy)在 20 世纪 90 年代提出来的。1993 年，在他们合著的《公司重组——企业革命宣言》一书中，哈默和钱皮指出，200 多年来，人们一直遵循亚当·斯密的劳动分工思想来建立和管理企业，即注重把工作分解为最简单和最基本的步骤；而目前应围绕这样的概念来建立和管理企业，即把工作任务重新组合到首尾一贯的工作流程中去。他们指出："为了飞跃性地改善成本、质量、服务、速度等现代企业的主要运营基础，必须对工作流程进行根本性的重新思考和彻底改革。"BPR 的基本思想就是：必须彻底改变传统的工作方式，也就是彻底改变传统的自工业革命以来，按照分工原则把一项完整的工作分成不同部分，由各自相对独立的部门依次进行工作的工作方式。

BPR 作为一种管理思想，强调以业务流程为改造对象和中心，以关心客户的需求和满意度为目标，对现有的业务流程进行根本的再思考和彻底的再设计，利用先进的制造技术、信息技术以及现代化的管理手段，最大限度地实现技术上的功能储存和管理上的职能集成，以打破传统的职能型组织结构，建立全新的过程型组织结构，从而实现企业经营在成本、质量、服务和速度等方面的巨大改善。它的重组模式是：以客户为导向，以流程优化为重点，以改善经营绩效为目的，打破金字塔状的组织结构，使企业能适应信息社会的高效率和快节奏，适合企业员工参与企业管理，实现企业内部上下左右的有效沟通，具有较强的应变能力和较大的灵活性。其本质就在于根据新技术条件下信息处理的特点，以事物发生的自然过程寻找解决问题的途径。

2. BPR 的内涵

哈默和钱皮对 BPR 的定义是:"企业业务流程再造就是对企业的业务流程进行根本性的再思考和彻底性的再设计,从而获得可以用诸如成本、质量、服务和速度等方面的业绩来衡量的戏剧性的成就。"根据上述定义,分析 BPR 的内涵应关注如下四个核心问题。

(1)"根本性"(Fundamental)表明 BPR 所关注的是企业一系列的核心问题,例如,为什么要做现在的工作?为什么要用现在的方式做这份工作?为什么必须是由我们而不是别人来做这份工作?通过对这些根本性问题的仔细思考,企业有可能发现自己赖以存在或运转的商业假设是过时的,甚至是错误的。

(2)"彻底性"(Radical)再设计意味着对事物追根溯源,对既定的现存事物不是进行肤浅的改变或调整修补,而是抛弃所有的陈规陋习以及忽视一切规定的结构与过程,创造发明全新的完成工作的方法;它是对企业进行重新构造,而不是对企业进行改良、增强或调整。

(3)"戏剧性"(Dramatic)意味着业务流程再造寻求的不是一般意义上的业绩提升或略有改善、稍有好转等,进行再造就要使企业业绩有显著的增长、极大的飞跃,业绩的显著增长是 BPR 的标志与特点。

(4)"业务流程"(Process)是指一组共同为顾客创造价值而又相互关联的活动。BPR 关注的要点是企业的业务流程,并围绕业务流程展开重组工作。哈佛大学商学院教授迈克尔·波特将企业的业务过程描绘成一个价值链,认为竞争不是发生在企业与企业之间,而是发生在企业各自的价值链之间。只有对价值链的各个环节(业务流程)实行有效管理的企业,才有可能真正获得市场上的竞争优势。

小思考 6-1

【问题】BPR 的流程和企业的功能结构之间有什么关系?

【回答】根据事务成本理论,在等级体系和市场之间一定存在一种平衡来最小化事务成本。同样地,在功能结构和流程结构之间也存在一种平衡。每个企业应该能够根据它特有的环境,在根本性、彻底性、戏剧性和业务流程四个核心问题的基础上,调节这种平衡。

3. BPR 的特点

BPR 提供了价值链流程优化的可行手段,它具有如下特点。

1)以流程为导向

绝大部分企业是以任务、人力资源或结构为导向的。企业实施 BPR,就要打破传统的思维方式,以活动流程为中心实施改造,并注意如下原则:

(1)将分散在功能部门的活动整合成单一流程,以提高效率;

(2)在可能的情况下,以并行活动取代顺序活动;

(3)促进组织扁平化,以提高企业内的沟通效率。

从 BPR 的视角出发,无论企业采用流程重设计观、项目管理观,还是工作流自动化观,都必须关注企业业务流程的优化和自动化。

2) 目标远大

BPR 要求的绩效提升不是 5% 或 10%,而是 70%~80% 甚至 10 倍以上,这是 BPR 与全面质量管理等现代管理技术的最大不同。宏伟的目标增加了 BPR 实施的难度和风险,使它成为一项复杂而长期的系统工程。

3) 打破常规

打破常规是 BPR 的一个本质特点。必须从思想上破除劳动分工等传统的管理原则,建立新型的面向市场的管理体制。

4) 创造性地应用信息技术

信息技术是企业实施 BPR 的推动力。正是信息技术的发展与应用,使企业能够打破陈旧的制度,创建全新的管理模式,实现远大的目标。信息技术的应用确实改善了人们的工作条件,提高了工作效率。信息技术的真正能力不在于使传统的工作方式更有效率,而在于使企业打破了传统的工作规则,并创造了新的工作方式。因此,BPR 不等于自动化,它关注的是如何利用信息技术实现全新的目标,完成从未做过的工作。

创造性地应用信息技术的目的,在于利用信息技术寻找增值的机会。BPR 并不是进行局部修补,而是要从根本上优化业务流程。面对复杂的业务流程,首先需要分解、描述和评估流程,分析、确认流程缺陷。在流程缺陷分析过程中,主要就是寻找影响价值增值的关键点。然后根据流程中各个环节的重要程度从大到小地进行重组,并及时评估重组后的流程。

明确了流程缺陷,还需要进一步寻找弥补缺陷的技术。信息技术作为 BPR 技术发展的外在动力,不仅使业务流程构造的价值链获得了增值的空间,而且不断暴露出信息技术自身的缺陷。可以认为,弥补信息技术缺陷的过程就是 BPR 的过程。

从本质上讲,分析企业的基本特征和 BPR 的关键成功因素,就是寻找信息技术缺陷的过程。企业的业务流程就是在寻找缺陷和消除缺陷的交替过程中得到不断优化的。因此,BPR 应该是一个动态过程。对于这样一个动态系统,不仅缺乏可参照的衡量标准,而且缺乏有效的调控手段,失败率较高。

【案例分析 6-1】

公司 BPR 举例

IBM 信用卡公司(IBM Credit Corporation)通过 BPR 工程,使信用卡发放周期由原来的 7 天缩减到 4 个小时,即生产能力提高了 100 倍;柯达公司对新产品开发实施 BPR 后,结果把 35 毫米焦距一次性照相机从产品概念到产品生产所需要的开发时间一下子缩减了 50%,从原来的 38 周降低到 19 周;一家美国的矿业公司在实施 BPR 后,实现了总收入增长 30%、市场份额增长 20%、成本压缩 12% 以及工作周期缩短 25 天的好成绩;欧洲一个零售组织在实施 BPR 后,将工作周期缩短了 50%,并使生产率提高了 15%;一家北美化学公司在实施 BPR 后,其订单传递时间缩短 50% 还多,所节约的成本超过 300 万美元。

【分析】BPR 的核心思想是要打破企业按职能设置部门的管理方式,代之以业务流程为中心,重新设计企业管理过程。BPR 的实践对企业的管理效果产生了巨大影响。

4. BPR 的基本内容

BPR 的基本内容包括如下几个方面：

(1) 以顾客需求为中心考虑企业经营目标和发展战略，并对企业经营过程、组织管理模式和运行机制进行根本性的重新考虑；

(2) 围绕着企业经营战略，对企业经营过程进行根本性的反省和彻底的再设计；

(3) 企业实施 BPR 的目的在于显著提高企业绩效；

(4) 实施 BPR 的使能器是信息技术、人与组织管理技术。

BPR 的基本内容包括人的重构、经营过程重构、技术重构、组织结构重构和企业文化重构。BPR 的关键技术包括基准研究（Benchmarking）、建模与仿真技术、工作流系统技术等。BPR 模型的基本内容如图 6-2 所示。

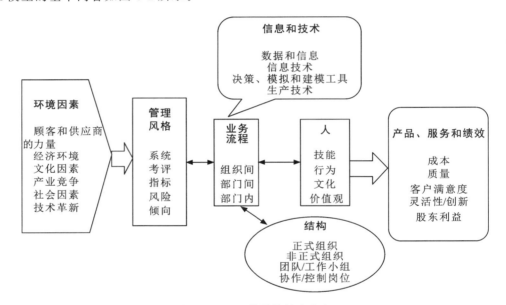

图 6-2 BPR 模型的基本内容

6.2.2 基于 BPR 的企业组织结构内容

基于 BPR 的企业组织结构内容包括以下几个方面。

(1) 企业是流程型组织。BPR 将属于同一个企业流程内的工作合并为一个整体，使流程内的步骤按自然顺序进行，工作应是连续的而不是间断的。整个企业组织结构应以关键流程为主干，彻底打破旧的按职能分工的组织结构。

(2) 发挥流程经理的作用。所谓流程经理，就是管理一个完整流程的最高负责人。对流程经理而言，不仅要有激励、协调的职责，而且应有实际的工作安排、人员调动、奖惩的权力。

(3) 职能部门仍应存在。在新的组织结构中，职能部门的重要性已退居流程之后，不再占有主导地位，但还是应当存在。它主要起到为同一职能、不同流程的人员提供交流机会的作用。

(4) 突出人力资源部门的重要性。在基于 BPR 的企业组织结构中，在信息技术的支持下，执行人员被授予更多的决策权，并使多项工作整合为一项，以提高效率。

(5) 发挥现代信息技术的支持作用。BPR 本身就意味着"以信息技术使企业再生"，也正是现代信息技术使得多种工作整合、迅速决策、信息快速传递、数据集成与共享成为可能，才彻底打破原有模式，推动组织创新。

基于 BPR 的企业组织结构示意图如图 6-3 所示。

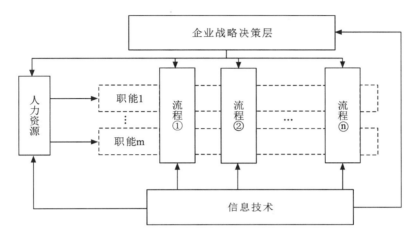

图 6-3 基于 BPR 的企业组织结构示意图

【案例分析 6-2】

福特汽车公司北美财会部运用"Reengineering"（再造）

福特汽车公司北美财会部原来有 500 多人负责账务与付款事项，改革之初，他们准备将人员减少 20%。后来，当他们发现日本一家汽车公司的财务部只有 5 人时，就决定采取更大的改革动作。福特汽车公司通过合理安排工作和安装新的计算机系统，分析并重新设计了付款流程。在原付款流程（如图 6-4 所示）下，当采购部的采购单、接收部的到货单和供应商的发票三张单据验明一致后，财会部才予以付款，财会部要花费大量时间查对采购单、接收单、发票上共 14 个数据项是否相符。重新设计付款流程后，由计算机将采购部、接收部和财会部联成网络，采购部每发出一张采购单，就将其送入联网的实时数据库中，无须向财会部递送采购单复印件。当货物到达接收部后，由接收人员对照检查货单号和数据库中的采购单号，确认相符后也送入数据库。最后由计算机自动检查采购记录和接收记录，自动生成付款单据。新的付款流程如图 6-5 所示。实施新流程后，财会部的人员减少了 75%，实现了无发票化，大大提高了业务处理的准确性。

【分析】福特汽车公司北美财会部运用"Reengineering"（再造）的实际经验给我们很深刻的启示。实施新流程后，成本大大降低；财会部的人员减少了 75%，实现了无发票化，而且还提高了准确性。

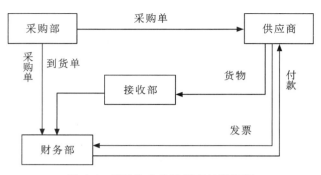

图 6-4　福特汽车公司原有付款流程

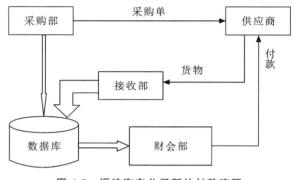

图 6-5　福特汽车公司新的付款流程

任务 6.3　供应链管理环境下的企业组织与业务流程

6.3.1　供应链管理环境下的企业组织

1. 一体化的物流组织形式

20 世纪 80 年代初,物流一体化组织结构的雏形出现了。这种组织结构是在一个高层经理的领导下,统一所有的物流功能和运作,目的是对所有原材料和制成品的运输和存储进行战略管理,以使企业产生最大利益。在这一时期,计算机管理信息系统的发展促进了物流一体化组织的形成。这时的物流组织将厂商的功能定位于处理采购、制造和物资配送之间的利益协调方面,有利于从整体上把握全局。这已是供应链管理的基本形态。在过去的一段时间内,物流组织完成了从分隔到一体化的转化,使各项功能渐趋整合。一体化物流组织结构如图 6-6 所示。

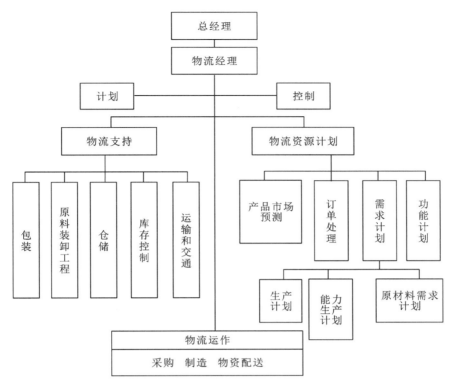

图 6-6 一体化物流组织结构

2.供应链联盟网络组织结构

供应链联盟是企业为了扩大自身业务能力和市场覆盖范围而与其他企业建立的一种稳定的、长期的合作关系。它是通过各种协议、契约而结成的优势互补、风险共担、利益共享的松散型网络组织,是介于独立企业与市场交易关系之间的一种组织形态。供应链企业联盟主要由盟主企业和成员企业构成,其组织结构如图 6-7 所示。

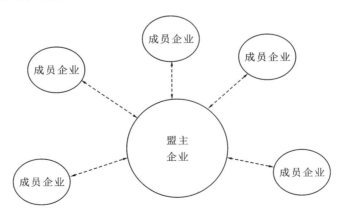

图 6-7 供应链联盟网络组织结构

6.3.2 供应链管理环境下的企业业务流程

1. 供应链管理环境下的企业业务流程的变化

自从 BPR 提出后,为适应供应链管理的组织结构变化,企业逐渐从过去的注重功能集合转向注重流程的重构上来,流程的整合成为新的工作重心。供应链管理环境下的业务流程有哪些特征,目前还是一个有待于进一步研究的问题。下文从制造商与供应商之间的业务流程、企业内部业务流程、支持业务流程的技术手段三个方面,讨论供应链管理环境下的企业业务流程的变化。

1)制造商与供应商之间业务流程的变化

在过去,供应商总是在接到制造商的订货要求后,再进行生产准备等工作,等到零部件生产出来,已消耗了很多的时间。这样一环一环地传递下去,导致产品生产周期很长。而在供应链管理环境下,制造商与供应商、制造商与分销商、供应商与其上游供应商等合作企业之间可以通过互联网方便地获得合作方生产进度的实时信息,一般要借助 EDI 进行业务联系,从而可以主动地做好供应或出货工作。例如,供应商企业可以通过互联网了解提供给制造商的配件的消耗情况,在库存量即将到达订货点时,在没有接到制造商要货订单前主动做好准备工作,从而大大缩短供货周期。由于这种合作方式的出现和电子化商务交易的实施,原来那些为处理订单而设置的部门、岗位和流程就可以考虑重新设计,从而省去了过去很多依靠人工处理的环节。

2)企业内部业务流程的变化

从国外成功经验看,实施供应链管理的企业一般都有良好的计算机辅助管理基础,借助于先进的信息技术和供应链管理思想,企业内部的业务流程也会发生很大的变化。以生产部门和采购部门的业务关系为例,过去在人工处理条件下,生产管理人员制定出生产计划后,再由物资供应部门编制采购计划,还要层层审核,才能向供应商发出订货单。由于流程长,流经的部门多,容易出现脱节、停顿、反复等现象,导致一项业务的完成需要花费较多的时间。在供应链管理环境下,有一定的信息技术作为支持平台,数据就可以实现共享和并发处理,可能改变原有的工作顺序及其方式。生产部门制定完生产计划后,采购供应部门就可以通过数据库读取计划内容,计算需要消耗的原材料、配套件的数量,迅速制定出采购计划。通过查询数据库的供应商档案,获得最佳的供应商信息,就可以迅速向有关厂家发出要货单。更进一步地,可以通过互联网或 EDI 将采购信息发布出去,直接由供应商接收处理。

【知识链接 6-2】

互联网与 EDI

EDI 是英文 Electronic Data Interchange 的缩写,中文可译为"电子数据交换"。它是一种在公司之间传输订单、发票等作业文件的电子化手段。EDI 是 20 世纪 80 年代发展起来的一种新颖的电子化贸易工具,是计算机、通信和现代化管理相结合的产物。EDI 的应用领域很广泛,涵盖工业、商业、外贸、金融、运输等,这些领域的应用一般是互为联系的、交叉的,理想的状况是各行各业均通过互通的 EDI 网络联系在一起。目前，EDI 在欧美等发达国家已得到了普遍应用，而在我国的发展还处在起步阶段。据统计，在全球前 1 000 家大型跨国企业中，有 95% 的企业应用 EDI 与客户和供应商进行联系。

3) 支持业务流程的技术手段的变化

在供应链管理环境下，企业内外业务流程的变化也不是偶然的，至少有两方面的原因：一是横向一体化管理思想改变了管理人员的思维方式，企业的资源概念得到扩展，企业管理人员更倾向于与企业外部的资源建立配置联系，企业间业务流程的紧密性因此而得到加强；二是供应链管理促进了信息技术在企业管理中的应用，使并行工作成为可能，因为在过去信息技术比较落后的情况下，企业之间或企业内部各部门之间的信息传递都要借助于纸质媒介，从而制约了并行处理的工作方式。

图 6-8 显示了供应链联盟网络组织的工作流程。

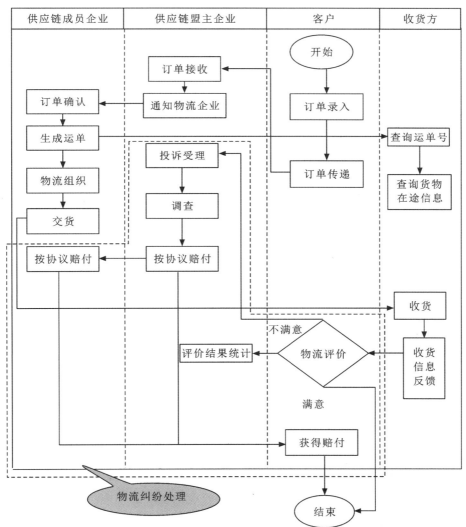

图 6-8　供应链联盟网络组织的工作流程

2. 供应链管理环境下企业业务流程重构的仿真分析

在供应链管理环境下,企业业务流程重构的原则主要包括如下几个方面:
(1) 用合适的工具和方法设计业务流程,以满足一定的战略业绩目标;
(2) 应用连续改善的技术促进企业提高业绩水平;
(3) 采用有效的变化管理方法以调整供应链企业的人力和文化,从而适应新的工作流程;
(4) 根据实际情况正确应用和发展信息技术,同时要根据信息技术与供应链管理集成的特点进行流程重构;
(5) 最高领导层的参与以及领导的重视至关重要。

在供应链环境下,企业间的信息可以通过互联网传递,上下游企业间的供需信息可以直接从不同企业的网站上获得。这样可以简化上游企业的业务流程,如图 6-9 所示。

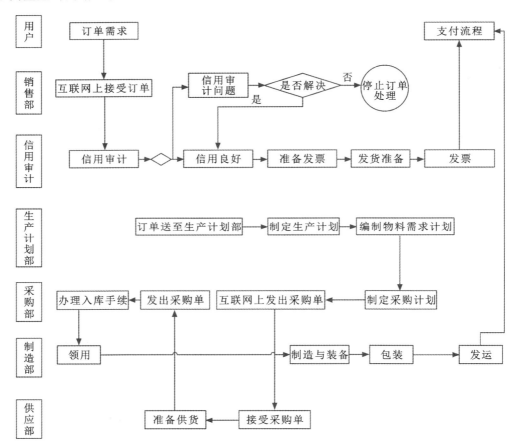

图 6-9 供应链管理环境下跨企业业务的流程模型

从图 6-9 中可以看出,与一般情况下的企业与用户方的业务交往不同的是,处于供应链上的企业(如某供应商)不是被动地等待需求方(如用户或供应链下游的企业)提出订货要求后再来安排生产,而是可以主动地通过互联网了解下游企业的需求信息,提前获取它们的零部件消耗速度,及时、准确掌握需求方对零部件的需要时间和数量,这样一来就可以事先做好准备工作,主动安排好要投入生产的资源,在需求方需要的时候及时生产出所需产品。在这种情况下,生产管理部门具有一定的主动权,销售部门不是生产部门的上游环节,而是和生产部门处于同一流程的并行环节上。在这种流程模式下,减少了信息流经的部门,因而减少了时间消耗。此外,由于流程环节少了,也减少了信息的失真。在本流程模型中,销售部门所获取的信息作为发货和资金结算的依据。采用这种模式的企业提高了对需求方的响应速度,因此比潜在的竞争对手更有竞争力。由于可以为需求方提供及时、准确的服务,节省了需求方为向供应商发出订货信息而花费的人力和时间,因而大受下游企业的欢迎。现实中,在这方面成功的例子很多。

在供应链管理环境下,企业间完成供需业务的流程同样发生了变化。制造商和供应商之间通过互联网实现信息共享,双方又已建成了战略合作伙伴关系,每个企业在整个供应链中承担不同的责任,完成各自的核心业务。

● 基本训练

□ 知识题

1.1 阅读理解

1. 在新的企业运作管理中,需要转变思想,谈谈你对此的认识。
2. 简述 BPR 的特点。
3. 供应链环境下企业内部业务流程有哪些变化?
4. 简述供应链管理环境下企业业务流程重构的仿真分析内容。

1.2 知识应用

1. 判断题

(1)功能性产品适合使用效率型供应链来提供,不可采取削减企业内部成本的措施。(   )

(2)处于成长期的产品可以采用服务与成本的比例合理化的策略。(   )

(3)比较核心企业的新旧供应链,有利于新供应链的有效运行。(   )

(4)BPR 本身就意味着"以信息技术使企业再生",也正是现代信息技术使得多种工作整合、迅速决策、信息快速传递、数据集成与共享成为可能,才彻底打破原有模式,推动组织创新。(   )

(5)供应链管理环境下的企业间完成供需业务的流程不一定会发生变化。(   )

2. 选择题

(1)BPR 的内涵包括(   )。

A. 根本性　　　　B. 彻底性　　　　C. 戏剧性　　　　D. 业务流程

(2)战略层面的供应链设计的主要内容包括(   )。

A. 供应链的成员及合作伙伴选择　　　B. 设计网络结构

C. 设计供应链长度　　　　　　　　　D. 设计供应链的基本规则

(3)(   )组织结构是在一个高层经理的领导下,统一所有的物流功能和运作,目的是对所有原材料和制成品的运输和存储进行战略管理,以使企业产生最大利益。

A. 一体化　　　　　　　　　　　　　B. 组织结构联盟

C. 企业合作　　　　　　　　　　　　D. 自由结合

(4) BPR 提供了价值链流程优化的可行手段,它的特点有( )。
A. 以流程为导向   B. 目标远大
C. 打破常规   D. 创造性地应用信息技术
(5)供应链企业联盟的主要构成是( )。
A. 盟主企业   B. 成员企业   C. 供应商   D. 客户

□ 技能题

实训内容:在一个理发店里有两位理发师,身边各有一把理发椅。此外还有四把椅子供顾客等候就座。为便于顾客等候时消遣时间,书架上还备有杂志。出纳员平时在前台负责收钱。顾客进门时,若理发师空闲,他会走到理发师前的空位上理发;否则,就要一直等候。在等候的时间内,他可以从图书架上取杂志阅读。然而,若理发师都忙着,而且没有空位可坐,他就只好失望地离开。顾客理发后,在离店前要付钱。

实训目的:试构建该理发店的运作流程。

实训要求:通过分析画出业务流程图,指出流程中不完善的地方并试图进行优化。

● 综合案例

九州通集团供应链管理

"医疗器械业务是九州通的新兴业务,如果说九州通是一条高速公路,那么医疗器械业务便是这条公路上飞奔的跑车。"九州通集团一位高管如是说。

2009 年,九州通医疗器械的销售额约为 4 亿元,在经营同类产品的企业中,其他企业的销售额仅为 2 亿元左右,九州通处于领先地位。2010 年,该项业务继续保持快速增长。

九州通销售的医疗器械产品主要分为三类:医疗耗材、家庭护理用品及计生用品。医疗耗材如注射器,家庭护理用品如电子血压计,计生用品如避孕套等。为什么在短短三年的时间里,九州通的医疗器械业务获得如此快的增长呢?

一、共享物流平台,医疗器械业务快速发展

九州通医疗器械总监龚翼华介绍,九州通的医疗器械发展得比一般企业快,在很大程度上充分发挥了九州通药品物流和资金平台的优势。和竞争对手相比,九州通医疗器械拥有一个优秀的平台,医疗器械充分发掘了药品客户资源。

在中国,九州通为绝大多数的基层医疗机构、终端药店等提供产品供应服务。"新医改"为九州通的业务延伸到更多大型医院创造了条件。九州通医疗器械业务可以对这些客户进行二次开发。

2009 年,九州通成为北京大学附属人民医院的医用耗材供应商,正是充分利用九州通平台的结果。当时,北京大学附属人民医院为寻找合适的院内医用耗材物流供应商开展招标。简单地说,院内物流就是医院里的医疗器械直接配送到每个科室的过程。

经过投标,九州通在与几家大型国有企业的竞争中成功中标,成为北京大学附属人民医院的耗材供应商。

之所以中标,有两方面的原因,一方面,九州通利用自身强大的物流信息技术,与医院的 HIS 系统对接,为医院各科室提供非常完善的自动补货服务,大大地提升了医院各科室工作

人员的工作效率；另一方面，九州通利用自身供方资源，在不到两个月的时间里满足了医院2 000多个品规的产品需求。

龚翼华说，遍布全国的九州通医药分公司为医院供方资源的获取提供了条件；九州通拥有超过1 000万元的耗材备用库存，加上已送到医院周转的近1 500万元的产品，仅此一家医院，周转资金就需要2 500万元。因此，一般的小企业无力竞争。

二、诚信务实经营，获得1 200多家供应商资源

对于经营性的公司来说，自己不生产产品，因此供应商资源管理至关重要，没有好产品就不会有好的销售。

九州通是一家优秀的药品配送企业。在中国上万家医药商业企业中，九州通位列第三，在民营企业中排在第一，年销售额近200亿元。

2007年，九州通开始着力经营医疗器械时，很多供应商还不相信其经营器械的能力，不了解九州通的医疗器械，不愿意供货。他们问龚翼华类似的问题："九州通不是做药品的吗，怎么在做器械？"为此，九州通团队反复与每一个供方联系，亲自上门拜访，邀请供方到公司实地参观考察。"随着九州通器械宣传力度的加强，通过参加各种器械博览会，销售量持续增加，让一大批供应商开始相信九州通，有了良好的合作。然而，这仅仅解决了部分问题。"龚翼华如是说。

医疗器械行业已经发展多年，一些品牌医疗器械厂商早有自己固定的经销商。一般来说，一个地区限定一家经销商。九州通医疗器械作为后来者，怎么办？不能不销售产品，首先要解决货源问题。九州通一方面直接从厂商代理商处拿货，一方面与品牌企业展开积极的沟通。

欧姆龙正是九州通"日久生情"的供应商。九州通从2007年11月就开始与欧姆龙接触，起初，欧姆龙和其他厂商一样，也没有给予九州通经销权。当时，欧姆龙并不了解九州通，九州通公司邀请欧姆龙到九州通参观考察。通过双方不断的互访，增强了解。

事实上，当时九州通已经在销售欧姆龙的产品，只不过是从欧姆龙各地代理商进货。九州通之所以能做大做强，与九州通一直以来坚持诚信经营、务实工作是密不可分的，九州通遵守供方的游戏规则，坚持供方的价格和区域管控要求。通过一轮又一轮的互相了解，欧姆龙终于在2009年选择了九州通。

如今，不仅欧姆龙，江苏鱼跃、深圳迈瑞、强生等大型医疗器械企业都与九州通建立了良好的合作，九州通已成为很多供方在中国最大的客户。通过不断的努力，目前，九州通器械已经拥有1 200多家供应商资源。

三、专业让服务更卓越，用心感动顾客

虽然九州通器械充分挖掘了药品的客户资源，拥有了众多的供应商，但并不意味着销售就能快速增长。

人们在九州通医疗器械网站上可以看到，一个小木人举着一块牌子，上边写着：专业让服务更加卓越。

医疗器械与药品在销售方面的最大区别就是医疗器械属于服务式、教育式和培训式的营销，需要更强的专业性。B超如何使用，参数如何选择，需要专业知识；顾客使用电子血压计，测不准血压，并不一定是血压计本身的问题，绝大部分属于操作方法不正确；轮椅车使用过程中轮子磨坏，需要有人做更换服务。

九州通要求每一位销售和服务人员都熟练掌握医疗器械的专业知识,为客户提供无微不至的贴心售后服务,无论是血压计还是血糖仪,顾客提出什么问题,九州通销售和服务人员都要回答得非常清楚。哪里有问题,问题出现在什么地方,要怎样去使用,要注意些什么事项,九州通都能给出快速的响应。

在九州通看来,专业才能赢得客户信任,信任才能赢得客户放心。

在九州通医疗器械团队有一位叫刘成的员工,为了教客户正确使用血压计,把自己装成顾客,模拟顾客匆匆跑进药店,要求服务员测血压,并且把手举得老高,用视频录像记录了整个过程。然后,用这一段视频培训各终端药店的销售店员,让他们自己指出测量过程中有哪些错误。这比起讲纯理论,效果明显得多,同时向药店和顾客展示了九州通的专业性。

作为连接上下游的公司,九州通一直把服务当作看家本领,良好的服务已成为企业文化的一部分。九州通新兴业务医疗器械在这方面也不例外。

2010年刚过春节,一位上海顾客从上海一家药店(九州通的下游客户)购进了一台电子血压计。按常理,使用出现问题,在哪里买就到哪里去寻求售后服务。当药店把顾客的电话告诉九州通时,九州通医疗器械售后服务人员在第一时间打电话与顾客取得了联系,并确认是使用方法的问题,半个小时后到达了顾客所在的小区,刚好碰上顾客搬家。于是,该售后服务人员马上帮忙顾客搬家,帮顾客搬完家具后,才开始与顾客沟通血压计如何使用,客户讲道:"我们买过很多器械产品,但没有看到过像九州通这样服务的。"九州通一直把专业的服务作为自己生存的根本,他们快捷的服务不仅感动了客户,也产生了很好的口碑效应。因为这个服务事件,九州通很快在顾客小区的邻里之间传开了。在以后一段时间里,九州通在这个小区产生了很多家庭护理用品的销售。

九州通是一棵硕大的供应链之树,用传奇般的速度孕育出了医疗器械这个饱满果实,我们也期待着九州通下一个传奇的诞生。

【问题】九州通公司是如何构建医疗器械供应链运作业务流程的?这对企业的供应链流程管理有什么启示?

资料来源:http://www.maydeal.com/News/24362.html.

●综合实训

供应链管理 BPR 方案

一、实训目的

在学习本章的相关知识后,让学生进行更高层次的能力训练,使学生学会运用所学的理论知识和技能,分析、研究和解决企业供应链管理的实际问题。通过撰写"××企业供应链管理BPR方案",使学生巩固、扩大和深化所学知识,学会如何检索和分析处理数据资料,提高学生在实际工作中发现问题、分析问题和解决问题的能力。

二、实训内容

撰写供应链管理 BPR 方案。

三、实训资料

实训选定目标企业资料。

四、实训准备

学生分组：每 6～7 人一组，每组选出一名小组长。

五、实训步骤

1. 根据资料，分析企业组成及运作现状。
2. 利用所学理论知识，分析其供应链运作现状的优势和缺陷所在，写出调研分析内容。
3. 在调研分析内容的基础上，针对其存在的缺陷提出改进方案，撰写一份"××企业供应链管理 BPR 方案"，作为实训报告上交。

六、实训考核

1. 供应链管理 BPR 方案是否符合规范的格式要求。
2. 相关资料是否通过上网和实地调查获得，调查资料是否翔实、准确和具体。
3. 对所调查供应链运作现状的分析是否准确恰当并有独到的见解。
4. 所提改进方案和措施是否合理并有独到之处。

项目 7 供应链的设计与构建

▪思政目标▪

◎节约资源,把成本意识贯穿到供应链的设计和构建全过程。

▪知识目标▪

◎了解供应链设计的含义和内容;
◎明确供应链设计的步骤;
◎熟知供应链设计的原则以及供应链的构建;
◎掌握供应链设计的策略。

▪技能目标▪

◎能进行简单的供应链设计;
◎对供应链进行分析,提出改进意见。

 / 【引例】 /

海尔:整合供应链 实现零库存

  总结多年的管理经验,海尔探索出了一套市场链管理模式。海尔认为,在新经济条件下,企业不能再把利润最大化当作目标,而应该以用户满意度的最大化、获取用户的忠诚度为目标。结合市场链模式,海尔集团对组织机构和业务流程进行了调整,把原来各事业部的财务、采购、销售业务全部分离出来,整合成商流推进本部、物流推进本部、资金流推进本部,实行全集团统一营销、采购、结算;把原来的职能管理资源整合成创新订单支持流程(3R,即研发、人力资源、客户管理)和基础支持流程(3T,即全面预算、全面设备管理、全面质量管理),在理顺3R 和 3T 流程的基础上,相应成立独立经营的服务公司。在业务流程再造的基础上,海尔形成了"前台一张网,后台一条链"(前台的一张网是海尔客户关系管理网站,即 haiercrm.com,后台的一条链是海尔的市场链)的闭环系统,构筑了企业内部供应链系统、ERP 系统、物流配送系统、资金流管理结算系统和遍布全国的分销管理系统及客户服务响应 Call-Center 系统,并形成了以订单信息流为核心的各子系统之间无缝连接的系统集成。在过去,企业按照生产计划制造产品,是大批量生产。海尔的 e 制造是根据订单进行的大批量定制。海尔 ERP 系统每天准确自动地生成向生产线配送物料的BOM,通过无线扫描、红外传输等现代物流技术的支持,实现定时、定量、定点的"三定"配送;海尔独创的过站式物流,实现了从大批量生产到大批量定制的转化。海尔的企业全面信息化管理是以订单信息流为中心带动物流、资金流的运动,所以,在海尔的信息化管理中,同步工程非常重要。海尔认为,企业之间的竞争已经从过去直接的市场竞争转向客户的竞争。海尔客户关系管理联网系统就是要实现端对端的零距离销售。海尔在全国建有物流中心系统,无论在全国什么地方,海尔都可以快速送货,实现JIT配送。

【分析】海尔集团取得今天的业绩,和企业实行全面的供应链管理是分不开的。借助先进的信息技术,海尔发动了一场管理革命。在设计供应链时,以市场链为纽带,以订单信息流为中心,带动物流和资金流的运动。通过整合全球供应链资源和用户资源,海尔逐步向"零库存、零营运资本和与用户零距离"的终极目标迈进。

资料来源:http://doc.mbalib.com/view/4fef2a2b61c1c1265178e8cedfafff07.html.

任务7.1 供应链设计的基本问题

7.1.1 供应链设计概述

1.供应链设计的定义及内容

1)供应链设计的定义

供应链设计(Supply Chain Design)是指以用户需求为中心,运用新的观念、新的思维、新的手段从更广泛的四维空间——企业整体角度去勾画企业蓝图和服务体系。供应链设计通过降低库存、减少成本、缩短提前期、实施准时制生产与供销、提高供应链的整体运作效率,使企业的组织模式和管理模式发生重大变化,最终达到提高用户服务水平、实现成本和服务之间的有效平衡、提高企业竞争力的目的。

2)供应链设计的内容

战略层面的供应链设计的主要内容包括供应链的成员及合作伙伴选择、网络结构设计以及供应链运行基本规则的确定。

(1)供应链成员及合作伙伴选择。一个供应链是由多个供应链成员组成的。供应链成员包括为满足客户需求,从原产地到消费地整个产品流转过程中直接或间接相互作用的所有公司和其他组织。这样的供应链是非常复杂的。

(2)网络结构设计。供应链网络结构主要由供应链成员、网络结构变量和供应链间工序连接方式三方面组成。为了更易于设计复杂网络和合理分配资源,有必要从整体出发进行网络结构的设计。

(3)供应链运行基本规则的确定。供应链上各节点企业之间的合作是以信任为基础的。

信任关系的建立和维系除了有赖于各个节点企业的真诚态度和可信行为之外,必须有一个共同平台,即供应链运行的基本规则,其主要内容包括协调机制、信息开放与交互方式、生产物流的计划与控制体系、库存的总体布局、资金结算方式、争议解决机制等。

2. 供应链设计的原则

在供应链的设计过程中,应遵循一些基本的原则,以保证供应链管理思想得以贯彻和实施。

(1) 自上而下的设计和自下而上的设计相结合的原则。在系统建模设计方法中,存在两种设计方法,即自上而下和自下而上的方法。

(2) 简洁性原则。为了使供应链具有灵活、快速响应市场的能力,供应链的每个节点都应是简洁而有活力的,能实现业务流程的快速组合。

(3) 互补性原则。供应链的各个节点的选择应遵循强强联合的原则,从而实现资源外用。每个企业只集中精力于各自的核心业务,就像一个独立的制造单元(独立制造岛),这些所谓单元化企业具有自我组织、自我优化、面向目标、动态运行和充满活力的特点,能够实现供应链业务的快速重建。

(4) 协调性原则。供应链绩效的好坏取决于供应链合作伙伴关系是否和谐,取决于供应链动态连接合作伙伴的柔性程度。

(5) 动态性原则。不确定性在供应链中随处可见,这是在研究供应链运作效率时都会涉及的问题。不确定性的存在导致需求信息的扭曲,因此,需要预见各种不确定因素对供应链运作的影响,减少信息传递过程中的信息延迟和失真。

(6) 创新性原则。要产生一个创新的系统,就要敢于打破各种陈旧的思维框框,用新的角度、新的视野审视原有的管理模式和体系,进行大胆的创新设计。

(7) 战略性原则。供应链的建模应有战略性观点,从战略管理的角度考虑,可以减少不确定性的影响,做出供应链发展的长远规划,增进预见性。

小思考 7-1

【问题】如何进行供应链的创新设计?

【答案】进行供应链的创新设计,一是必须在企业总体目标和战略的指导下进行,并与战略目标保持一致;二是要从市场需求的角度出发,综合运用企业的能力和优势;三是发挥企业各类人员的创造性,集思广益,并与其他企业密切协作,发挥供应链整体优势;四是建立科学的供应链、项目评价体系和组织管理系统,进行技术经济分析和可行性论证。

【知识链接 7-1】

设计供应链主要解决的问题

设计供应链时应注意解决如下几个问题:

(1) 供应链的成员组成(包括供应商、设备、工厂、分销中心的选择、定位、计划与控制);

(2)原材料的来源问题(包括供应商、流量、价格、运输等问题);
(3)生产设计(包括需求预测、生产什么产品、生产能力、供应给哪些分销中心、价格、生产计划、生产作业计划和跟踪控制、库存管理等问题);
(4)分销任务与能力设计(包括产品服务于哪些市场、运输、价格等问题);
(5)信息管理系统设计;
(6)物流管理系统设计等。

在供应链设计中,要广泛地应用许多工具和技术,包括归纳法、集体解决问题、流程图、模拟和设计软件等,另外还涉及3PL的选择、定位、计划与控制,确定产品和服务的计划、运送、分配和定价等。设计过程中需要每个节点企业的参与和交流,以便于供应链以后的有效实施。

7.1.2 供应链设计策略

1. 基于成本核算的供应链设计策略

基于成本考虑,就要根据供应链中的总成本优化原则,来选择供应链中的节点企业。总成本中包括物料、劳动力、运输、设备和其他变动成本等因素,同时需要考虑经验曲线对劳动力成本的影响、相关国家的汇率和通货膨胀率等因素。

供应链成本结构见图7-1,基于成本核算的供应链设计流程见图7-2。

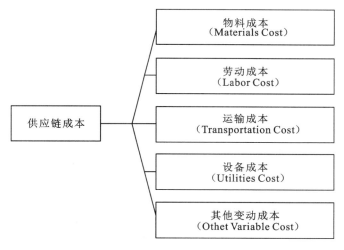

图7-1 供应链成本结构

2. 基于多代理的集成供应链设计

集成的设计策略包括基于信息流、过程优化、商业规则、案例分析的综合设计策略,旨在实现实物环境中人与人、人与组织、组织与组织的集成和计算机虚拟环境中的信息集成;同时,在实物环境与计算机虚拟环境之间实现人机集成。

1)基于多代理的集成供应链模式

随着信息技术的发展,供应链不再是由人、组织简单组成的实体,而是以信息处理为核心、

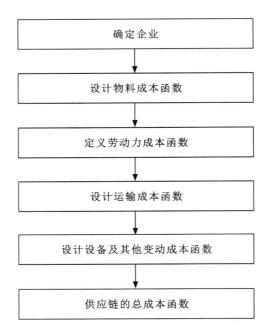

图 7-2　基于成本核算的供应链设计流程

以计算机网络为工具的"人—信息—组织"集成的超智能体。

基于多代理集成的供应链模式是涵盖两个世界的三维集成模式，即实体世界的人与人、组织与组织集成和软体世界的信息集成（横向集成），以及实体世界与软体世界的人机集成（纵向集成）。

2）基于多代理的集成供应链动态建模基本思想

动态建模需要多种理论和方法的支持，其基本流程为"多维系统分析→业务流程重构→建模→精简/集成→协调/控制"，并行工程思想贯穿于整个建模过程。

3）基于多代理的集成供应链动态建模方法

基于多代理的集成供应链动态建模方法主要有基于信息流的建模方法、基于过程优化的建模方法、基于案例分析的建模方法以及基于商业规则的建模方法等。

3.基于产品的供应链设计

基于产品考虑，就要根据产品特点来设计供应链结构。不同的供应链系统具有不同的特点。有的供应链系统成本控制能力较强，主要适合于一些相对稳定的产品；而有的供应链系统响应能力较强，比较适合于创新速度较快的产品。供应链的差异是由供应链内部的企业特点、企业关系、资源配置等所决定的，因此需要根据产品特点来选择供应链中的企业和协调这些企业之间的关系，只有与产品特点相匹配的供应链结构才能具有较高的运行效率。

所谓设计出与产品特性相匹配的供应链，也就是基于产品的供应链设计策略（PBSCD）。

功能性产品与创新性产品的对比见表 7-1。

表 7-1 功能性产品与创新性产品的对比

需求特征	功能性产品	创新性产品
产品寿命周期(年)	>2	1~3
边际贡献率(%)	5~20	20~60
产品多样性	低	高(每一目录上千)
预测的平均边际错误率(%)	10	40~100
平均缺货率(%)	1~2	10~40
季末降价率(%)	0	10~25
按订单生产的提前期	6个月~1年	1天~2周

供应链中产品的生产和流通成本与产品本身的特点密切相关,因此,在产品开发初期就考虑相关的供应链特点,可以使产品更好地与供应链匹配运行。

可利用供应链设计与产品类型策略矩阵为企业选择理想的供应链策略,如表 7-2 所示。

表 7-2 供应链设计与产品类型策略矩阵

	功能性产品	创新性产品
效率型供应链	匹配	不匹配
反应型供应链	不匹配	匹配

若用效率型供应链来提供功能性产品,可采取如下措施:

(1)削减企业内部成本;

(2)不断加强企业与供应商、分销商之间的协作,从而有效降低整条供应链上的成本;

(3)确定低销售价格,这是建立在有效控制成本的基础之上的,但一般不轻易采用,需要根据市场竞争情况而定。

用反应型供应链来提供创新性产品时,应采用如下策略:

(1)通过使不同产品拥有尽可能多的通用件来增强某些模块的可预测性,从而减少需求的不确定性;

(2)通过缩短提前期与增加供应链的柔性,使企业能按照订单生产,及时响应市场需求,在尽可能短的时间内提供顾客所需的个性化的产品;

(3)当需求的不确定性已被尽可能地降低或避免后,可以用安全库存或充足的生产能力来规避其剩余的不确定性,这样,当市场需求旺盛时,企业就能尽快地提供创新性产品,从而减少缺货损失。

基于产品生命周期各阶段的供应链设计策略可归纳为表 7-3。

智慧供应链运营管理

表 7-3 基于产品生命周期各阶段的供应链设计策略

产品生命周期	特点	供应链策略
导入期	无法准确预测需求量 大量的促销活动 零售商可能在提供销售补贴的情况下才同意储备新产品 订货频率不稳定且批量小 产品未被市场认同而夭折的比例较高	供应商参与新产品的设计开发 在产品投放市场前制定完善的供应链支持计划 原材料、零部件的小批量采购 高频率、小批量的发货 保证高度的产品可得性和物流灵活性 避免缺货发生 避免生产环节和供应链末端的大量储存 安全追踪系统,及时消除安全隐患或追回问题产品 供应链各环节信息共享
成长期	市场需求稳定增长 营销渠道简单明确 竞争性产品开始进入市场	批量生产,较大批量发货,较多存货,以降低供应链成本 做出战略性的顾客服务承诺以进一步吸引顾客 确定主要顾客并提供高水平服务 通过供应链各方的协作增强竞争力 服务与成本的比例合理化
成熟期	竞争加剧 销售增长放缓 一旦缺货,将被竞争性产品所代替 市场需求相对稳定,市场预测较为准确	建立配送中心 建立网络式销售通路 利用第三方物流公司降低供应链成本并为顾客增加价值 通过延期制造、消费点制造来改善服务 减少成品库存
衰退期	市场需求急剧下降 价格下降	对是否提供配送支持及支持力度进行评价 对供应链进行调整以适应市场的变化,如供应商、分销商、零售商等数量的调整及关系的调整等

小思考 7-2

【问题】在大街上,我们能够经常看见很多消费者携带着各式各样的牛质皮包,商场里也有琳琅满目的牛质皮包出售。那么,从畜牧场的牛到消费者手中的皮包,这之间经历了哪些商务活动呢?

【回答】从上游提供牛皮的供应商到下游购买皮包的消费者,这是一条很典型的供应链。其中伴随着物资的流动、信息的流动和资金的流动等。同时,在由上游向下游的传递过程中都伴随着运输、加工及其他的人类活动,而这些活动都要支付成本,并要求获得一定的利润。因此,购买牛皮等原材料的价格较低,消费者最终购买的皮包价格则会偏高。

基于产品和服务的供应链设计步骤可以概括性地归纳为以下十步,如图 7-3 所示。

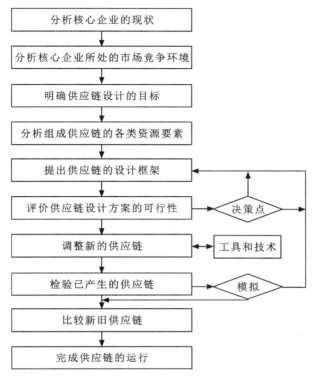

图 7-3 基于产品和服务的供应链设计步骤

任务 7.2 供应链的构建

7.2.1 供应链重新构建的原因和前提条件

1. 供应链重新构建的原因

对供应链而言,在电子商务条件下的重新构建是必然的,这是供应链竞争的优势源头。电子商务对供应链的构建具有巨大的潜力和价值。成功的企业都已超越仅使用互联网作为通信和简单交易途径的肤浅层次,专业电子商务公司应当深入发展互联网的应用,未来的供应链重组将向智能化方向发展。

首先,智能化的电子商务应该有决策支持系统来评价可选合同条款,方便双方迅速达成协议,签署的合同受电子商务系统的监控,保证条款履行。

其次,智能化将成为价格形成、资金往来和供应链管理的桥梁。继供应链管理(SCM)和用户关系管理(CRM)之后,又出现了一种新的管理技术,即价格和税收管理。其主要思想是,企业应当优化其产品和服务的价格及相关的税收,这种优化应该建立在充分了解供应链成本的基础上。同时,供应链运作也应该得到优化以反映按不同的产品类型和用户划分所获得的收入。因此,价格决策和供应链决策就不会像过去那样是独立的,应当将其实现很好的集成,这是在供应链管理中融入智能化元素的另一个途径。

再次,越来越多的账单和付款周期方面的变化将变成更自动甚至完全成为外包的活动。供应链成员不再需要一个专门负责收款的机构——财务部。企业可以通过操作在第三方控制、监管下的 EDI(电子数据交换)系统自动办理转账手续,可以在网上观察到用户发来的订单,凭借企业合作伙伴——第三方物流公司把商品送到用户手中。在企业获得确认之后的数天内,货款便从用户的账户转到企业的账户,不用一张账单,也不用一张支票,就可以实现资金往来。供应链成员都可以免于烦琐的财务事务处理,把主要精力集中到核心能力上来。

最后,智能化可以让电子商务市场进行设计协作。在网络化的今天,所有的设计思想、新产品概念、设计和制造接口、新材料使用、可选物料和市场营销都可以通过电子商务市场来帮助实现。

2. 重新构建供应链的前提条件

1)网络经济时代的信息技术

互联网这个公众平台是有效供应链管理的重要工具。在过去,一个连贯的社会再生产过程中所有的信息都是封闭的,即使运用第二次世界大战以后形成的最先进的工程管理的思想方法,也很难将全过程都进行优化。供应链管理的领域涵盖并超过了整个企业的范畴,其范围涉及从一端的供应商到另一端的顾客。因此,我们所讨论的供应链的信息技术既包括单个企业的内部系统,又包括企业间的系统,尤其是信息平台的形成促成了信息共享,这就使供应链从过去两个环节之间的短链延伸成跨越整个社会再生产的长链成为可能。近年来,信息技术使企业如虎添翼,最为显著的例子是沃尔玛采用了卫星连接的信息技术,美国航空公司利用了马力储备系统,联邦快递打造了先进的跟踪系统。

2)物流活动的合理化和现代化

物流活动的合理化和现代化是供应链中"第三利润源泉"的主要利润源。物流活动由包装、装卸搬运、运输和储存构成。在各种物流设计概念中,最明显的是对产品的设计,使其可以有效包装和储藏。产品包装得越紧凑,运费越便宜,尤其是在空间原因而不是重量原因限制运输能力的情况下。如果包装模数(关于包装基础尺寸的标准化及系列尺寸选定的一种规定)能和仓库设施、运输设施尺寸模式实现统一化,则既利于运输和保管,又能有效节约运输费用和库存成本。通过利用现代化的包装和平行生产工艺运输设施,外加流通加工,结合先进的运输技术,可以做到降低物流费用和缩短交货期,优化供应链管理中的物流活动。

3)远程化的协作管理的出现

供应链管理的出现和经营运作的远程化有关。20世纪80年代之后,经济全球化的步伐大大加快,在大工业时代,专业分工向国际分工深化,一个产品从原材料的生产到用户的使用,原材料来自全世界,生产协作企业分布于全世界,用户需求遍布于全世界。这种远程化的结果需要有新的供应方式,于是人们探索出供应链管理来解决这个问题。

7.2.2 构建供应链的目标及关键问题

1.构建供应链的目标

供应链的构建是指针对供应链系统的现实状态进行系统构建,其目标主要包括以下几个方面。

(1)整个供应链具有核心竞争力。这种竞争力是通过供应链上各企业之间业务整合、资源合理配置实现的,它集中体现在对顾客价值具有关键性贡献,实现差异化竞争,能不断推出系列新产品。

(2)整个供应链系统具有快速响应能力。这是通过提高供应链上各企业工作效率以及各企业之间合作效率实现的,它表现为缩短订单满足提前期。

(3)整个供应链系统具有最低成本。这是通过加强供应链上各企业的库存控制实现的,它表现为单位产品成本的降低。

2.构建供应链的关键问题

显然,要实现上述目标,关键是要整合供应链上各企业之间的非核心业务,提高各企业的工作效率,减少冗余库存,合理配置资源,保持各企业之间协调运行。因而,供应链系统构建的关键主要包括以下几个方面。

1)物流网络的构造

物流网络包括供应商仓库、配送中心、零售商以及在各机构之间流动的原材料、在制品和产成品。假定工厂和零售店的管理位置不变,我们要在服务水平不变的条件下,使年系统总成本(包括生产成本、采购成本、库存保管成本、搬运成本、运输成本和固定成本)最小。首先,在整个供应链系统的布局中,需要考虑解决供应链内部的"效益背反"问题,这一点必须通过管理进行信息的协调和沟通,用协议的方法来解决。其次,企业必须在设立新仓库的成本和接近顾客的好处之间进行权衡。最后,仓库布局决策是决定供应链能否成为销售产品的有效渠道的关键因素。

2)库存控制

顾客的需求总是难以预测的。为了使公司应对顾客需求的变化和享受大规模进货在购进成本、运输成本方面的优惠,必须持有库存,但是,高估顾客需求将导致库存销售不出去,而低估顾客需求将导致库存短缺和失去潜在的顾客,都会对顾客服务水平和供应链系统成本带来重大的影响。因此,为了有效地进行库存管理,必须进行需求预测,在订货成本和储存成本之间进行订货批量的权衡。

3)战略联盟

战略联盟是共享收益、共担风险的企业之间一种典型的多方位目标导向的长期合作关系。某种特定的战略联盟是否适合于企业,可以从以下几个方面进行考虑。

(1)增加产品的价值:与恰当公司之间的合作有助于增加现有产品的价值。

(2)改善营销进程:能产生更好的广告效果或增加新营销渠道是有益的。

(3)强化运作管理:恰当企业之间的联盟可以通过降低系统成本和周转次数来改善运作管

理,设备和资源都可以得到更有效的使用。

(4)增强技术力量:共享技术的合作有助于增强双方的技术基础。

(5)增强核心竞争能力:促进战略成长,拓展新的市场机会。

4)顾客价值

顾客价值是顾客对整个公司提供的产品、服务和其他无形资产的感知,公司衡量其产品和服务的质量标准已从内部质量保证深化到外部顾客满意,再到顾客价值。在供应驱动时代,内部的质量计算如废品个数,主导了公司目标。顾客满意度主要是公司现有的顾客对公司产品的使用及对公司服务的印象,顾客价值则更进了一步,它要尽量确定顾客购买这家公司产品而不是那家公司产品的原因,并要考虑构成公司产品和形象的整体因素——产品、服务和无形资产,甚至要考虑什么样的顾客是有利可图的,有收益增长的潜力,什么样的顾客则是会亏本的。反过来,顾客价值驱动着供应链的变动和改善。

5)决策支持系统

和很多复杂的商业系统一样,供应链管理中的很多问题不能都很明确地授权给计算机界定,相反,几乎在任何情况下,人类特有的灵活性、创造力和智慧是有效管理这些系统的保证。当然,供应链管理的许多方面只有在计算机的帮助下才能进行有效的分析和理解,这就是决策支持系统的作用。所以决策支持系统(DSS)在供应链管理中常常被称为高级计划编制与时间安排系统(EPS)。

7.2.3 供应链构建的方法和步骤

供应链构建涉及供应链的长短、规模大小、网络状况等因素,包括成员生产和仓储设施的位置和能力,在各个地点制造或存放的产品,根据不同交货行程采用的运输模式,以及将要使用信息系统的类型。供应链的构造方法有三种,一种是顺流构造方法,第二种是逆流构造方法,还有一种是顺流和逆流综合构造法。可以根据不同的商品或服务以及不同的供应链成员来确定使用哪一种方法。

1.顺流构造方法

所谓顺流构造方法,是指当企业要构造其供应链时,从它的原材料出发,逐步寻找到最上游的供应商,依照自己产品或服务的制造和销售设计供应链流程,直到最终消费者。顺流构造方法的具体步骤如下。

第一步,确定原材料的来源,找出最上游的供应商。

第二步,确定从最上游的供应商到自己企业的供应链配置。包括供应链地点(如原材料采购地点、运输途径、半成品加工地点等)、各环节的执行流程、采购与运输的转换流程、加工与运输流程、信息传递系统的类型等。

第三步,确定从自己企业到最终消费者的供应链配置。需要针对自己的市场分布区域、销售重点寻找供应链中的分销成员,确定供应链地点(比如分销成员所处的供应链地点、配送途径、包装加工的地点等)、各环节的执行流程(比如干线运输与城市配送的转换流程、包装加工与城市配送的流程等)、信息反馈的系统类型等。

第四步,统筹选择最优的供应链成员来实现产品的生产或服务的提供。

顺流构造方法的步骤流程如图 7-4 所示。

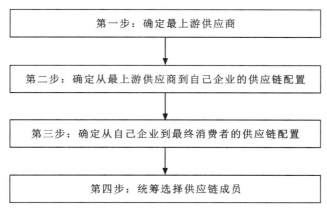

图 7-4　顺流构造方法的步骤流程

2. 逆流构造方法

逆流构造方法是指企业基于市场上最终消费者客观存在的需求去构建一条从零售商到自身企业的供应商的供应链。这种方法恰恰是从最终消费者的上一级零售商或分销商开始，不断地寻找为满足需求而必须参与其中的企业，从而形成供应链。具体构造步骤如下。

第一步，确定用户需求是什么。

第二步，确定谁向用户送达满足用户需求的产品。这一步要明确下游供应链成员的配置，明确分销商在供应链中所处的具体地点，明确分销商的物流流程，比如其委托的第三方物流企业配送流程、销售加工流程等。另外，还要确定物流信息传递及反馈系统的类型。

第三步，明确上游供应商的位置和配置。供应商应该是自己企业满足用户需求目标所能找到的最优伙伴。可以从两个方面来理解：一是从成本角度看，供应商能提供一个最优的成本；二是从服务角度看，供应商能够提供及时、迅速的服务。

第四步，整合供应链资源。企业应当在长期合作的供应链伙伴中动态选择最优的合作伙伴完成自己企业的生产销售任务，从而达到降低成本、提高效益和竞争力的目标。

3. 综合构造法

综合构造法是指基于市场需求和供应商特点，在顺流和逆流两方面同时设计、构建供应链的方法。这种方法具有动态性，更加灵活。

【案例分析 7-1】

供应链构建实例

面临着中国加入世贸组织后随之而来的国外汽车制造巨头的强大竞争压力，A 集团公司决定利用电子商务给供应链带来的各种机会，加速产业整合，重构自身供应链，全面提升自我，积极地融入国际市场。考虑到目前 A 公司在供应、制造、销售等方面的状况，根据供应链理论,A 公司重构自身供应链时应从以下几个阶段进行考虑。

一、信息基础建设

信息基础的建设既包括硬件环境的建立,也包括软件环境的建立。在硬件环境方面,主要是信息化网络的建设,即企业的 Intranet 网络的建立。A 公司 Intranet 网络的建设已经具有了一定的规模和水平,但是,由于信息技术的迅猛发展,现代管理对信息的速度、种类和质量等方面的要求不断提高,企业的信息化网络建设工作是一个需要不断更新、改进的过程。在软件环境方面,数据库的建立是尤为重要的,可以说,数据仓库的建立是电子商务和 ERP 系统能够成功实施的基础保证。数据、数据仓库将分布在企业网络中各个不同信息岛上的商业数据集成在一起,存储在一个单一的集成关系型数据库中。数据仓库可以将企业的生产实时数据、财务信息、销售合同、人力资源信息、物料库存信息、生产计划等企业生产经营过程中产生的各种数据有机地集成在一起。这种对信息的集成可以方便用户对信息的访问,更可用于支持经营管理中决策的制定过程。

二、A 公司内部供应链的建立

首先,需要根据 A 公司的生产流程,对企业内部的供应链网络进行设计。在此基础上,建立公司供应链计划系统和 ERP 系统,实行 BPR。A 公司主要以 SCP 和 ERP 系统为核心来实施其内部的集成化供应链管理。供应链计划的实施主要体现在对 A 公司的生产计划、作业计划、需求预测、物料需求计划、库存计划、采购计划、销售计划等主要计划和决策业务的集成。ERP 系统的实施主要体现在对 A 公司业务流程中的订单管理、财务管理、库存管理、生产制造管理、采购管理等主要执行职能的集成。这两个系统的具体实现主要以 A 公司内部的计算机网络 Intranet 为硬件支持,分别建立各自的计算机管理和决策支持的软件系统,同时通过实行企业内部业务流程的重组(BPR),建立与新管理体系相适应的经营组织结构。具体步骤如下。

(一)建立供应链计划系统

A 公司供应链计划系统包括许多子系统,其中,物料需求计划和生产计划是供应链计划的重要组成部分,其结构如图 7-5 所示。

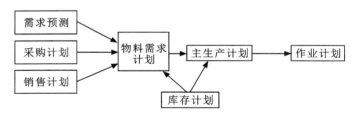

图 7-5　A 公司供应链计划系统

供应链计划系统根据需求预测信息和采购计划的执行效果制定物料需求计划,并以此制定新的采购计划和销售计划;同时,根据物料需求计划以及作业计划和库存计划的执行情况,综合企业内部各个生产环节之间的物料需求计划平衡、生产能力平衡和库存控制信息,利用各种数学模型,以成本最小和利润最大为目标,合理地调整生产的产品结构,最终制定出切实可行的主生产计划。在主生产计划制定完成后,再以主生产计划为基础分别制定新生产作业计划和库存计划,并对需求计划加以修正。

（二）建立 ERP 管理系统

最近几年里，A 公司在企业内部管理信息系统的建设方面已做了大量的工作，先后建立了生产高度管理系统、生产状态监测系统、财务管理系统、物资供应管理系统、劳资人事系统、生产系统、能源管理系统等。这些系统在各自的应用领域都曾发挥了很大的效用，但是，一方面，由于在公司进行结构调整后，某些系统未能做出相应调整，不再适用于公司现有体制；另一方面，由于公司管理模式上的原因，这些系统相互之间没有进行必要的信息交流，从而形成了每个系统各自为政的现象。建立 ERP 系统首要的工作就是利用网络和数据仓库等信息技术将这些孤岛式系统加以融合，一方面，可以通过数据共享大大减少各系统中原有的数据冗余，保证各系统之间的数据一致性；另一方面，通过对各系统数据的整合，利用数据挖掘等知识发现手段从整合后的数据中提炼出可以辅助企业决策者制定生产决策的高度综合的信息，这是在公司原有的信息系统呈现孤岛式分布的情况下无法实现的。

（三）BPR 的实行

BPR 的实行打破 A 公司原有的按照职能设置部门的管理方式，代之以业务流程为核心，重新设计企业的管理过程。先进信息化手段的采用，不但简化了原有的业务流程，而且使原有的业务环节大大地集成化了，原先需要由几个部门或多个人做的工作，在电子商务环境下可以由一个部门或一个人来完成。因此，通过对部门和人员的精简，不但可以节约部门的开支，同时由于业务环节的高度集成化，可以大大缩短各项供销业务流程所需的时间。

三、A 公司外部供应链的建立

A 公司可以通过电子商务将供应链中的上下游企业更加紧密地联系在一起，零部件供应商可以通过电子商务将原料的发货通知传给 A 公司，告知什么产品将于什么时候出运，A 公司利用这些信息更改其库存水平。而销售商把市场预测信息传给 A 公司，A 公司再根据这些信息进行计划和生产。当 A 公司与供应链中各节点企业很好地通过电子商务达到信息共享后，就可以提高生产能力，改善产品质量，为产品提供更大的附加值。通过电子商务的运作，能有效增进 A 公司与供应商、销售商以及用户之间在供应链中的关系，而且在企业内部，电子商务也可以改善部门之间的联系。通过互联网，企业能以更低的成本加入供应链联盟。在电子商务环境下，A 公司外部供应链结构如图 7-6 所示。

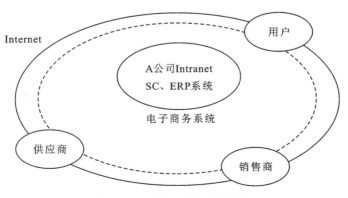

图 7-6　A 公司外部供应链结构

四、集成化的供应链联盟

随着供应链管理的深入,供应链所涉及的范围将进一步扩大,其组成成员的种类和数量将大大增加,最终形成一个集成化的供应链联盟。在供应链联盟中,作为供应链核心的 A 公司与其原料供应商、产品销售商、研发机构协同工作,将企业内部的供应链与企业外部的供应链有机地集成起来进行管理,从而达到全局动态最优目标,以适应在新的竞争环境下市场对生产和管理过程提出的高质量、高柔性和低成本的要求。

在集成化的供应链联盟中,每个供应链成员既相互独立,又为了共同目标联系在一起。它们之间并不是一种简单的集合,而是有着紧密的联系,且存在着共同策略。当供应链中的企业数目增多时,如何做好供应链成员间的协调工作是十分重要的。针对这一点,我们可以采用互联网等先进的计算机网络技术,建立供应链战略管理系统来完成供应链成员的协调及整个供应链战略决策的制定。其结构如图 7-7 所示。

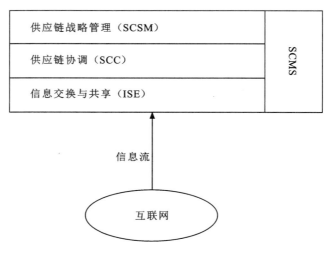

图 7-7 供应链战略管理系统

在图 7-7 中,ISE 负责处理供应链成员之间的信息传递、存储、更新,其他两个模块通过它向供应链成员传递决策信息。SCC 主要是通过供应链成员共享 SC 上的信息,进行整个供应链的在线协调工作。它通过一种内置的协商机制,把来自供应链上各个成员的信息进行综合,并进行相应的调整。SCSM 通过供应链的长期合作,将供应链成员的部分决策权进行合并,从而更好地协调整个供应链的行为。

总的来说,以 A 集团公司为核心企业而与供应商、分销商、用户形成的网链状供应链,在电子商务环境下,有利于缩短提前期、降低库存、加快资金流转、提高响应市场应变能力等。虽然 A 公司电子化供应链的构建还处在不断深入的进行过程中,但其作用已经初步显现出来,这也增强了其供应链构建的积极性。

● 基本训练

□ 知识题

1.1 阅读理解

1. 简述供应链设计的含义。
2. 供应链设计的原则和前提条件有哪些?
3. 供应链设计包括哪些步骤?
4. 什么叫供应链构建?
5. 供应链构建有哪些方法?

1.2 知识应用

1. 判断题

(1)顾客价值是顾客对整个公司提供的产品、服务和其他无形资产的感知。(　　)

(2)战略层面的供应链设计的主要内容包括供应链的成员及合作伙伴选择、网络结构设计以及供应链运行基本规则的确定。(　　)

(3)基于产品设计供应链结构就是根据顾客特点来设计供应链结构。(　　)

(4)随着信息技术的发展,供应链不再是由人、组织简单组成的实体,而是以信息处理为核心、以计算机网络为工具的"人—信息—组织"集成的超智能体。(　　)

(5)一个供应链是由多个供应链成员组成的。(　　)

2. 选择题

(1)逆流构造方法的第一步是(　　)。

A. 确定用户需求是什么

B. 确定谁向用户送达满足用户需求的产品

C. 明确上游供应商的位置和配置

D. 整合供应链资源

(2)为了使供应链具有灵活、快速响应市场的能力,供应链的每个节点都应是简洁而有活力的,能实现业务流程的快速组合。这属于(　　)。

A. 创新原则　　　　　　　　　B. 自上而下原则

C. 简洁原则　　　　　　　　　D. 科学性原则

(3)设计供应链的第一步是(　　)。

A. 明确供应链设计的目标　　　B. 分析环境

C. 资源分配　　　　　　　　　D. 分析核心企业的现状

(4)通过模拟一定的供应链运行环境,借助一些方法、技术对供应链进行测试、检验或试运行属于(　　)。

A. 供应链检验　　B. 供应链评价　　C. 供应链整合　　D. 供应链重新设计

(5)为设计出与产品特性相一致的供应链,下列哪些供应链设计是可取的?(　　)

A. 基于多代理的集成供应链设计　　B. 基于信息技术的供应链设计

C. 基于产品的供应链设计　　　　　D. 基于成本核算的供应链设计

●综合案例

龙岩卷烟厂供应链环境下的系统运营

龙岩卷烟厂是全国烟草行业20家重点发展企业之一。为了适应环境的变化,不断提高企业技术和管理水平,龙岩卷烟厂很早就开发了适应本企业特色的信息系统,优化了企业内部资源,提高了烟厂的整体竞争力,但这些信息管理只限于企业内部资源的管理和控制。在这种情况下,龙岩卷烟厂便将眼光放在外部资源上,借助其他企业的资源,达到快速响应客户需求的目的。因此,龙岩卷烟厂决定实施供应链管理系统。

龙岩卷烟厂的供应链为"原料供应商→龙岩卷烟厂→卷烟分销商→零售商→最终用户"。供应商包括烟叶供应商、辅料供应商和设备供应商等。在烟草专卖体制下,烟厂和分销商是捆绑在一起的,为了从供应链管理模式中获得较大的经济效益,只有从供应链的上游寻找突破口。在香烟成本中,备件、辅料所占的比重大,并且市场完全开放,因此,首先应在备件、辅料供应商中选择战略合作伙伴。

龙岩卷烟厂供应链管理系统以烟厂为核心,在烟厂内部建立局域网。根据供应商规模的大小,可以对其系统进行进一步改造。对于小规模的供应商,只需能够通过浏览器访问烟厂的网络服务器,维护本企业在烟厂服务器存储的信息,由烟厂的网络服务器统一进行数据管理;对于大规模的供应商,可以在企业内部建立供应链管理系统,这样,烟厂和供应商之间就可以通过浏览器相互访问并传递信息。

龙岩卷烟厂供应链管理系统主要用于完成烟厂供应科和供应商之间信息的交换与控制。系统功能包括如下几个方面。

(1)库存查询。主要包括辅料供应商对烟厂库存(数量、金额、周转率等)的查询、烟厂对辅料供应商库存的查询。

(2)采购控制。主要包括:①烟厂对采购订单的制定、查询和发送;②辅料供应商对烟厂采购订单的查询和接收;③辅料供应商提出修改采购订单的请求;④烟厂对采购订单的修改。

(3)生产计划控制。主要包括:①辅料供应商对烟厂生产计划的查询;②烟厂对辅料供应商生产计划的查询;③辅料供应商提出修改烟厂生产计划的请求;④烟厂提出修改辅料供应商生产计划的请求。

(4)生产进度控制。包括:①烟厂对辅料供应商生产进度的查询;②烟厂向辅料供应商提出改变生产进度的要求;③辅料供应商对烟厂生产进度的查询;④辅料供应商向烟厂发出改变生产进度的警示。

(5)生产能力查询。包括:①辅料供应商对烟厂设备的生产能力和人员生产能力的查询;②烟厂对辅料供应商设备的生产能力和人员生产能力的查询。

(6)资金状况查询。主要包括:①辅料供应商对烟厂资产、负债特别是流动资产(现金、银行存款等)和短期负债的查询;②辅料供应商对烟厂一般财务指标的查询;③烟厂对辅料供应商资产、负债(特别是流动资产和短期负债)的查询;④烟厂对辅料供应商一般财务指标的查询。

(7)价格查询。主要指烟厂对辅料供应商产品价格的查询。

(8)质量控制。主要包括:①烟厂对辅料供应商产品质量状况的查询和对辅料检查结果发出警示;②辅料供应商对产品的质量检查状况进行查询。

(9)新产品开发能力控制。主要包括:①烟厂对辅料供应商产品开发周期和新产品成长率的查询和警示;②辅料供应商对烟厂产品开发周期和新产品成长率的查询。

(10)系统维护。包含:①对系统的环境进行定制;②对操作员的操作权限进行管理;③对重要的数据进行维护。

问题:试分析供应链管理系统对于龙岩卷烟厂的作用。

资料来源:http://www.docin.com/p-50331313.html.

● **综合实训**

一、实训目的

利用本章供应链设计方法的相关知识,让学生分析目标企业所用的供应链设计方法,并讨论供应链设计和管理是如何在目标企业中实施的。

二、实训内容

收集目标企业的信息(包括企业的环境、特征),分析该企业产品的类型、上下游企业的关系,并根据以上分析撰写实训报告。

三、实训资料

对相关企业开展实地调研,上网收集相关资料。

四、实训准备

学生分组:每5~6人一组,选出一名小组长。

五、实训步骤

1. 根据要求了解目标企业相关背景。
2. 通过实地调研和互联网收集企业供应链设计的相关资料,了解企业供应链设计的基本状况。
3. 整理资料,确保所获取资料翔实、准确和具体。
4. 在调研的基础上,利用所学理论知识初选出1家企业,制作企业供应链设计卡片资料。
5. 对初选的该家企业供应链设计方法进行分析。

六、实训考核

根据任务解决方案的规范性和准确性评定任务完成情况。

项目8 供应链成本分析与控制

· 思政目标 ·

◎培养勤俭节约的良好习惯。

· 知识目标 ·

◎理解供应链成本的概念及组成;
◎掌握供应链成本管理的含义;
◎认识供应链成本管理的特点及原则;
◎掌握供应链成本管理的方法。

· 技能目标 ·

◎能用所学知识对供应链成本管理状况进行分析;
◎能结合企业具体情况提出供应链成本管理的一些措施;
◎能运用供应链成本管理方法分析实际问题。

 / 【引例】 /

某公司的成本管理

在本书"项目4"的引例中,我们曾谈到某家跨国公司将物流业务外包而导致配送延迟的案例。现在从库存成本的角度继续讨论这一案例。

假定该公司的库存周转率为10,这意味着公司保持大约36(365除以10)天的库存。货每迟发一天,分部就得多备一天的货,总库存即增加2.8%(1除以36)。假定各分部总库存价值为3 000万美元,库存增量为84万(3 000万乘以2.8%)美元。假定库存成本(包括仓库成本、人工费、保险费、折旧费等)占比为25%,那么,迟发一天的代价就是每年21万美元。这还不算客户因缺料带来的损失,而且所有这一切只是理论上的计算。在实际案例中,如果分部反应过激,要求多备一周的货,那么,整个供应链条的总成本就超过百万美元。货迟发一天的影响如此,质量问题、断货、运输延迟、清关延误等的影响就更大。这些因素一起导致供应链库存居高不下。量化这些影响,有利于引起各方面注意,从而采取切实行动。

【分析】供应链上的每个节点企业都很重要,每个企业的每一项作业都很重要。库存管理不善,将导致周转率低,进而增加供应链总成本。由此可见供应链成本管理的重要性。

任务 8.1　供应链成本及供应链成本管理

8.1.1　供应链成本的概念及构成

1. 供应链成本的概念

供应链成本是指供应链在整个运作流程和周期内的成本,包括企业在采购、生产、销售过程中为支撑供应链运转所发生的一切物料成本、劳动成本、运输成本、设备成本等。

2. 供应链成本的构成

在供应链运营过程中,必然要占用和消耗一定的活劳动和物化劳动,这些活劳动和物化劳动的货币表现,即为供应链成本,也称为供应链费用。供应链成本包括供应链各项活动的成本与费用之和,也是供应链系统的总投入。一般来说,供应链成本由以下部分构成。

1) 供应链总运营成本

供应链总运营成本包括供应链通信成本、供应链总库存费用及各节点企业外部运输总费用。供应链通信成本包括各节点企业之间的通信费用,如 EDI、互联网的建设和使用费,供应链信息系统开发和维护费等;供应链总库存费用包括各节点企业在制品库存和成品库存费用、各节点企业之间在途库存费用;各节点企业外部运输总费用等于供应链所有节点企业之间运输费用的总和。

2) 供应链核心企业产品成本

供应链核心企业的产品成本是供应链管理水平的综合体现。可以根据核心企业产品在市场上的价格确定该产品的目标成本,再向上游追溯到各供应商,确定相应的原材料、配套件的目标成本。只有当目标成本小于市场价格时,各企业才能获得利润,供应链才能得到发展。

3) 供应链管理总成本

供应链管理总成本包括订单管理成本、物料采购成本、库存持有成本、与供应链相关的财务和管理信息系统成本。订单管理成本和物料采购成本大约占整个供应链管理成本的三分之二,订单管理成本与面向顾客的供应链的一端相关,物料采购成本则与面向供应商的一端相关。由于这些成本表现在属于不同组织的供应链系统之间的接口点,所以,它们构成整个供应链管理费用的一大部分也是合理的。在一个供应链中,与订单管理和物料采购成本几乎同样重要的是库存持有成本,其中包括损坏、贬值、运营资金的机会成本。

供应链成本的构成可归纳为图 8-1。

3. 供应链成本的影响因素

根据供应链管理的整体性原则,影响成本的因素还可能包括以下几个方面:产品的过程成

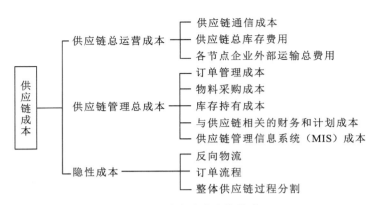

图 8-1 供应链成本的构成

本或买入价;制造劳动力成本和库存间接成本;过时成本——由于市场变化所引起的产品价值的损失部分;和库存相关的各种税收;保险成本——库存像其他资产一样要投保,通常这是公司保险政策的一部分;缺货成本——如果客户订货时没有客户所需要的物料可供发货,就可能失去销售的机会或增加额外的费用。需要指出的是,缺货成本是衡量采购价值和销售服务水平的一项重要指标,明确地计算缺货成本却是一项非常困难的工作。缺货成本包括由于发货量小而产生的额外的、较高的货运费用,由于降低客户满意度而造成的损失等因素。产品设计对供应链成本起着相当重要的作用,设计不合理的产品将会大大增加供应链的复杂程度,同时必须配备一个更为精细、复杂的系统用于跟踪。产品设计的不合理还会导致产品的多余,产生更多的不确定因素,例如使用不需要的零部件,生产和装配的难度大大增加,存在缺陷的产品由此也大为增加,导致复杂的退货流程。另外,从信息共享的角度看,应从合作而非技术和挑战的角度说服供应链伙伴共享信息,考虑如下问题:供应链伙伴合作的次数和程度如何? 联系是否广泛——是否延伸到买方和卖方以外的其他角色? 传统的过于狭窄的供应链将会对未来的信息共享造成阻碍,企业信息化的资金投入将构成供应链管理成本的很大一部分。

8.1.2 供应链成本管理概述

1. 供应链成本管理的概念及特点

1) 供应链成本管理的概念

供应链成本管理可以说是以成本为手段的供应链管理方法,也是有效管理供应链的一种新思路。供应链成本管理是一种跨企业的成本管理,其视野超越了企业内部,将成本的含义延伸到了整个供应链上企业的作业成本和企业之间的交易成本,其目标是优化、降低整个供应链上的总成本。

2) 供应链成本管理的特点

供应链成本管理的特点表现在以下方面。

第一,顾客满意是供应链成本管理的前提。供应链管理实质上是由顾客驱动的"需求链管理"。顾客的需求通过供应链逐级传递给供应链网络中的节点企业,每个下游的节点企业都可看作上游节点企业的顾客,顾客的价值和需求通过供应链的下游节点企业逐级上传和保证,直至最初的原材料供应商。顾客的需求是通过顾客价值的增值水平体现的,即价值增值=用户价值-用户成本。在供应链网络中,每个成员企业既是其上游供应商的顾客,又是其下游顾客的供应商。因此,只有各成员企业在供应链成本管理过程中都坚持增加顾客价值的理念,避免因自己或下游企业对供应链成本的过度压缩而导致顾客满意度的降低,才能实现最终顾客的价值增值。

第二,作业是供应链成本管理的基础。供应链是为满足最终顾客需要而形成的一系列作业的集合体,这个集合体构成了一个虚拟的企业。其中,每个成员企业都可看作为最终顾客提供产品或服务的一项作业,每一项作业的完成都要消耗一定的资源,而作业的产出又形成一定的价值,转移到下一项作业,依次转移,直到形成最终产品。基于供应链形成的虚拟企业为了寻求持续的竞争优势,必须提高作业的产出,减少作业的耗费,而要做到这一点,就必须从整体的、战略的角度对各项作业进行分析。在供应链中每个成员企业的作业,又是其内部各项子作业的集合体,各项子作业的耗费构成了该成员企业的总成本,进而构成供应链的总成本。因此,作业是构成供应链成本的基本单位,供应链总成本的管理必须深入到作业层次。

【案例分析8-1】

AAFES加强协作以降低客户成本

美国陆军和空军联合服务公司(The Army and Air Force Exchange Service,AAFES)是美国一家军事机构,主营业务是以颇具吸引力的价格向现役军人、保安人员、预备队成员、退伍军人及其家属销售军用商品并提供各种服务。AAFES将其收入的三分之二投资于提高军队士气,并资助福利和退休计划。该机构将所赚的每一分钱都用于提高军队成员及其家属的生活质量,多年来它也一直致力于寻找创新方法以求降低运营成本。在2007年,一个宝贵的合作机会令其非常高兴,即与同行"家庭与士气、福利与娱乐司令部"(Family and Morale, Welfare and Recreation Command,FMWRC)组织共享服务模型,从而达到双赢的局面。这两家机构拥有相同的客户群,而且产品分类也很相似。从欧洲剧院开始,两家机构组建了一支联合团队,调查总运输成本,并确定采购、分销和运输等环节中的合作机会。例如,团队发现,AAFES首先将货物送达FMWRC仓库,所有货物都卸载并存储在这些仓库中,然后被分别运往各FMWRC场所。现在,这些货物直接被运往各FMWRC场所,省去运往FMWRC仓库的环节。通过这类协作,两家机构通过提高运输量降低了单位交货成本,无须再运输价值为230万美元的库存,人力成本降低了80万美元。

【分析】智慧供应链具有与生俱来的灵活性。这种供应链由一个连接了供应商、签约制造商和服务提供商的网络组成,可随条件变化做出适当的调整。为实现资源的最佳配置,未来的供应链将具备智能建模功能。通过模拟功能,供应链管理者可以了解各种选择的成本、服务级别、所用时间和对质量的影响。

2.供应链成本管理的基础理论

供应链成本管理虽然是在20世纪90年代提出的一种新的成本管理模式,但追溯其理论渊源,与前人关于成本管理的各种研究是分不开的。供应链成本管理的基础理论主要包括价值链理论、委托代理理论、交易成本理论和组织间成本管理理论等。

1)价值链理论

某一个价值链单元是否创造价值,关键是看它是否提供了后续价值链单元所需的东西,是否降低了后续价值链单元的成本。同时,任何一个企业均处于某行业价值链的某一段,价值链的上游是它的原材料或产品的供应商,下游是其分销商或最终顾客。这种价值链的相互联系成为降低价值链单元的成本及最终总成本的重要因素,价值链中各个环节的成本降低则是企业竞争优势的来源。价值链分析对于成本管理理论的最大贡献就在于它拓展了成本管理的视角,将成本管理的重心延伸到了组织边界,不再局限于企业内部,而是包括了价值链伙伴。

2)委托代理理论

委托代理理论的核心是解决在利益相冲突和信息不对称情况下,委托人对代理人的激励问题,即代理问题,包括提高代理效果和降低代理成本。从广义上说,存在合作的地方就存在委托代理关系,而供应链成本管理强调的就是关系管理,也就是合作与协调,因此,委托代理理论为其提供了分析的理论基础和方法框架。根据委托代理理论来分析处于供应链中的企业,处于上游的企业所扮演的是代理方的角色,而下游企业是委托方角色。存在委托代理关系就必然要发生代理成本,包括激励成本、协调成本和代理人问题成本等。在供应链成本管理中,就需要对这些成本进行分析,以期降低代理成本,优化代理效果,也就是在降低链条间企业的关系成本的同时达到良好的合作效果。

3)交易成本理论

交易成本(Transanction Costs)又称交易费用,最早由罗纳德·科斯在研究企业性质时提出,是指交易过程中产生的成本。交易成本包括"发现相对价格的工作"、谈判、签约、激励、监督履约等活动的费用。毫无疑问,利用外部资源将带来大量的交易成本。这就需要一种"围绕核心企业,通过信息流、物流、资金流的控制,从采购原材料开始,制成中间产品以及最终产品,最后由销售网络把产品送到消费者手中的,将供应商、分销商、零销商直到最终用户连成一个整体的功能性网链结构模式",这就是供应链。为了降低整个供应链的交易成本,企业之间应该建立紧密的合作伙伴关系,彼此信任,通过信息网络技术实现信息共享。

4)组织间成本管理理论

组织间成本管理(Interorganizational Cost Management,ICM)是在供应链中有合作关系的相关企业进行的一种成本管理方法,其目标是通过共同的努力来降低成本。为了完成这个目标,所有参与的企业应该认同"我们同坐一条船"的观点,并且要通过制度设计和合约安排鼓励它们在提升自身效率的同时增进整个供应链的效率,实现激励相容。如果整个供应链变得更加有效率,那么,它们各自能够分得的利润也就更多。因此,组织间成本管理是一种增加整个供应链利润的方法,在很大程度上依赖于协调,所以它只适用于精细型供应链,因为在精细型供应链中,买卖双方互相影响,信息共享程度也很高。

当然,供应链成本管理的基础理论除了上述理论之外,还包括博弈论、约束理论、生命周期成本理论等。

3. 供应链中成本管理的原则

1) 成本效益原则

供应链中成本管理的目的是以适当的成本实现高质量的顾客服务。不能无限度地提高服务水平,否则成本上升的速度太快,造成服务效率对应的销售收入水平和效益的提高不能弥补成本的增加,从而影响供应链的整体效益。例如,为了克服过分追求高水平服务的错误思想,避免过高的物流成本和出现过剩服务,企业可采用市场导向型物流服务战略,根据销售部门的反馈信息和参与竞争企业的服务标准,在充分了解市场需求和消费者承受能力的基础上,相应制定本企业的物流服务水准,控制物流成本。

2) 客户需求导向原则

供应链中的成本管理是一种需求拉动型的成本管理模式。这种模式下,顾客需求及客户订单成为生产、采购的拉动力,以控制资金占用成本。需求拉动生产,即有市场需求才组织生产,企业的产、供、销等经济活动都要适时、适量,从而达到减少存货占用资金、仓储费用、存货损失和价值损失等目的。

3) 从供应链联盟的整体出发控制成本的原则

传统的成本理论强调企业之间的竞争而忽略合作,成本管理也较重视交易过程的价格比较,通过供应商的多头竞争,从中选择价格最低者作为合作者,供应链的整体性体现在企业自身流通环节的整合和与上下游各节点企业间的整合两个方面。供应链成本管理,就是要摒弃传统的、部门分割的管理思想,把企业内部以及节点企业之间的各种业务看作一个整体功能过程,形成集成化供应链管理体系。集成化供应链管理思想要求企业通过整合,使供应链整体成本达到最低。

4) 供应链成本管理手段应多样化原则

供应链管理的有效实现应采用多样化的技术和管理手段。例如,企业可以利用信息技术和供求信息在企业间的整合,建立客户管理系统、供应链管理系统、合作伙伴关系管理系统、全球采购系统和电子商务系统等技术支撑体系,改善企业传统业务标准,降低成本。

5) 加强合作、信息共享原则

在传统模式下,采购方很难参与供应商的生产组织过程和有关质量控制活动,相互间工作是不透明的,这就加大了验收时的质量控制难度。在采购过程中,采购一方处于有利位置,往往截留部分需求信息,人为设置沟通障碍,同时供应商们也隐瞒部分信息,采购双方都限制了有效的信息沟通。信息不对称加大了采购双方的成本。因此,对于供应链合作伙伴来说,信息共享是至关重要的,无论是生产商还是经销商,都应随时获得反映供应链运行情况的信息。这种信息共享建立在体系更深层次的合作关系之上,要求各合作伙伴之间建立更深层次的信任,而不是简单的数据关系。

任务 8.2　供应链成本控制的方法

供应链的成本控制是供应链管理的本质要求和表现形式,是企业经济决策的核心,直接影响企业的获利能力。目前比较常用的供应链成本控制方法有作业成本法、目标成本法、平衡计分法和生命周期成本法等。

8.2.1　作业成本法(ABC法)

1.作业成本法的原理

自 20 世纪 80 年代以来,作业成本法(Activity-based Costing,ABC)在理论和实践上产生了重要的影响。作业成本管理是一种战略成本管理模式,它是在满足顾客需要的前提下,通过优化企业整体价值链,进而增强企业竞争优势的一种成本管理方法。作业成本法的基本理念是"作业消耗资源,产品或服务耗费作业",如图 8-2 所示;其目标是将成本动因引起的资源耗费更恰当地分配到产品或服务中,如图 8-3 所示。作业成本法不仅仅是一种会计工具,也是确定企业竞争优势和战略地位的战略工具。

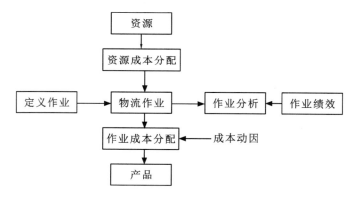

图 8-2　作业成本法的基本理念

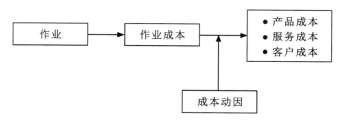

图 8-3　作业成本的分配

【知识链接8-1】

作业成本法的起源

作业成本法又称巴雷托分析法、主次因素分析法、ABC分析法、分类管理法、重点管理法。它以某一具体事项为对象进行数量分析,以该对象各个组成部分与总体的比重为依据,按比重大小的顺序排列,并根据一定的比重或累计比重标准将各组成部分分为A、B、C三类,A类是管理的重点,B类是次重点,C类是一般,然后按巴雷托曲线所示意的主次关系进行分类管理。作业成本法广泛应用于工业、商业、物资、人口及社会等领域,涉及物资管理、质量管理、价值分析、成本管理、资金管理、生产管理等许多方面。它的特点是既能集中精力抓住重点问题进行管理,又能兼顾一般问题,从而做到用最少的人力、物力、财力实现最好的经济效益。

作业成本法的主要程序是:①收集数据,列出相关元素统计表;②汇总和整理统计数据;③进行分类,编制ABC分析表;④绘制ABC分析图;⑤根据分类,确定分类管理方式,并组织实施。

2.作业成本法的运用

1)作业成本法应用于供应链成本管理的要求

运用作业成本法进行供应链成本管理,要求供应链中的各节点企业以系统理论和信息技术为基础,运用作业成本管理的思想,对供应链的流程进行重新设计和重点控制。一方面,将成本管理的重心深入到供应链作业层次,尽可能消除"非增值作业",改进"增值作业",优化"作业链"和"价值链",从成本优化的角度改造作业和重组作业流程;另一方面,对供应链中的各项作业进行成本—效益分析,确定关键作业点,从而有针对性地重点控制供应链成本。

在供应链成本中,直接成本易于辨别并被归集、分配到成本对象中去,对间接费用的正确分配则有一定的难度,而在企业的柔性化生产中,间接费用占越来越大的比重。作业成本法在间接费用的确认、分配上有较大的优越性,它提供了正确的分析工具和信息,使供应链管理者用少量的资源进行有效的经营管理。成本动因是引起作业成本变化的因素,任何成本的发生都是受成本动因驱动的。作业分析和成本动因分析是作业成本法正确计算和分配成本的基础。

供应链作业成本是从供应链的视角,以作业和交易为基础,通过分析间接费用来优化产品的总成本。因此,在供应链作业成本中,需要分析传统企业层的间接费用(作业成本)和供应链层的间接费用(交易成本),交易成本要根据与客户、供应商之间的合同谈判等交易行为来分析。在供应链中,所有参与的企业和部门共同确定交易和作业以及相关的成本动因。因此,从供应链的视角来看,成本动因的分析不能局限在企业内部发生的作业,而要与供应商和客户的合作等作业活动联系起来。更重要的是,对成本动因的正确理解能使管理者更好地决策,提高组织业绩。

2)作业成本法在供应链成本管理中的运用步骤

如前所述,作业成本法应用于供应链成本核算的理论基础是:产品消耗作业,作业消耗资源并导致成本的发生,从而把成本核算深入到作业层次。它以作业为单位收集成本,并把作业成本按作业动因分配到产品。因此,应用作业成本法核算供应链物流进而进行管理,可分为如下四个步骤。

第一步,界定供应链物流系统中涉及的各个作业。作业是工作的各个单位(Units of Work),作业的类型和数量会随着供应链的不同而不同。

第二步,确认供应链物流系统中涉及的资源。资源是成本的源泉,包括直接人工、直接材料、生产维持成本(如采购人员的工资成本)、间接制造费用以及生产过程以外的成本(如广告费用)。资源的界定是在作业界定的基础上进行的,每项作业必涉及相关的资源,与作业无关的资源应从物流核算中剔除。

第三步,确认资源动因,将资源分配到作业。作业决定着资源的耗用量,这种关系称作资源动因。资源动因联系着资源和作业,它把总分类账上的资源成本分配到作业。表 8-1 是资源费用表的一个实例。

表 8-1　各类资源费用及分类

分类	说明
直接变动成本	员工工资、燃油费、路桥费
间接变动成本	订单处理费、折旧费、保险费、车辆维修费、其他相关费用

第四步,确认成本动因,将作业成本分配到产品或服务中。作业动因反映了成本物件对作业消耗的逻辑关系,例如,问题最多的产品会产生最多的顾客服务电话,故按照电话数的多少(此处的作业动因)把解决顾客问题的作业成本分配到相应的产品中去。表 8-2 是某活动及相应成本分析的实例。

表 8-2　活动及相应的成本动因

活动名称	资源动因
订单处理作业	订单量、人工工时
生产作业	人工工时
质检作业	人工工时
分拣作业	人工工时
首次配送作业	自营物流车辆数
分拨配送作业	外包物流车辆数

【案例分析 8-2】

作业成本法在库存成本计算中的运用

库存成本在间接成本中占很大比重,约为四分之一。传统的成本计算是将所有存货都以单要素为基准(如重量、数量等),按统一标准——例如每千克 1 元的平均储存成本进行成本分配。作业成本法则是将库存分成存放和整理两种作业。存放成本动因是装满某种存货的货箱占用场地的成本。单位存货的存放成本是指全年存放总成本除以货箱的占位个数,每个占位的年租金除以365天得出日租金。结合各存货平均周转天数计算该存货的停留天数,用它乘以每千克存货的日租金额得到每千克存货的存放成本。整理成本是整理、摆放及挪动货箱的成本,通过总整理成本除以货箱的个数,再根据每种货箱的承载重量可以计算得出每千克产品的整理成本。根据原材料和产成品单位重量的存放和整理成本,可以得出各产品单位重量的储存成本。

【分析】作业成本法计算的存货储存成本更合理,有利于管理者对存货进行有效管理,科学控制库存。

3) 供应链作业成本法的主要优点

供应链作业成本法的主要优点主要表现在如下几个方面:

(1) 为管理者进行供应链决策提供了更容易、更准确的成本信息,有利于管理者洞察作业完成情况,提高企业竞争优势;

(2) 为管理者提供了可靠和有效的相关作业成本的计量,通过对价值增值过程的观察,有助于进行产品和过程决策;

(3) 为供应链管理者提供了更相关、更丰富的产品成本,有利于管理者更好地计算利润,进行供应链价格、市场和资本投资决策。

实践证明,作业成本法是供应链成本管理中非常重要的方法,它使得企业能够辨别引起间接费用发生的多数作业,从而更准确计算相应的成本并进行更有效的分析和控制。

【案例分析8-3】

作业成本法应用实例分析

如表8-3、表8-4所列,某企业配送部门经作业界定、活动资源及资源动因确定,明确每种作业活动在一周中的总成本,再经统计一周内每种作业活动项目的数量,就可明确企业每一作业活动的单位成本,将作业活动成本分配到不同的产品或服务中,即可进一步明确在每一次不同的服务中企业花费的成本,帮助企业进行决策分析。

表8-3 作业活动及费用表

作业活动 资源成本	拣选	检验	贴标签	包装	合计
人工费(元/周)	30 000	20 000	10 000	10 000	70 000
空间费(元/周)	20 000	5 000	5 000	10 000	40 000
设备费(元/周)	10 000	5 000	5 000	2 000	22 000
材料费(元/周)	—	—	1 000	5 000	6 000
合计	60 000	30 000	21 000	27 000	138 000

表 8-4　活动及成本表

作业活动项目	挑选	检验	贴标签	包装
作业活动成本(元/周)	60 000	30 000	21 000	27 000
作业活动项目数量(箱/周)	12 000	3 000	10 500	3 000
单位作业活动成本(元/箱)	5	10	2	9

正确的物流成本核算只是进行物流成本管理的基础,更重要的是要对成本核算得到的成本数据加以利用,以进行物流管理。对这一问题,我们可以同样举例说明。假设某配送中心为X、Y、Z三个客户提供某种产品的配送服务,三个客户在一个月内为中心带来的销售额相同,订货需求如表 8-5 所列。

表 8-5　订货需求表

	X 客户	Y 客户	Z 客户
订货总数(个)	100	100	100
订货次数	5	4	10
订货数/次	20	25	10

若中心内该货物的包装单位为 20 个/箱,则不同的订货需求产生不同的配货服务内容,如表 8-6 所列。

表 8-6　不同的订货需求产生不同的配货服务内容

	X 客户	Y 客户	Z 客户
挑选散货数	0	20	100
整箱挑选	5	4	0
移动次数	5	4	10

按前述方法计算可得:每个散货挑选的单位成本为 1 元;每箱商品挑选的单位成本为 1.5 元;移动的单位成本为 5 元。则企业在为三个客户服务时支付的成本如表 8-7 所列。

表 8-7　企业在为三个客户服务时支付的成本

	X 客户	Y 客户	Z 客户
散货挑选费用(元)	0	20	100
整箱挑选费用(元)	7.5	6	0
移动费用(元)	25	20	50
费用合计(元)	32.5	46	150

由此可见,尽管三个客户带来的销售额相同,但由于订货内容不一样,物流成本有着明显的差异,差异甚至达到数倍。显然,这种差异在传统成本核算中是无法了解的。运用作业活动成本法,可以明确每一种服务的成本,也就便于企业进行控制和选择。

按照上述核算结果,企业为 X 客户提供服务的成本是最低的,提供的服务水平却高于 Y 客户,因为它更有利于客户存货投资成本的降低。因此,企业与 X 客户的沟通应该不存在任何问题,更高水平的服务是任何客户都愿意接受的,而企业也可以在提高服务水平的同时降低成本。对于Z客户来说,虽然提供的是最高水平的服务,但无疑成本也是最高的。对于改善的方法,需要与供应商进行沟通,例如,提供10个一箱的小包装,也许会在不增加太多成本的基础上提高客户的满意度;或者,干脆提高向Z客户的收费,平衡服务水平和成本。

小思考 8-1

【问题】物流企业运用活动分析法时要注意哪些问题?

【回答】物流企业运用活动分析法时要注意以下问题。

(1)应正确识别及合理划分活动项目。活动的划分要明确和适当,划分的范围太大,难以发现成本管理的问题所在;划分得太细,则会加大核算和管理的成本,不符合成本效益原则。

(2)应合理选择成本动因。成本动因的选择要遵循会计核算的基本原则,同时也要考虑其他方面的因素,比如成本数据取得的难易程度、成本动因所计算出的活动与实际活动的相关程度、由成本动因所引起的行为作用大小等。

(3)应逐步推行活动分析法。活动分析法的具体计算过程非常复杂,需要精确而高效的成本管理系统和相关数据支持。企业可采取循序渐进的形式,根据企业情况完善数据系统,然后一步一步推行活动分析法。

8.2.2 目标成本法

1. 目标成本法概述

目标成本法是日本制造业创立的成本管理方法,这一方法目前已经得到了广泛采用。目标成本法的目的在于将客户需求转化为所有相关流程的强制性竞争约束,以此来保证将来的产品能够创造出利润。目标成本法以给定的竞争价格为基础决定产品的成本,以保证实现预期的利润,即首先确定客户会为产品、服务付多少钱,然后再回过头来设计能够产生期望利润水平的产品、服务和运营流程。目标成本法使成本管理模式从"客户收入=成本价格+平均利润贡献"转变到"客户收入-目标利润贡献=目标成本"。在日本,目标成本计算与适时生产(JIT)系统密切相关,它包括成本企划和成本改善两个阶段。

目标成本法的流程主要包括三个部分:在第一部分,市场驱动型成本核算是确定产品的准许成本,这是产品在预期销售价格下销售并且保证一定利润水平时所能发生的最高成本,准许成本是由目标销售价格减去目标利润得到的;第二部分就是确定可完成的产品层次的目标成本;第三部分就是设定产品包含的每个组件的目标成本。

【知识链接 8-2】

购货方与供应商共同合作的动因

购货方组件层次的目标成本决定了供应商的销售价格,从而就将它面临的市场竞争压力转嫁给了供应商。这种压力是通过组件转移的,因而为供应商确定成本降低工作的重点指明了方向。其结果就是购货方与供应商共同合作,进行成本管理工作。正是这种携手合作对于目标成本法效果的重要性,使得目标成本法真正成为一种跨企业成本管理的技术。其跨企业含义主要体现在以下三个方面:第一,购货方必须设定可完成的组件层次的目标成本,如果供应商认为组件层次的目标成本无法完成,那么他们努力的积极性就会降低;第二,购货方必须选择适当的方法对供应商应用目标成本法,这个问题的核心在于他们在设置和完成成本降低目标时是否给予供应商足够的自由空间;第三,购货方可以设置激励系统来激发供应商的创新能力和提高成本降低率。

2.目标成本法在供应链成本管理中的运用

1) 目标成本法在供应链成本管理中的应用原理

为了更有效地实现供应链管理的目标,使客户需求得到最大程度的满足,应从战略的高度进行成本管理分析,与战略目标相结合,使成本管理与企业经营管理全过程的资源消耗和资源配置相协调,因而产生了适应供应链管理的目标成本法。

目标成本法是一种全过程、全方位、全人员的成本管理方法。全过程是指供应链从产品生产到售后服务的一切活动,包括供应商、制造商、分销商在内的各个环节;全方位是指从生产过程管理到后勤保障、质量控制、企业战略、员工培训、财务监督等企业内部各职能部门各方面的工作以及企业竞争环境的评估、内外部价值链、供应链管理、知识管理等;全人员是指从高层经理人员到中层管理人员、基层服务人员、一线生产员工。目标成本法在作业成本法的基础上来考察作业的效率、人员的业绩、产品的成本,弄清楚每一项资源的来龙去脉、每一项作业对整体目标的贡献。总之,传统成本法局限于事后的成本反映,而没有对成本形成的全过程进行监控;作业成本法局限于对现有作业的成本监控,没有将供应链的作业环节与客户的需求紧密结合起来;目标成本法则保证供应链成员企业的产品以特定的功能、成本及质量生产,然后以特定的价格销售,并获得令人满意的利润。

目标成本法是由三大环节形成的一个紧密联系的闭环成本管理体系:①确定目标,层层分解;②实施目标,监控考绩;③评定目标,奖惩兑现。

与传统成本管理方法的明显差异在于,目标成本法不是局限于供应链企业内部来计算成本。因此,它需要更多的信息,如企业的竞争战略、产品战略以及供应链战略。一旦有了这些信息,企业就可以从产品开发、设计、制造以及整个供应链物流的各环节进行成本管理。在目标成本法应用的早期,通常,企业首先通过市场调查来收集信息,了解客户愿意为某种产品所支付的价格,以及期望的功能、质量,同时还应掌握竞争对手所能提供产品的状况。公司根据市场调查得到的价格,扣除所需要得到的利润以及为继续开发产品所需的研究经费,这样计算出来的结果就是产品在制造、分销和加工处理过程中所允许的最大成本,即目标成本,用公式表示就是:产品目标成本=售价-利润。

一旦建立了目标成本,供应链企业就应想方设法来实现目标成本。为此,要应用价值工程(VE)等方法,重新设计产品及其制造工艺与分销物流服务体系。一旦供应链企业寻找到在目标成本点满足客户需求的方法,或者企业产品被淘汰以后,目标成本法的工作流程也就宣告结束。

目标成本法将客户需求置于供应链企业制定和实施产品战略的中心地位,将满足和超越在产品品质、功能和价格等方面的客户需求作为实现和保持产品竞争优势的关键。

2)目标成本法的三种形式

供应链成员企业间的合作关系不同,所选择的目标成本法也不一样。一般说来,目标成本法主要有三种形式,即基于价格的目标成本法、基于价值的目标成本法、基于作业成本管理的目标成本法。

(1)基于价格的目标成本法

基于价格的目标成本法最适用于契约型供应链关系,而且供应链客户的需求相对稳定。在这种情况下,供应链企业所提供的产品或服务变化较少,也就很少引入新产品。目标成本法的主要任务就是在获取准确的市场信息的基础上,明确产品的市场接受价格和所能得到的利润,并且为供应链成员的利益分配提供较为合理的方案。在基于价格的目标成本法的实施过程中,供应链成员企业之间达成利益水平和分配时间的一致是最具成效和最关键的步骤:应该使所有的供应链成员都获得利益,但利益总和不得超过最大许可的产品成本;而且,达成的价格应能充分保障供应链成员企业的长期利益和可持续发展。

(2)基于价值的目标成本法

通常,市场需求变化较快,需要供应链有相当的柔性和灵活性,特别是在交易型供应链关系的情况下,往往采用基于价值的目标成本法。为了满足客户的需要,供应链企业必须向市场提供具有差异性的高价值的产品,这些产品的生命周期多半不长,这就增大了供应链运作的风险。因此,必须重构供应链,以使其供应链成员企业的核心能力与客户的现实需求尽可能匹配。有效地实施基于价值的目标成本法,通过对客户需求的快速反应,能够实质性地增强供应链的整体竞争能力。然而,为了实现供应链成员企业冲突的最小化以及减少参与供应链合作的阻力,链上成员企业必须始终保持公平的合作关系。基于价值的目标成本法以所能实现的价值为导向进行目标成本管理,即按照供应链上各种作业活动创造价值的比例分摊目标成本,这种按比例分摊的成本成为支付给供应链成员企业的价格。一旦确定了供应链作业活动的价格或成本,就可以运用这种目标成本法来识别能够在许可成本水平完成供应链作业活动的成员企业,并由最有能力完成作业活动的成员企业构建供应链,共同运作,直到客户需求发生进一步的变化、需要重构供应链为止。许多供应链成员企业发现它们始终处于客户需求不断变化的环境中,变换供应链成员的成本非常高。要使供应链存续与发展,成员企业必须找到满足总在变化的客户需求的方法。在这样的环境条件下,基于价值的目标成本法仍可按照价值比例分摊法在供应链作业活动间分配成本。但是,供应链成员企业必须共同参与重构活动,以保证每个成员的价值贡献正好与许可的目标成本相一致。

(3)基于作业成本管理的目标成本法

基于作业成本管理的目标成本法适用于紧密型或一体化型供应链关系,要求供应链客户的需求是一致的、稳定的和已知的,通过协同安排实现供应链关系的长期稳定。为有效运用这种方法,要求供应链能够控制和减少总成本,并使得成员企业都能由此而获益。因此,供应链成员企业必须尽最大的努力以建立跨企业的供应链作业成本模型,并通过对整体供应链的作业分析,找出其中的不增值部分,进而从供应链作业成本模型中扣除不增值作业,以设计联合改善成本管理的作业方案,实现供应链总成本的合理化。目标成本法的作用在于激发和整合成员企业的努力,以连续提升供应链的成本竞争力。因此,基于作业成本管理的目标成本法实质上是以成本加成定价法的方式运作,供应链成员企业之间的价格由去除浪费后的完成供应链作业活动的成本加市场利润构成。这种定价方法促使供应链成员企业剔除基于自身利益的无效作业活动。诚然,供应链成员企业通过"利益共享"获得的利益必须足以使它们致力于供应链关系的完善与发展,而不为优化局部成本的力量所左右。

8.2.3 平衡计分法

1. 平衡计分法的原理

在供应链成本控制系统下,企业的管理思想发生了巨大变化,更加强调组织之间的协调、合作和运营管理。平衡计分法(Balanced Score Card,BSC)的核心思想就是在一系列指标间形成平衡,即短期目标和长期目标、财务指标和非财务指标、滞后型指标和领先型指标、内部绩效和外部绩效之间的平衡。平衡供应链计分法(Balanced Supply Chain Score Card,BSC.SC)是一种新型的供应链绩效评价方法。它根据供应链运作特点,参考平衡计分法的角度和指标,提出了四个评价角度——顾客导向、财物价值、内部流程、未来发展,在一个实时的基础上对所有关键指标进行监测。

平衡供应链计分法的四个角度代表了供应链、客户、供应链企业的利益,有利于从整体上把握供应链战略和供应链运作的内在关系,变单纯的绩效评价为绩效管理,这也使得四个角度的目标和任务都具有新的特点,见图8-4。

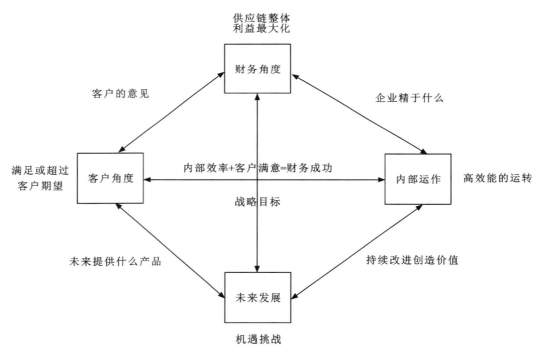

图 8-4 平衡供应链计分法的四个评价角度

2. 使用平衡供应链计分法要注意的关键因素

使用平衡供应链计分法时,要注意如下几个关键因素。

(1)从客户角度出发,尽最大努力满足顾客期望,包括:建立和保持与客户的密切关系;快速响应并满足客户的特定需求;提高供应链客户群的价值。

(2)从供应链内部运作角度出发,在合理的成本下以高效率方式进行生产,包括:实现较低的流程运作成本;实现较高的柔性—响应性;提高供应链中增值活动的比率。

(3)从未来发展的角度看,注重改进创新,抓住发展机遇,包括:加强信息共享,减少信息不对称,消除信息失真;与合作伙伴共赢,稳定战略联盟;进行生产、管理方面的技术开发。

(4)从财务角度整合供应链,谋求供应链价值最大化,包括:保证各合作伙伴在供应链中充分发挥各自的作用;系统、严密地控制成本;使现金流得以更好地优化,获得更高的收益和资本回报率;提高供应链资本收益率,该指标等于客户的利润除以在此期间使用的供应链的平均资产,它反映了使用其资产的增值性绩效的大小。

8.2.4 生命周期成本法

1. 生命周期成本法的原理

生命周期成本法(LCC)源于 20 世纪 60 年代美国国防部对军工产品的成本计算。随着价值工程、成本企划等先进管理模式的诞生,生命周期成本法在成本管理中越来越多地被运用,它可以满足企业定价决策、新产品开发决策、战略成本管理、业绩评价等的需要。

目前,对于生命周期成本法还没有达成统一的理解,大多是依据 Kenneth Blanchard 和 Wolter J. Fabrycky 的定义:"生命周期成本是指在系统的生命周期中与该系统相关的所有成本。"在生命周期成本法下,产品使用者承担的成本(包括使用成本和周期结束成本)负责补充在传统上由产品生产商所承担的成本,并且除了考虑实物流程及其相关物资和能源流动(LCI)的成本外,还要考虑劳动力和使用知识(如专利)的成本以及交易成本(如信息流)。例如,在生命周期中需要考虑产品的开发成本。这样,就可以确定产品开发、生产、使用、周期结束所产生的所有成本,并据此识别生命周期和供应链中的成本驱动因素及其背反关系,以开发和生产总成本最小的产品。产品生命周期成本如图 8-5 所示。

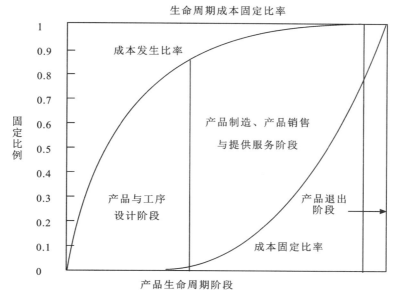

图 8-5 产品生命周期成本

2. 基于供应链管理的生命周期成本法

供应链管理的精髓可以概括为三点：一是从最初原材料的获取到最终产品的交付为止的产品整个生命周期的作业管理和流程管理，这就是供应链管理的流程视角，与供应链协会（Supply Chain Council）1997 年发布的供应链参考模型（Supply Chain Reference Model，SCOR）是一致的；二是强调供应链节点企业之间的关系，尤其是企业与供应商之间的伙伴关系；三是供应链企业之间的信息流动与共享。应该说这三个方面都与成本管理密切相关。Cooper 和 Slagmulder（1999）基于供应链管理的上述思想，将供应链成本管理划分为产品和关系两个维度，并根据生命周期成本管理的思想将每个维度具体划分为构建和运营两个阶段，这样便形成了如图 8-6 所示的四个区域的供应链管理的产品—关系矩阵。

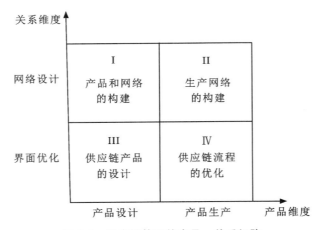

图 8-6 供应链管理的产品—关系矩阵

第一个区域由产品设计和网络设计组合而成，要解决两个方面的问题：一个是生产什么样的产品，这个问题的前提当然首先涉及为谁生产，即最终顾客是谁，其消费偏好和价值主张（Value Proposition）是什么，因此，在一定程度上也涉及供应链的组成；另一个是由谁参与产品的生产，即供应链的组成企业有哪些，其内部结构如何，内部各节点企业的权利、利益分配及信息共享关系如何处理。一般认为，供应链企业之间结成伙伴关系比传统松散的市场关系具有优越性，能带来关系性租金。

第二个区域由产品生产和网络构建组合而成，即在产品主要功能和结构设计完成以后，选择哪些企业组成、参与供应链完成产品的生产，这个过程的关键问题就是供应商的选择。传统的供应商选择是采用比价采购的方法，即哪个供应商的报价低，就选用哪个供应商。随着采购管理和全面质量管理的采用，单纯的比价采购受到诟病，而综合考虑质量、成本、交货期的多目标决策模型得到重视，在理论上受到推崇，但在实务中采用甚少。随着作业成本法的广泛应用，全部所有权成本（TCO）在供应商选择和评价中得到广泛应用。

第三个区域由产品设计和网络界面优化组合而成，即在供应链组成结构基本确定的情况下进行的产品设计，主要包括两个部分的内容：一个是零部件设计作业的自营和外包，即哪部分设计和开发属于自己的核心能力，其他部分则可以外包给主要合作伙伴，由主要供应商具体设计零部件的内部功能和结构；另一个是在整体产品设计的过程中，让供应商和零售商参与进来,以便听取他们的意见,并利用其专用技术。

最后一个区域是在产品结构和供应链结构都已选定条件下的成本管理,其主要聚焦点在于各节点企业之间的界面优化和生产过程中的流程优化,其主要工具有作业成本法和改善成本法(Kaizen Costing)。因此,这一阶段成本管理的实质是在接受现有供应链结构和产品结构的前提下,寻找现有结构下交易和流程改进的潜力,缩短产品生产周期、提高效率、降低库存成本,也就是在解决了生产什么样(What)的产品和由谁(Who)生产的前提下,解决如何(How)高效地生产的问题。

【知识链接 8-3】

供应链成本管理的三维分析模型

在供应链管理的产品—关系二维分析框架基础上,Stefen Seuring 进一步将成本的三个组成部分加入其中,得到供应链成本管理的三维分析模型,如图 8-7 所示。从直接成本到作业成本、交易成本体现了成本划分层次的进一步拓展。按照 Seuring 的观点,交易成本主要是企业之间的作业和活动产生的成本,因此,交易成本跨越了不同企业;而传统作业成本法下的作业成本主要是企业内部支持性作业产生的间接成本,作业成本不构成产品成本的直接内容,因此,作业成本局限于本企业内部,但可以跨越不同的部门,而且一般发生在生产辅助部门和企业管理部门;直接成本主要包括直接材料和直接人工,构成产品价值的直接内容,直接生产成本局限于生产部门内部。二维模型将成本发生的时间和空间分布整合在一起,为供应链成本分析提供了一个系统的分析框架,即供应链成本管理不仅要在不同时间阶段进行成本管理与权衡,而且要在不同企业之间统一筹划,三维模型则进一步提出了要在不同成本内容之间进行

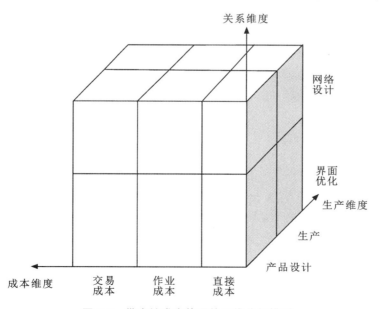

图 8-7　供应链成本管理的三维分析模型

统一筹划与权衡的要求。应该说,三个维度之间也是有一定的关联的,除了三类成本动因的不同空间分布外,交易成本和作业成本一般主要发生在网络设计和产品设计阶段,而直接成本主要发生在产品生产阶段。由于时间发生的不同,成本性态表现和管理的重点也不同,交易成本表现为固定性和沉没性,同时表现为很强的风险性,需要进行早期管理。而直接成本表现为变动性,具有持续改善的要求,除了要有设计阶段的事前规划外,后期生产阶段的管理也很重要。

● 基本训练

□ 知识题

1.1 阅读理解

1. 简述供应链成本及供应链成本管理的含义。
2. 供应链成本管理的特点有哪些?
3. 简述作业成本法、目标成本法的原理。
4. 简述生命周期成本的含义。
5. 简述平衡计分法的核心思想。

1.2 知识应用

1. 判断题

(1) 基于作业成本管理的目标成本法适用于紧密型或一体化型供应链关系,供应链管理目标在于降低成本。( )

(2) 劳动成本不属于供应链成本。( )

(3) 产品设计对供应链成本起着相当重要的作用,设计不合理的产品将会大大增加供应链的复杂程度。( )

(4) 顾客满意不是供应链成本管理的前提,信息来源多样化是供应链管理环境下的主要特征。( )

(5) 供应链作业成本是从供应链的视角,以作业和交易为基础,通过分析间接费用来优化产品的总成本。( )

2. 选择题

(1) 使用平衡供应链计分法时要注意的关键因素有(   )。
A. 从客户角度出发,尽最大努力满足顾客期望
B. 从供应链内部运作角度出发,在合理的成本下以高效率方式进行生产
C. 从未来发展的角度看,注重改进创新,抓住发展机遇
D. 从财务角度整合供应链,谋求供应链价值最大化

(2) 供应链成本的构成包括(   )。
A. 供应链总运营成本　　　　　　　　B. 库存成本
C. 供应链核心企业产品成本　　　　　D. 供应链管理总成本

(3) 供应链成本管理的基础理论包括(   )。
A. 价值链理论　　　　　　　　　　　B. 委托代理理论
C. 交易成本理论　　　　　　　　　　D. 组织间成本管理理论

(4)供应链中成本管理的原则包括(　　　)。
A. 成本效益原则
B. 客户需求导向原则
C. 从供应链联盟的整体出发控制成本的原则
D. 目标一致原则

(5)形成目标成本法这一紧密联系的闭环成本管理体系的三大环节包括(　　　)。
A. 确定供应链企业　　　　　　　　B. 确定目标,层层分解
C. 实施目标,监控考绩　　　　　　D. 评定目标,奖惩兑现

□ 技能题

实训内容:到某一大型企业收集关于物流的成本数据。

实训目的:通过和企业近距离接触和亲自动手收集数据,利用供应链成本管理方法进行分析,得出相应的结论,并提出相应的成本管理措施。

实训要求:认真观察、了解财务数据的收集过程,将课本所学知识用到实践中去。若有可能,自己亲自动手收集数据。基于所收集的数据,利用所学方法进行成本分析,发现问题所在,然后针对分析结果,以小组为单位进行讨论,得出解决问题的措施。

● 综合案例

案例1　从成本中心到利润中心

在物美配送中心落成之时,一家叫作鼎立三通的物流公司浮出水面。在物美内部人看来,它是物美的配送中心;但在外人看来,它是一个独立的第三方物流企业。这反映出物美集团构建供应链方面的一个理念:将企业物流做成物流企业,实现由成本中心向利润中心的转变。鼎立三通除了给物美做配送之外,甚至将配送业务延伸到了一些竞争对手的卖场。

作为企业物流,总部对它的考核指标主要有送货及时率、配送额、送货满足率、库存周转率等几项。但是作为独立运作的物流公司,考核指标在这几项之外还要加上税前净收益。于剑波博士告诉《中国经营报》记者:"我们之所以将物流作为单独的公司纳入考核,是因为在这之前有了一定的实践和摸索。"据于剑波博士介绍,物美位于北京市朝阳区的百子湾配送中心在2009年下半年实现了盈利。随着新物流中心的落成,百子湾物流中心关闭。于剑波博士说:"如果你的配送能力到达一定程度,配送效率高,配送成本低于供应商配送的成本,你就可以实现盈利。那时候供应商很愿意将自己的物流交给你来做。"据于剑波博士介绍,物美便利店的配送比率达到了90%以上。大卖场和标准超市的配送比率约为60%。他表示:"你要知道,大卖场部分生鲜商品是联营商来运作的,把这部分刨去,70%的比率已经很高了。"物美集团之所以提高配送比率,主要是为了控制门店的到货满足率,而到货满足率与销售额的增长紧密相关。

基地采购也是配送中心的一大利润来源。每年夏季,物美有一个叫作"山东蔬果节"的促销档期。例如,某年5月份产自烟台的苹果,物美的门店卖到每斤2.98元,而在竞争对手那里,这个价格是3.58元。原来,当苹果还只是花朵的时候,物美的采购员就已经与山东的果农签订了协议,要求承包一片区域的苹果。"这个时候谈判价格便宜,等苹果'下来'了就不是这个价了。"而山东的合作农户在苹果"下来"之后采用一种叫作气调库的仓储将苹果保存起来,

一直可以卖到来年。

问题：物美配送中心是如何实现从成本中心到利润中心的转变的？

案例2　戴尔电脑公司的低成本管理

戴尔电脑公司独创了一种著名的商业模式——"戴尔模式"，或曰"直销"模式。在该模式下，公司直接通过网站和电话接受客户订单，然后按单生产，并以最快速度直接将产品寄送到客户手中，实现按单装配、产品直销、低成本、高效率，这就是"戴尔模式"的精要。正是依靠这种模式，辅以高效率的生产流程和科学的成本控制管理，在过去20多年里，戴尔公司在个人电脑市场取得了成功。

戴尔创造了在业界号称"零库存、高周转"的直销模式，即公司接到订货单后，将电脑部件组装成整机，采用"拉式"生产，做到了真正按顾客需求定制生产，而不是像很多企业那样采用传统型"推式"生产，即根据对市场的预测制定生产计划，批量制成成品再推向市场。通过互联网等信息技术，戴尔公司和其上游配件制造商能全面管理生产过程，迅速对客户订单做出反应：当订单传至戴尔的控制中心，控制中心把订单分解为子任务，并通过网络分派给各独立配件制造商进行排产。各制造商按戴尔的电子订单进行生产组装，并按戴尔控制中心的时间表来供货。戴尔所需要做的只是在成品车间完成组装和系统测试以及提供客户服务。由于戴尔采用了顺应多品种、小批量、高质量、低消耗、快速度的市场需要的JIT生产方式，并且在生产过程中采用了适时适量、同步化生产、看板方式及生产均衡化等措施，使得公司仅需要准备完成手头订单所需要的原材料，因此，工厂的库存时间仅有7个小时。这一切取决于戴尔雄厚的技术基础——装配线由计算机控制，条形码使工厂可以跟踪每一个部件和产品。在戴尔内部，信息流借助于自己开发的信息系统，和企业的运营过程及资金流同步，信息极为通畅。

此外，戴尔供应链中的一个明显特点就是服务外包的比重较高，其下游链条里没有分销商、批发商和零售商这样的传统角色，而是通过电话、面对面交流、互联网订购直接拿到客户的订单从而将产品卖给顾客，即B2C模式。通过服务外包，由代理服务商向顾客提供售后服务和技术支持，此举既提高了客户服务的专业化水平，又避免了公司的组织结构过度庞大。这种物流体系极大程度地拉近了企业与客户、供应商之间的距离，降低了企业运营成本与风险，同时能对市场迅速做出反应，从而获得极高的市场销售额和占有率。

一般认为，戴尔的成功可以归因于自身的核心竞争力，即低成本、高效率和高水平的服务。低成本一直是戴尔的生存法则，也是"戴尔模式"的核心，而低成本必须通过高效率来实现。戴尔的生产和销售流程以其精确管理、流水般顺畅和超高效率著称，从而有效地将成本控制在最低水平。

此外，公司另一个取胜之道就是适时实行多元化的经营战略，即精确地找到高技术产品市场的切入点，迅速抢夺竞争对手的市场份额，打造自身成功的供应链。

问题：从供应链成本管理的角度看，戴尔是如何将成本控制在最低水平的？这种模式在中国适用吗？

● 综合实训

一、实训目的

针对供应链经营运作系统的实际问题,提高学生应用所学供应链成本管理方法进行分析、提出解决方案的能力。

二、背景资料

在一项广告促销活动中,根据预先设置的业务规则和阈值,零售商系统可以通过分析由供应商发来的库存、产量和发货信息来确定活动期间是否会发生断货情况。如果预测会有断货,系统会发通知给协调人员,并对供应链的相应组成部分进行自动处理;若预测到推迟交货,系统会向其他物流服务供应商发出发货请求;若数量有差异,则会自动向其他供应商发出重新订购请求。

三、实训要求

1. 以 5～6 人为一组,进行合理分工,每人应有明确的任务。
2. 认真考察当地一家知名企业,熟悉其成本管理的制度、方法和手段。
3. 根据所学知识,对背景中的供应链成本管理进行分析。
4. 在分析的基础上,为供应链成本管理提出改进措施。
5. 撰写实践报告,并做出 PPT。
6. 实践报告完成后,开设课堂讨论课,相互交流实训经验。

项目9 智慧供应链绩效评价与激励机制

·思政目标·

◎不断激励自己和他人取得更大成绩。

·知识目标·

◎明确供应链绩效评价的概念;
◎了解供应链绩效评价的指标体系;
◎熟知供应链标杆管理制度;
◎掌握供应链管理的激励措施。

·技能目标·

◎能运用科学指标体系对供应链绩效进行评价;
◎能根据评价结果改进供应链结构;
◎能建立符合供应链运行规律的激励机制。

 /【引例】/

弗莱克斯特罗尼克斯国际公司成功的供应链绩效管理

电子制造服务(EMS)提供商弗莱克斯特罗尼克斯(Flextronics)国际公司多年前面临着一个既充满机遇又充满挑战的市场环境。弗莱克斯特罗尼克斯公司面临的境遇不是罕见的。事实上,许多其他行业的公司都在它们的供应链中面临着同样的问题。很多岌岌可危的问题存在于供应链的方方面面——采购、制造、分销、物流、设计、融资等。

一、供应链绩效控制的传统方法

控制绩效的两种传统方法是指标项目和平衡计分卡。在指标项目中,功能性组织和工作小组建立和跟踪那些被认为与度量绩效最相关的指标。不幸的是,指标项目这种方法存在很多的局限性。许多公司试图克服某些局限性,采取了平衡计分卡项目。虽然概念上具有强制性,绝大多数平衡计分卡作为静态管理"操作面板"实施,不能驱动行为或绩效的改进。弗莱克斯特罗尼克斯公司也被供应链绩效控制的缺陷苦苦折磨着。

二、弗莱克斯特罗尼克斯的供应链绩效管理

弗莱克斯特罗尼克斯公司认为,定义关键绩效指标、异常条件和当环境发生变化时及时更新是供应链绩效管理系统的一大特征。以正确的行动对异常的绩效做出快速的响应是必要的。但是,一旦响应已经确定,只有无缝地、及时地实施这些响应,公司才能取得绩效的改进。这些响应应该是备有文件证明的,系统根据数据和信息的发生以及异常绩效的解决不断做出更新、调整。响应性行动导致了对异常、企业规则、业务流程的重新定义。因此,在一个运营周期中连续地确认和更新流程是必要的。

三、取得的成绩

为了识别异常绩效,弗莱克斯特罗尼克斯系统根据邮政汇票信息连续比较了合同条款和被认可的卖主名单。如果卖主不是战略性的或者订单价格在合同价格之上,系统就提醒买方;如果邮政汇票价格在合同价格之下,系统就提醒货物管理人员可能的成本解决机会。向接近300个使用者传递的邮件通告包含详细绩效信息的Web链接和异常情况的总结。

弗莱克斯特罗尼克斯管理人员随后使用系统了解问题和选择方案。他们评价异常情况并且决定是否重新开展价格谈判,考虑备选资源或者调整基于业务需求的不一致。同样,采购经理分析市场状况、计算费用,然后通过商品和卖主区分成本解决的优先次序。在供应链绩效管理周期开始之前或者周期进行中,弗莱克斯特罗尼克斯确认数据、流程和行动的有效性。当实施它们的绩效系统时,弗莱克斯特罗尼克斯建立指标和界限,并且也保证数据的质量和合时性。通过使用绩效管理系统,弗莱克斯特罗尼克斯已经能通过资本化各种机会节约成本并获得竞争优势。

通过使用供应链绩效管理方法,弗莱克斯特罗尼克斯能确认邮政汇票的异常情况,了解根本原因和潜在的选择,采取有力行动——更换供应商、缩减过度成本、利用谈判的力量。绩效管理的方法包括实施基于Web的软件系统加速供应链绩效管理的周期。弗莱克斯特罗尼克斯在8个月的"实施存活期"中节约了几百万美元,最终在第一年产生了巨大的投资回报,这得益于有效的供应链绩效管理。

【分析】弗莱克斯特罗尼克斯使用绩效管理系统,能优选各种机会,减少风险管理成本和其他成本,从而获得竞争优势。弗莱克斯特罗尼克斯公司的成功,证明了供应链绩效管理作为供应链管理的基础性概念和实践力量的重要性。

任务9.1 供应链绩效评价

9.1.1 供应链绩效评价的概念及特点

1. 供应链绩效评价的概念

20世纪90年代以来,企业团体和理论界普遍关注供应链管理。但是国内外学者偏重于供应链绩效评价方法和指标的实证研究,很少探讨供应链绩效评价的概念,因此到目前为止,

关于供应链绩效评价还没有明确的、系统的、统一的表述。

1998年,美国密歇根州立大学麦克康奈尔学院的教授唐纳德·J.鲍尔索克斯等在《供应链物流管理》一书中将供应链绩效定义为一种系统的评价方法。他们认为,企业团体日益重视供应链绩效和效率,希望找到透视总体的衡量方法。这种透视衡量方法必须是可以比较的,既适用于机构的职能部门又适用于行政部门。

国内学者徐贤浩、马士华、陈荣秋(2000)等较早研究了供应链绩效评价的内涵问题。目前国内学者比较公认的供应链绩效评价概念如下:供应链绩效评价是指围绕供应链的目标,对供应链整体各环节(尤其是核心企业)运营状况以及各环节之间的运营关系等进行的事前、事中和事后分析评价(马丽娟,2005)。一般应从以下三方面去理解供应链绩效评价概念的内涵:

(1)供应链绩效评价是基于业务流程的绩效评价;

(2)供应链管理的绩效评价与单个企业的绩效评价有很大不同,评价供应链运营绩效,不仅要评价节点企业的运营绩效,而且还要考虑节点企业的运营绩效对其上层节点企业或整个供应链的影响等;

(3)供应链绩效评价不仅仅指传统意义上的绩效评价,还包括更广的评价范围、更深的评价层次,涉及各个时间段供应链运营所表现出来的绩效,不仅适用于事后评价,也适用于实时监控与未来预测。

小思考 9-1

【问题】理解供应链绩效评价的概念,需要注意哪些要点?

【回答】理解供应链绩效评价的概念,需要注意:从着眼点来看,应服务于供应链的目标;从对象来看,包括供应链整体及各组成成员;从空间来看,涉及内部绩效、外部绩效和供应链综合绩效;从内容来看,涉及反映运营状况和运营关系的各种指标;从时间来看,包括事前、事中和事后。

2.供应链绩效评价的特点

根据供应链管理运行机制的基本特征和目标,供应链绩效评价指标应该能够恰当地反映供应链整体运营状况以及上下节点企业之间的运营关系,而不是孤立地评价某一供应商的运营情况。现有的企业绩效评价是基于职能的绩效评价,供应链绩效评价则是基于业务流程的绩效评价,通过图9-1和图9-2可以看出它们之间的差异。

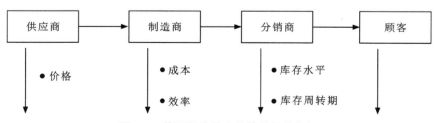

图9-1 基于职能的企业绩效评价指标

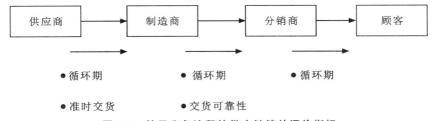

图 9-2 基于业务流程的供应链绩效评价指标

与现行的企业绩效评价相比,供应链绩效评价具有以下几个特点。

(1) 整体性。传统的企业绩效评价是对企业的整体运行情况以及企业内部各分支机构、各部门、各位员工绩效的考察;供应链绩效管理不是针对供应链中的某一个企业或某一个环节的活动,而是面向整个供应链,是对供应链运作进行综合性的、整体性的规划、监控、评价、反馈和改进的过程。

(2) 时效性。传统企业绩效评价的数据来源于财务结果,侧重于事后分析,在时间上略为滞后,导致企业对供应链的运营过程产生的问题反应迟缓,不能及时、准确应对市场变化,从而影响企业发展。供应链绩效评价要求能反映供应链的动态运营情况,对供应链的业务流程进行实时评价和分析,适时地调整策略。因为供应链是由多个企业构成的系统,各个企业间信息传递的速度比不上一个企业内部的传递速度,所以供应链绩效评价必须注重时效性。供应链绩效评价不仅适用于事后评价,也适用于实时监控与未来预测。

(3) 多维性。多维性一是指供应链的系统空间已突破单个企业界限,通过电子商务、虚拟供应链、战略联盟等模式由点向线、由线向面再向立体空间拓展;二是指由于各供应链主体之间没有明显的界限,供应链的影响范围扩大,必须在更大的范围内制定供应链产供销战略,规划产供销活动。

(4) 科学性。传统的企业绩效评价主要针对企业职能部门的工作完成情况,不能对企业流程进行评价,难以客观、准确地反映企业的经营效果。而供应链绩效评价指标是基于业务流程的评价指标,能科学、客观地评价整个供应链的运营情况和企业的经营效果。

9.1.2 供应链绩效评价原则

供应链绩效评价是一项复杂的系统工程,涉及供应链上的每一个企业,包括这些企业之间以及这些企业内部各要素之间错综复杂的影响关系。尤其值得一提的是,在供应链上,每一个企业都是独立的经济实体,分别有自己的发展目标和生存原则。因此,要想对供应链绩效做出客观、公正、科学、合理的评价,必须注意遵循某些原则。随着供应链管理理论的不断发展和供应链实践的不断深入,为了科学、客观地反映供应链的运营情况,应该考虑建立与之相适应的供应链绩效评价方法,并确定相应的绩效评价指标体系。反映供应链绩效的评价指标有其自身的特点,其内容比现行的企业评价指标更为广泛,它不仅仅代替会计数据,同时还提出一些方法来测定供应链的上游企业是否有能力及时满足下游企业或市场的需求。在实际操作中,为了建立能有效评价供应链绩效的指标体系,应突出重点,对关键绩效指标进行重点分析;应采用能反映供应链业务流程的绩效指标体系;评价指标要能反映整个供应链的运营情况,而不是仅仅反映单个节点企业的运营情况;应尽可能采用实时分析与评价的方法,把绩效度量范围扩大到能反映供应链实时运营的信息,因为这要比仅做事后分析有价值得多;在衡量供应链绩效时,要采用能反映供应商、制造商及用户之间关系的绩效评价指标,把评价的对象扩大到供应链上的相关企业。具体原则包括如下几项。

1. 供应链绩效优先、兼顾企业绩效原则

当企业之间的竞争转向供应链之间的竞争时,供应链绩效必然代替企业绩效而上升到主要地位,并日益受到更多的关注。另外,尽管供应链由上下游企业构成,供应链绩效本身也体现了企业绩效,但在管理实践中,难以避免某些企业利用自身的有利地位(如在买方市场下,零售商比制造商具有更多的选择权利)滥用权利的现象。这类现象的发生破坏了供应链上下游企业间的合作伙伴关系,使供应链处于动荡不稳的状态中,从而有悖于供应链管理的目标。为了杜绝这类现象,同时针对供应链绩效已经上升到主要地位的现实,应当在绩效评价中大力倡导供应链绩效优先,兼顾供应链中各企业的绩效。

2. 多层次、多渠道和全方位评价原则

多方搜集信息,实行多层次、多渠道和全方位的评价,有助于尽可能全面和有重点地反映供应链绩效,同时也有助于增强绩效评价的可操作性。在实践中,经常综合运用上级考核、专家评价、同级评价、下级评价、职员评价、客户评价等多种形式进行全方位、多角度、多层次的评价,以确定供应链在市场中的竞争优势。

3. 短期绩效与长期绩效、近期绩效与远期绩效相结合原则

短期绩效与长期绩效、近期绩效与远期绩效是分别就供应链绩效涉及的时间长短、远近而言的,彼此之间均存在着辩证统一的关系。在进行绩效评价时,不仅要考虑短期、近期的绩效,更要重视长期、远期的绩效。在物流与供应链管理中,某些行为从短期或近期的角度来看,可能绩效甚微或者无绩效可言,但从长期或远期的角度考虑,这些行为对规范供应链上下游企业的运作,促进企业间的资源共享和"共赢",推动供应链的协调发展无疑具有重大的意义。在物流与供应链绩效评价中,将短期与长期、近期与远期绩效正确地结合起来,有助于企业提高自觉性,减少盲目性。

4. 静态评价与动态评价相结合原则

在绩效评价过程中,不仅要对影响供应链绩效的各种内部因素进行静态考察和分析评价,而且要动态地研究这些因素之间以及这些因素与外部因素之间的相互影响关系。作为一种新兴的管理模式,供应链绩效评价在供应链管理过程中肯定会不断地遇到前所未有的新情况和新问题。因此,在进行绩效评价时,一定要在相对稳定的基础上坚持动态和发展的观念,只有这样才能解决所面临的难题。

5. 宏观绩效与微观绩效相结合原则

从所涉及的范围来看,供应链绩效可分为宏观绩效和微观绩效两种。宏观绩效是供应链管理活动从全社会的角度来考察时的总的绩效,微观绩效是指供应链管理活动从企业与供应链系统本身的角度来考察时的绩效,二者既相互对立又彼此统一。从对立性来看,微观绩效为

了显示自己的基础性作用,必然会做出种种努力,以突出个体,包括要求减少来自宏观层面的控制和干预;而宏观绩效为了发挥自己的主导作用,也必然会对微观层面施加种种限制性措施,以抑制其个性化发展。从统一性来看,微观绩效是宏观绩效的基础,离开了微观绩效,宏观绩效就要落空;宏观绩效又对微观绩效起着导向作用,微观绩效只有在符合宏观绩效的前提下才能得到有效的发挥。

6. 责、权、利相结合原则

供应链绩效评价的主要目的是改善和提升供应链绩效。为此,在绩效评价过程中,应当及时地将评价的要求落实到个体,分清责任归属和权利范围,做到责、权、利明晰,赏罚分明。例如,由于供应链上的每个企业都是独立的经济实体,出于个体经济理性的考虑,经常会发生供应链上下游企业间因争夺自家"小利"而导致丧失供应链"大利"的情况。针对这一司空见惯的问题,在绩效评价中,应当本着责、权、利相结合的原则,谨慎处理。否则,就可能会破坏供应链上下游企业间的战略合作伙伴关系,阻碍物流与供应链竞争战略目标的实现。

9.1.3 供应链绩效评价的作用

为了能评价供应链的实施给企业群体带来的效益,方法之一就是对供应链的运行情况进行必要的度量,并根据度量结果对供应链的运行绩效进行评价。因此,供应链绩效评价主要有以下四个方面的作用。

(1)评价整个供应链的运行效果。这为供应链在市场中的生存、组建、运行和撤销的决策提供了必要的客观根据,目的是通过绩效评价了解整个供应链的运行状况,找出供应链运作方面的不足,及时采取措施予以纠正。

(2)评价供应链上各个成员企业。主要考虑供应链对其成员企业的激励,吸引优质企业加盟,剔除不良企业。

(3)评价供应链内企业与企业之间的合作关系。主要考察供应链的上游企业为下游企业提供的产品和服务的质量,从用户满意的角度评价上下游企业之间的合作伙伴关系的好坏。

(4)对企业起到激励作用。这种激励作用,不仅是核心企业对节点企业的激励,也包括供应商、制造商和零售商之间的相互激励。

9.1.4 供应链绩效评价的内容

在实际进行供应链绩效评价时,以企业为分界点,通常可以将具体评价内容分为三部分:内部绩效的衡量;外部绩效的衡量;供应链整体绩效的衡量。以下简要阐述各部分内容。

1. 内部绩效的衡量

内部绩效的衡量主要是对供应链上各个企业的内部绩效进行评价,既有一般的企业绩效评价的共性,又有各个企业自身独有的特性。主要评价内容包括如下几项。

1)成本

绩效评价考虑的成本是完成特定运营目标所发生的成本。绩效成本是以金额表示的销售量的百分比或每单位数量的成本。

2）顾客服务

顾客服务指标用以考察供应链内部企业满足用户或下游企业需要的相对能力。

3）生产率

生产率是衡量组织绩效的一个指标，一般用于评价生产某种产品的投入与产出之间的相对关系，通常可以分为静态生产率、动态生产率以及替代性生产率。静态生产率和动态生产率是根据是否考虑时间因素对生产率的影响来区分的。严格地讲，替代性生产率实际上并不属于生产率范畴，通常是作为对静态生产率和动态生产率的补充，使用与生产率关系密切的一些指标来衡量生产率水平，如顾客满意度等。

4）资产

资产指标衡量为实现供应链目标对企业设施和设备等固定资产及流动资产的使用情况。设施、设备、存货是一个企业资产的重要组成部分，主要注重存货等流动资产的流转、固定资产的投资回报率等指标。受限于成本、收益的货币化衡量，目前人力资源仍很少被纳入考虑范围。

5）质量

质量是内部绩效衡量的最主要内容，主要用以确定供应链企业所发生物流活动的效率。质量涵盖的范围非常大，因此，对质量的衡量很难。目前，作为折中的处理方法，通常根据"完美订货"来衡量物流运作的质量。完美订货关注的是总体的物流绩效而非单一功能，它代表着理想的绩效。

2. 外部绩效的衡量

外部绩效的衡量主要是对供应链上的企业之间运行状况的评价。主要评价内容包括如下几项。

1）用户满意程度

了解用户满意程度，主要通过公司或行会组织调查或者系统的订货跟踪实现，由于难以精确地进行定量性衡量，一般以询问关于供应链企业与竞争者的绩效入手，以可靠性、订发货周期、信息可用性、问题的解决和产品的支撑等指标作为补充。

2）最佳实施基准

最佳的实施基准集中在对比组织指标上的实施和程序。越来越多的供应链企业应用最佳实施基准，将它作为企业与相关行业或者非相关行业的竞争对手或最佳企业进行比较的一种技术，特别是一些核心企业常在重要的战略领域将最佳实施基准作为检验供应链运作的工具。

3. 供应链整体绩效的衡量

供应链之间的竞争日趋激烈，日益引起人们对供应链总体绩效的重视，客观上要求能够提供总体透视的衡量方法，并且这种透视方法是可以比较的，既能适用于机构的功能部门，又适用于分销渠道。如果缺乏总体的绩效衡量，就可能出现制造商对用户服务的看法和决策与零售商的想法完全背道而驰的现象。主要评价内容包括以下几个方面。

1) 成本

供应链总成本包括订货完成成本、原材料取得成本、总的库存运输成本,以及与物流有关的财务和管理成本、信息系统成本、制造劳动力和库存的间接成本等。

2) 顾客服务

顾客服务衡量指标包括完美订货、用户满意程度和产品质量,它衡量供应链企业所能提供的总的客户满意程度。

3) 时间

时间指标主要测量企业对用户要求的反应能力,即顾客从订货开始到使用产品为止所需要的时间,一般包括装运时间、送达顾客的运输时间和顾客接受时间。

4) 资产

资产指标衡量为实现供应链目标对企业设施和设备等固定资产及流动资产的使用情况,主要包括库存、设施及设备等相当大的资产和负债项目,资产评价基本集中于在特定资产水平支持下的财务水平,一般测量资金周转时间、库存周转天数、销售额与总资产比率等资产绩效。

上述三个方面构成了供应链绩效评价所涉及的主要内容,进行供应链绩效评价时,一般需要围绕这三部分内容展开。随着现代物流理念的发展,供应链整体绩效越来越为人所重视。

供应链绩效评价的一般性统计指标可归纳为表 9-1。

表 9-1 供应链绩效评价的一般性统计指标

客户服务	生产与质量	资产管理	成本
饱和率	人工发运系统	库存周转	全部成本/单位成本
脱销率	人工费系统	负担成本	销售百分比成本
准时交货	生产指数	废弃库存	进出货运输费
补充订单	破损率	库存水平	仓库成本
循环时间	退货数	供应天数	管理成本
发运错误	信用要求数	净资产回报	直接人工费
订单准确率	破损物价值	投资回报	退费成本

【案例分析 9-1】

宝洁的完美订单

完美订单代表着以及时、无错的方式实现 100% 交货的供应链能力。消费品的制造商与分销商对完美订单的定义为:及时满足买方要求的交货日期、完全装运、发票准确以及在途无损坏。1992 年,宝洁公司引入完美订单评价供应链能力,刚开始,管理层惊讶地发现完美订单的数量只有 75% 左右。从那以后,宝洁做了重大的改进。到 1995 年,完美订单占 82%,1998 年占 88%。这是通过持续修正、客户服务代表与主要客户密切合作以及改善信息系统实现的。宝洁注意到,每一张不完美订单由于重复交货、收入损失、货物损坏、仓储和运输成本、缺货和违约而损失的成本有 200 美元左右。持续的供应链改善、实现完美订单对客户来说确实非常重要。

【案例分析 9-2】

戴尔的供应链绩效评价

近年来,在全球电脑市场不景气的大环境下,戴尔却始终保持着较高的收益,市场份额不断增加。本书前述【案例分析 4-1】曾经提到,戴尔的成功源于其依托信息技术践行了先进的管理思想。不仅如此,戴尔的成功还在很大程度上归功于它的供应链管理方法。通过采取有针对性的供应链绩效评价措施,戴尔建立并维持了一条效率超乎寻常的供应链。

一、提高顾客的满意度

为了提高顾客的满意度,戴尔采取了如下举措:

(1)采用直销模式,满足顾客的个性化需求,顾客可自由选择自己喜欢的配置;

(2)设有专门的客户关系管理系统,顾客从订货到收货的时间最多只要 6 天,极大地提高了对顾客需求的反应能力;

(3)率先提供客户免费直拨电话技术支持,和顾客建立起良好的沟通和服务支持渠道,顾客可以随时了解自己所订商品的状况。

二、严格遴选供应商

戴尔严格遴选供应商,在供应商考核标准、考核内容、考核方法等方面做出了明确的规定。

(1)考核标准:看供应商能否源源不断地提供没有质量问题的产品。

(2)考核内容:首先,供应商必须具有符合标准的质量控制体系;其次,供应商必须证明其在成本、技术、服务和持续供应能力四个方面具有综合的优势,特别是供应能力必须长期稳定。

(3)考核方法:使用"安全量产投放(Safe Launch)"的办法,根据对供应商考核的结果,分阶段地逐步扩大其产品的采购规模,以降低新入选企业供应能力不稳定的风险。

三、与合作伙伴建立长期稳定的关系

戴尔努力与合作伙伴建立长期稳定的关系,主要举措有:

(1)将所有来自客户的最新信息以最快的速度及时反馈给供应商,以便供应商据此调整供应策略;

(2)在一些流程和管理工具的开发上,充分考虑与供应商的配合;

(3)推出一个名为"valuechain.dell.com"的企业内联网,与供应商共享包括产品质量、库存清单、每天各种机型 PC 的销售数字在内的一整套信息,供货商可以在上面看到专属其公司的材料报告,随时掌握材料品质、绩效评估、成本预算以及制造流程变更等信息,了解接下来哪些零件需求多,哪些需求少,以便更好地管理其库存。

【分析】戴尔通过采用直销模式,越过批发商、分销商和零售商同消费者直接进行沟通,加快了对顾客需求的响应速度,节省了时间;通过实施一系列顾客关系管理措施,提高了顾客的满意度,培养了一批忠诚的客户;通过严格的供应商遴选制度,保证了其产品质量,降低了零部件供应不稳定的风险;通过与供应商建立长期稳定的合作伙伴关系,加强彼此之间信息交流与合作,实现了物料的低库存和成品的零库存,减少了库存造成的现金占用和跌价损失;通过优化整条供应链,保证了供应链各节点顺利有效地运行。

任务 9.2 供应链绩效评价指标体系

为了客观、全面地评价供应链的运营情况,本节从以下几个方面来分析和讨论供应链绩效评价指标体系。

9.2.1 反映供应链业务流程的绩效评价指标

1. 产销率指标

产销率(RSP)是指在一定时间内已销售出去的产品数量 S 与已生产的产品数量 P 的比值。该指标反映库存水平和产品质量,其值越接近1,供应链成品库存量越小,供应链资源的有效利用程度越高。

产销率指标又可分成如下三个具体的指标:①供应链节点企业的产销率;②供应链核心企业的产销率;③供应链产销率。

2. 平均产销绝对偏差指标

平均产销绝对偏差指标反映在一定时间内供应链的总体库存水平,其值越大,说明供应链成品库存量越大,库存费用越高。平均产销绝对偏差指标的计算公式如下:

$$\text{平均产销绝对偏差} = \frac{\sum_{i=1}^{n}|P_i - S_i|}{n}$$

在上述公式中,n 表示供应链节点企业的个数;P_i 表示第 i 个企业在一定时间内生产产品的数量;S_i 表示第 i 个企业在一定时间内已生产的产品中销售出去的数量。

3. 产需率指标

产需率是指在一定时间内节点企业已生产的产品数量 P 与其上层节点企业(或用户)对该产品的需求量 D 的比值。该指标反映供应链各节点的供需关系,产需率越接近1,说明上下游节点之间的供需关系越协调,准时交货率越高。例如,假设某供应链核心企业在一年里生产的产品数为 3 000 件,用户对该产品的年需求量为 2 500 件,其产需率为 3 000 与 2 500 的比值,即 1.2,该指标数值大于 1,说明供应链整体供需能力较强,能快速响应市场需求。

4. 供应链产品出产(或投产)循环期(Cycle Time)或节拍指标

当供应链节点企业生产的产品为单一品种时,供应链产品出产循环期是指产品的出产节拍;当供应链节点企业生产的产品品种较多时,供应链产品出产循环期是指混流生产线上同一种产品的出产间隔。由于供应链管理是在市场需求多样化经营环境中产生的一种新的管理模式,其节点企业(包括核心企业)生产的产品品种较多,因此,供应链产品出产循环期一般是指节点企业混流生产线上同一种产品的出产间隔期。它可分为如下两个具体的指标。

(1)供应链节点企业(或供应商)零部件出产循环期:反映了节点企业库存水平以及对其上层节点企业需求的响应程度,该循环期越短,说明该节点企业对其上层节点企业需求的快速响应性越好。

(2)供应链核心企业产品出产循环期:反映了整个供应链的在制品库存水平和成品库存水平,同时也反映了整个供应链对市场或用户需求的快速响应能力。

5.供应链总运营成本指标

供应链总运营成本包括供应链通信成本、供应链总库存费用及各节点企业外部运输总费用。这些指标反映供应链运营的效率,具体分析如下。

(1)供应链通信成本:包括各节点企业之间的通信费用,如 EDI、互联网的建设和使用费,供应链信息系统开发和维护费等。

(2)供应链总库存费用:包括各节点企业在制品库存和成品库存费用,各节点企业之间在途库存费用。

(3)各节点企业外部运输总费用:等于供应链所有节点企业之间运输费用的总和。

6.供应链核心企业产品成本指标

供应链核心企业的产品成本是供应链管理水平的综合体现。可以根据核心企业产品在市场上的价格确定该产品的目标成本,再向上游追溯到各供应商,确定相应的原材料、配套件的目标成本。只有当目标成本小于市场价格时,各个企业才能获得利润,供应链才能得到发展。

7.供应链产品质量指标

供应链产品质量是指供应链各节点企业(包括核心企业)生产的产品或零部件的质量,主要包括合格率、废品率、退货率、破损率、破损物价值等指标。

9.2.2 反映供应链上下节点企业之间关系的绩效评价指标

反映供应链上下节点企业之间关系的绩效评价指标主要体现为满意度指标,即在一定时间内上层供应商对其相邻的下层供应商的综合满意程度,具体包括如下内容。

1.准时交货率

准时交货率是指上层供应商在一定时间内准时交货的次数占其总交货次数的百分比。供应商准时交货率低,说明其协作配套的生产能力达不到要求,或者是对生产过程的组织管理跟不上供应链运行的要求;供应商准时交货率高,说明其生产能力强,生产管理水平高。

2.成本利润率

成本利润率是指单位产品净利润占单位产品总成本的百分比。在市场经济条件下,产品价格是由市场决定的,因此,在市场供需关系基本平衡的情况下,可以将供应商生产的产品的价格看成是一个不变的量。按成本加成定价的基本思想,产品价格等于成本加利润,因此,产品成本利润率越高,说明供应商的盈利能力越强,企业的综合管理水平越高。在这种情况下,由于供应商在市场价格水平下能获得较大利润,其合作积极性必然增强,有利于对企业的有关设施、设备进行投资和改造,以提高生产效率。

3．产品质量合格率

产品质量合格率是指质量合格的产品数量占产品总产量的百分比,反映了供应商提供货物的质量水平。质量不合格的产品数量多,产品质量合格率就低,说明供应商提供产品的质量不稳定或质量差,供应商必须承担对不合格的产品进行返修或报废的损失,这样就增加了供应商的总成本,降低了其成本利润率。因此,产品质量合格率指标与产品成本利润率指标密切相关。同样,产品质量合格率指标也与准时交货率密切相关,因为产品质量合格率较低,就会加大产品的返修工作量,必然会延长产品的交货期,降低准时交货率。

【案例分析9-3】

合适供应商的选择

一、背景介绍

某企业生产的机器上有一种零件需要从供应链上的其他企业购进,年需求量为10 000件。有三个供应商可以提供该种零件,但他们的价格不同,零件质量也有所不同。另外,这三个供应商的交货提前期、提前期的安全期及要求的采购批量均不相同。详细的数据见表9-2。

表9-2 三个供应商的基本数据

供应商	价格(元/件)	合格品率(%)	提前期(周)	提前期的安全期(周)	采购批量(件)
A	9.50	88	6	2	2 500
B	10.00	97	8	3	5 000
C	10.50	99	1	0	200

如果零件出现缺陷,需要进一步处理才能使用,每个有缺陷的零件处理成本为6元,主要是用于返工的费用。

为了比较分析评价的结果,共分为三个级别评价供应成本和排名:第一级,仅按零件价格排序;第二级,按"价格+质量水平"排序;第三级,按"价格+质量水平+交货时间"排序。

二、供应商供货绩效及排序分析

首先按第一个级别排序,排出的结果见表9-3。

表9-3 三个供应商单价排名表

供应商	价格(元/件)	排名
A	9.50	1

续表

供应商	价格(元/件)	排名
B	10.00	2
C	10.50	3

其次，按第二个级别排名。有缺陷零件的处理成本可根据不同供应商的零件质量水平来计算。排出的结果见表9-4。

表 9-4　三个供应商零件质量水平排名

供应商	缺陷率(%)	缺陷零件数量(个/年)	缺陷处理成本(元)	质量成本(元/件)	总成本(元/件)	排名
A	12	1 200	7 200	0.72	9.50＋0.72＝10.22	2
B	3	300	1 800	0.18	10＋0.18＝10.18	1
C	1	100	600	0.06	10.50＋0.06＝10.56	3

最后，综合考虑价格、质量和交货时间的因素，评价供应商的运作绩效。交货期长短的不同主要会导致库存成本的不同，需要考虑下列因素的影响：交货提前期、提前期的安全期、允许的最小采购批量、考虑缺陷零件增加的安全量（补偿有缺陷零件的额外库存）。

该企业用下列方式计算考虑提前期和安全期的库存数量：

$$S_S = K \cdot s \cdot \sqrt{L_T + L_{TS}}$$

在该公式中，S_S 为安全库存量；K 为根据质量可靠性（95%）确定的系数，取 $K=1.64$；s 为标准偏差，取 $s=80$，即每周的零件数量偏差为80件；L_T 为交货提前期，L_{TS} 为交货提前期的安全期。

以供应商A为例，将各具体数值代入上述公式，计算可得安全库存为371件，则库存物资的价值＝371×9.50＝3 525(元)；供应商A要求的订货批量为2 500件，由订货批量引起的成本＝(2 500/2)×9.50＝11 875(元)；用于预防有缺陷零件的成本是根据缺陷率和零件的总库存价值计算的，即(3 525＋11 875)×12%＝1 848(元)。

综合以上结果，得到三个供应商提前期、批量引起的库存成本信息见表9-5。

表 9-5　三个供应商的库存成本

供应商	提前期引起的库存价值(元)	批量引起的库存价值(元)	总库存价值(元)	年缺陷零件造成的费用(元)	实际总库存成本(元)
A	3 525	11 875	15 400	1 848	17 248
B	4 352	25 000	29 352	881	30 233
C	1 377	1 050	2 427	24	2 451

与零件库存有关的维持费用，如库房租赁、货物保险费等，按库存价值的25%计算。结果见表9-6。

表 9-6　三个供应商的维持费用

供应商	实际总库存价值(元)	维持费用(元)	单位零件成本
A	17 248	4 312	0.43
B	30 233	7 558	0.76
C	2 451	613	0.06

根据价格、质量成本、单位零件库存持有成本的综合评价结果见表 9-7。

表 9-7　三个供应商的综合评价结果

供应商	价格 (元/件)	质量成本 (元/件)	交货期成本 (元/件)	总成本 (元/件)	排名
A	9.50	0.72	0.43	10.65	2
B	10.00	0.18	0.76	10.94	3
C	10.50	0.06	0.06	10.62	1

三、结论

通过对三家供应商供货运作绩效的综合评价,可以看出,在价格、质量、交货时间及订购批量方面,供应商 C 最有优势。最后,该企业选择供应商 C 为供应链上的合作伙伴。

任务9.3　标杆管理和供应链绩效报告

9.3.1　供应链标杆的建立和应用

在供应链管理环境下,一个节点企业运行绩效的高低,不仅关系到该企业自身的生存与发展,而且影响到整个供应链上其他企业的利益。因此,建立绩效度量指标的目的是激励各个企业创造一流绩效,通过树立一个标杆促使其他企业采取措施迎头赶上。在现代企业管理方法体系中,标杆法得到了越来越多的应用,广泛用于建立绩效标准、设计绩效过程、确定度量方法及管理目标等。

1. 标杆的内涵和分类

1)标杆的内涵

标杆的内涵可以概括为:以那些出类拔萃的企业作为基准,将本企业的产品、服务和管理措施等方面的实际状况与这些基准进行定量评价和比较,分析这些基准企业的绩效达到优秀水平的原因,在此基础上选取改进的最优策略。通过不断地进行这种程序,企业利用所获得的信息作为制定企业绩效目标、战略和行动计划的基准。

2) 标杆的分类

绩效标杆一般分为以下三种。

（1）战略性标杆。它涉及一个企业与其他企业在市场战略方面的比较，可以使一个企业借鉴优秀企业的市场战略。战略性标杆通常包括如下几个方面的问题：①竞争对手强调什么样的市场？②竞争对手采用的是什么样的市场战略？③支持竞争对手市场战略的资源水平如何？④竞争对手的竞争优势集中于哪些方面？

（2）操作性标杆。操作性标杆以职能性活动的各个方面为重点，旨在找出有效的方法，以便在各种职能上都能取得最好成绩。为了解决主要矛盾，一般选择对标杆职能有重要影响的有关职能和活动，以便使企业能够获得最大的收益。

（3）支持活动性标杆。企业内的支持功能应该显示出比竞争对手更好的成本效益，通过支持活动性标杆控制内部间接费用和防止费用的上升。

2.标杆管理的实施步骤

具体说来，一个完整的内外部综合标杆管理的程序通常分为以下五步。

1) 计划

这一步的主要工作有：①组建项目小组，担当发起和管理整个标杆管理流程的责任；②明确标杆管理的目标；③通过对组织的衡量评估，确定标杆项目；④选择标杆伙伴；⑤制定数据收集计划，如设置调查问卷，安排参观访问，充分了解标杆伙伴并及时沟通；⑥开发测评方案，为标杆管理项目赋值以便于衡量比较。

2) 内部数据收集与分析

这一步的主要工作有：①收集并分析内部公开发表的信息；②遴选内部标杆管理合作伙伴；③通过内部访谈和调查，收集内部一手研究资料；④通过内部标杆管理，为进一步实施外部标杆管理提供资料和基础。

3) 外部数据收集与分析

这一步的主要工作有：①收集外部公开发表的信息；②通过调查和实地访问收集外部一手研究资料；③分析收集的有关最佳实践的数据，与自身绩效计量相比较，提出最终标杆管理报告，标杆管理报告揭示标杆管理过程的关键收获，以及对最佳实践调整、转换、创新的见解和建议。

4) 实施与调整

这一步是前几步的归宿和目标之所在。根据标杆管理报告，确认正确的纠正性行动方案，制定详细的实施计划，在组织内部实施最佳实践，并不断对实施结果进行监控和评估，及时做出调整，以最终达到增强企业竞争优势的目的。

5) 持续改进

标杆管理是持续的管理过程，不是一次性行为，因此，为便于以后继续实施标杆管理，企业应维护好标杆管理数据库，制定和实施持续的绩效改进计划，实现不断学习和提高。

【案例分析 9-4】

施乐:成功地运用行业内标杆

1976 年以后,一直保持着世界打印机市场垄断地位的施乐公司遇到了全方位的挑战,如日本佳能等公司的迅速崛起。这些公司以施乐的成本价销售产品且能够获利,产品开发周期、开发人员分别比施乐短或少 50%,施乐的市场份额从 82% 直线下降到 35%。面对竞争威胁,施乐公司首先发起向日本企业学习的运动,实行了广泛、深入的标杆管理。通过全方位的集中分析和比较,施乐弄清了这些公司的运作机理,找出了与佳能等主要对手的差距,全面调整了经营战略、战术,改进了业务流程,很快收到了成效,把失去的市场份额重新夺了回来。在提高支付订货的工作水平和处理低值货品浪费大的问题上,施乐公司同样应用标杆管理方法,以支付速度比施乐快 3 倍的比恩公司为标杆,并选择 14 个经营同类产品的公司逐一考察,找出了问题的症结所在并采取措施,使仓储成本下降了 10%,年节省低值品费用数千万美元。

施乐公司的"五阶段"标杆管理方法主要包括以下内容。

(1)规划阶段:确定标杆管理的内容(施乐震惊地发现其日本的竞争对手竟然以施乐的成本价出售高质量的复印机);确定标杆(施乐首先研究它的一个日本子公司——"富士—施乐",然后是佳能等公司,以此来确定它的日本对手的相关成本是否与它们的价格一样低);搜集标杆管理的数据。

(2)分析阶段:确定目前的绩效差距;确定将来的绩效水平。

(3)综合阶段:交流标杆管理的成果;确立要实现的目标。

(4)行动阶段:形成行动计划;实施和监控行动计划;重新进行标杆管理。

(5)见效阶段:在对标日本行业进行了标杆管理之后,施乐并没有停滞不前,它开始对标其他竞争对手、一流企业开展标杆管理。1996 年,施乐公司是世界上唯一一个获得所有三个重要奖励的公司:日本 Deming 奖、美国 Malcolm Baldrige 国家质量奖以及欧洲质量奖。

从那时起,标杆管理的一套严密、受控的方法开始成为世界范围内持续改进、质量控制、流程再造和变革推动的首要步骤,它与企业再造、战略联盟一起并称为 20 世纪 90 年代的三大管理方法。

9.3.2 供应链绩效报告

采用合适的指标体系和方法对供应链的绩效进行考核之后,就要将考核结果以报告的形式表现出来,形成对供应链上企业的激励机制。

1.供应链绩效报告的作用

绩效报告是供应链及供应链企业内部管理控制过程中的重要项目,应该定期(按月或季度)编制绩效报告,以报告供应链整体、供应链企业及企业内部门的经营绩效,主要作用有:

(1)让各企业了解供应链及供应链各企业的工作概况和成果;

(2)让供应链企业各部门了解本部门的工作概况及成果;

(3)让各级管理人员了解下属工作的概况及成果。

2. 供应链绩效报告的要求

报告作为组织内上下层级有效的沟通工具，必须满足下列要求：

(1)管理层需要了解整个供应链及本企业全面营运状况，绩效报告应包括供应链及供应链企业的绩效、本企业各部门的汇总绩效，并标明重大特殊事项，提供详细的附表以供跟踪查核；

(2)中下管理层较最高管理层更注重例行性营运的控制，故其所需绩效报告除包含汇总性信息外，另应提供例行性营运的详细信息；

(3)管理者完全以日常作业的协调与控制为主要任务，所用绩效报告应详细、易懂，且仅限于各管理者的负责范围。

3. 供应链绩效报告要考虑的因素

除满足上述使用者的需求外，为了使绩效报告成为有效的沟通工具，还需要考虑四项因素：①各企业的特性；②管理控制所必须具有的信息项目；③提供这些信息的程序及方式；④协助建立更为系统的管理控制。

4. 供应链绩效报告设计

绩效报告必须依据供应链及供应链企业在环境、组织、管理需求等方面的不同特征进行设计，供应链绩效报告在设计与编制时必须符合下列原则。

(1)配合组织构架。绩效报告的设计应与企业组织构架相配合，每一个管理层次的主管都可以获取一份绩效报告，报告中列示责任范围内所有下级单位的绩效信息，此报告遍及整个企业组织或整个供应链，当上级管理者在报告上发现重大差异时，可迅速透过绩效报告体系与组织构架，追查责任人。

(2)重点例外报告。现代企业规模与交易量迅速扩大，管理者常常面对大量的资料和数据，难以理解其中的含义，亦难以寻找其中隐藏的重大问题。为了节省管理者的时间，报告内容应以有用的信息为限，报告的设计应能引导管理者的注意力，使其将精力集中于少数重大例外事件。这里的"例外"是指与原订计划不相同的内容，这样可以协助管理者有效地运用有限的时间，集中精力从容地解决问题，不必将时间浪费在寻找问题上。

(3)内容力求简明、相关。绩效报告的使用者大多数并非会计专业人员，故在不损害报告完整性的前提下，各项数据应尽量列表汇总并用文字进行详尽的注释说明。报表使用亦应注意相关性，这里的"相关"是指内容可供管理者决策使用。

(4)区分可控和不可控项目。提供给各级管理者的绩效报告，应该区分可控项目和不可控项目两大类。可控项目是指管理者的决策行为可直接影响的项目，对于不可控项目，管理者不应负责。

5. 供应链绩效报告编制

绩效报告中的报表格式设计应考虑下列各项要素：①报表的性质与可读性；②根据使用者的层次决定所列金额的详细程度；③将实际发生数据与绩效标准数据列表比较，并列出其差额或差异率；④区别报表的用途或紧急程度；⑤用图示法增进数字的传达能力。

6. 供应链绩效报告的追踪考核程序

绩效报告并非最终目的,它只是管理手段,促使各层级管理者采取必要行动来改善经营效率,只有这样才能真正发挥绩效报告的积极效果。管理程序也不仅限于绩效报告的编制,而是实施追踪考核程序,以便确保:①对于绩效欠佳的供应链或供应链企业采取妥当的改善措施;②所采取的行动确实具有改善绩效的功能。

【案例分析9-5】

麦当劳的供应链绩效分析

麦当劳从以下七个指标体系对供应链绩效进行评估。

一、交货情况绩效分析

一般来说,交货情况绩效需要从服务水平、订单履行率、准时交货率、预测准确性四个方面进行研究。在物流供应上,麦当劳利用外包供应商夏晖公司为其各个餐厅完成订货、储存、运输及分发等一系列工作。通过它的协调与连接,每一个供应商与每一家餐厅达到畅通与和谐,为麦当劳餐厅的食品供应提供最佳的保证。在麦当劳,有个"天条"是必须遵守的,那就是保证供应。此项绩效估分:95分。

二、订货满足情况绩效分析

作为麦当劳供应链整合的另一种方式,"麦乐送"的推出大大提高了麦当劳的覆盖率,提升了其服务水平。"麦乐送"高度集约及无缝连接的服务系统能够追踪每一份订单的进程,掌握从接到消费者的订餐电话直至食品送达消费者手中的每一步情况。这些物流系统的支持为"麦乐送"服务提供了强有力的保障,使麦当劳做到了24小时全天候送餐,即使在营业高峰时段也能实现30分钟内送达的承诺。麦当劳的订单履行率也因此得到了认可。本项估分:90分。

三、供应链响应时间情况绩效分析

供应链响应时间的分析一般落实到三个阶段,即订单处理周期,采购、供应周期,物资配送周期。本项估分:88.5分。

四、生产柔性情况绩效分析

麦当劳有着以下的柔性优势:走向自助食品服务;临街的"甜品站";24小时营业;是少数的孩子可以自由点餐的餐厅;针对孩子设计了电影广告影集和卡通人物形象,开办了生日餐厅;还经营咖啡和欧陆小食品的麦咖啡,甚至延伸到服装玩具品牌。本项估分:91.2分。

五、总物流管理成本

夏晖公司是与麦当劳有着30多年合作历史的著名物流公司。同时,夏晖还是必胜客和星巴克的合作公司。夏晖之所以能够取得这些大公司的信赖,完全是由于其强大、高效的物流网络。夏晖有别于一般的物流公司,不仅仅提供食品运输,还提供其他服务,比如信息处理、存货控制、贴标签、生产和质量控制等,这些"额外"服务虽然成本比较高,但使麦当劳在竞争中获得了优势。本项估分:93.7分。

六、附加价值

附加价值意为"为顾客提供最有价值的高品质的物品"。麦当劳食品经过科学配比,营养丰富并且价格合理,能够让顾客在清洁的环境中享受快捷的营养美食,这些因素结合起来,就叫"物有所值"。现代社会逐渐形成了高品质化的需求水准。本项估分:85分。

七、顾客成本

顾客成本包括如下几个方面:一是货币价格,麦当劳一份快餐的货币价格相对较低,不超过两美元,美国的家庭主妇们认为比她们自己做的还省钱;二是时间成本,麦当劳接待一名顾客的时间不超过1分钟,顾客的时间成本相当小;三是体力成本和精神成本,对于一些人尤其是儿童来说,进入麦当劳店是一种娱乐,体力和精力成本几乎为零,甚至是一种享受。本项估分:94.2分。

任务9.4 供应链激励机制

9.4.1 供应链激励机制概述

1.供应链激励机制的重要性

要使供应链企业之间产生"合力",保持长期的战略伙伴关系,共同发展,达到双赢,一定要建立有效的激励机制。供应链是由上下游许多财务独立、目标不同甚至目标相互冲突的企业或成员组成的,供应链成员之间的关系随时间而演变,只有供应链各企业都从供应链管理中受益,并对那些对供应链做出较大贡献的企业进行重点鼓励,各企业才能自觉维护供应链的整体利益,整个供应链才充满活力。设计供应链各个节点的激励机制,加强供应链管理,使供应链企业的利益紧密联系在一起,对保证供应链的整体利益是非常重要的。

2.供应链激励机制的内容

激励主体是指激励者,激励客体是指被激励者,即激励对象。供应链管理中的激励对象(激励客体)主要指其成员企业,如上游的供应商企业、下游的分销商企业等,也包括每个企业内部的管理人员和普通员工。因此,供应链管理环境下的激励内容包括:核心企业对成员企业的激励;制造商(下游企业)对供应商(上游企业)的激励;制造商(上游企业)对销售商(下游企业)的激励;供应链对成员企业的激励;成员企业对供应链的激励。

3.供应链的激励过程

供应链的激励过程可以借用传统的激励过程模型来描述,如图9-3所示。从图中看出,供应链的激励机制包含激励对象、激励目标、供应链绩效测评和激励方式等内容。

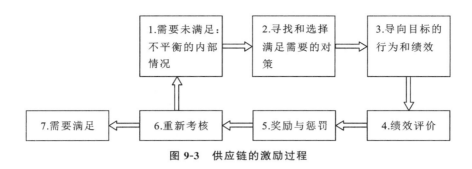

图 9-3 供应链的激励过程

9.4.2 供应链管理环境下的激励措施

1. 价格激励

供应链各个企业之间的利益分配主要体现在价格上。价格意味着供应链利润在所有企业间的分配,也意味着供应链优化而产生的额外收益或损失在所有企业间的均衡。供应链优化所产生的额外收益或损失在大多数时候由相应企业承担,但是在许多时候并不能辨别相应对象或者相应对象辨别错位,因而必须对额外收益或损失进行均衡,这个均衡通过价格来反映。但是,价格激励本身也隐含着一定风险,这就是逆向选择问题。即制造商在挑选供应商时,由于过分强调低价格的谈判,他们往往选中了报价较低的企业,而将一些整体水平较好的企业排除在外,影响了产品的质量、交货期等。当然,偏重眼前的利益是导致这一现象的一个不可忽视的原因,但这种差供应商排挤好供应商现象出现的最为根本的原因在于:制造商在签约前对供应商的了解不够,没有意识到低报价可能意味着高违约风险。因此,采用价格激励机制时要谨慎,不可一味强调低价策略,而应从多方面进行谈判。

2. 订单激励

供应链企业获得更多的订单是一种极大的激励。一般来说,一个制造商拥有多个供应商,多个供应商围绕来自制造商的订单展开竞争,更多的订单对供应商来说是一种激励。

3. 商誉激励

商誉是一个企业的无形资产,对于企业长远发展极其重要。商誉来自供应链内其他企业的评价和企业在公众中的声誉,反映企业的社会地位(包括经济地位、政治地位和文化地位)。委托代理理论认为,在激烈竞争的市场上,代理人的代理量(决定其收入)决定于其过去的代理质量与合作水平。从长期来看,代理人必须对自己的行为负完全的责任。因此,即使没有显性激励合同,代理人也有积极性努力工作,因为这样做可以改进自己在代理人市场上的声誉,从而提高未来收入。

4. 信息激励

在信息时代,企业获得更多的信息意味着企业拥有更多的机会、更多的资源。信息对供应链企业的激励实质上属于一种间接的激励模式,但是它的激励作用不可低估。信息激励机制的提出,在某种程度上克服了供应链中的企业由于信息不对称而相互猜忌的弊端,减少了由此带来的风险。

5. 淘汰激励

淘汰激励是负激励的一种。优胜劣汰是世间事物生存的自然法则,供应链管理也不例外。为了使供应链的整体竞争力保持在一个较高的水平,在供应链中必须建立对成员企业的淘汰机制,同时,供应链自身也面临淘汰的风险。危机感可以从另一个角度激发企业发展。

6. 新产品、新技术的共同开发和共同投资

新产品、新技术的共同开发和共同投资也是一种激励机制,它可以让供应商全面掌握新产品的开发信息,有利于新技术在供应链企业之间的推广,开拓供应商的市场。

7. 组织激励

在一个较好的供应链环境下,企业之间合作愉快,供应链的运作也通畅,少有争执。也就是说,一个组织良好的供应链对供应链本身及供应链内的企业都是一种激励。减少供应商的数量,并与主要的供应商和经销商保持长期稳定的合作关系,是制造商采取的主要组织激励措施。

【案例分析 9-6】

如何在供应链管理中建立适用的激励措施

2000年4月6日,全球最大的网络设备制造商思科公司引以为豪的供应链发生了"大事故"——它发布警示性公告,称不久将报废价值5亿美元的过剩原材料。这个数字相当于思科当季销售额的一半,这也是截至当时美国商业史上金额最大的一次库存注销。思科的这个事件给所有企业上了一课:对供应链合作伙伴采用激励措施时一定要慎重再慎重。思科就是由于采用了错误的激励手段——奖励迅速交货的供应商,使得供应商有极大的动机建立缓冲库存,而毫不考虑思科的真实需求。到了最后,思科已经无法迅速截断供应渠道中源源不断的原材料和半成品供应,只能采取"壮士断腕"的措施。

由于供应链横跨了多个职能部门,涉及多家公司,其中每家公司又有各自的首要事项和目标,要实现总体利益的最大化确实不易。要确保供应链以快速、高效的方式提供产品和服务,所有这些职能部门和公司就必须劲儿往一处使。然而,公司高管往往忙于处理组织内部的问题,而忽视了各个公司之间的协调问题,因为后者一般很难察觉。而且,他们觉得,对于一系列自己不直接管理的公司,要界定它们在供应链中的作用、职责和责任,不仅乏味枯燥,而且太费时间。此外,协调各个公司的行动也不是一件容易的事,因为不同的公司有不同的企业文化,不能指望凭借共同信念或相互忠诚来激励这些合作成员。要想鼓励供应链成员采取行动时兼顾各方利益,公司必须提供合理和协调的激励手段。

【分析】如何解决思科供应链激励措施存在的问题?首先,要承认自己的供应链确实存在激励不当的问题,这就需要高管人员了解其他公司的运作情况,对接下来可能发生的问题具备一定的预见性。其次,查明问题原因,是合作伙伴暗箱操作、隐瞒信息,还是供应链激励方案设

计得不好?只有对症下药,才能取得实实在在的效果。最后,协调激励因子或重新设计激励方案。但由于大多数公司并不具备足够的影响力,无法对整个供应链的激励机制进行重新设计,而只能改变直接合作伙伴的激励因子。具体调整方法有三种:重新订立与合作伙伴之间的合同;揭示供应链中隐藏的信息;在各成员企业之间建立信任感。

● 基本训练

□ 知识题

1.1 阅读理解

1. 供应链绩效评价的作用有哪些?
2. 简述供应链绩效评价指标的特点。
3. 供应链绩效评价包括哪些方面的内容?
4. 标杆管理的实施步骤有哪几步?
5. 简述供应链激励模式的具体内容。

1.2 知识应用

1. 判断题

(1)传统的供应链绩效评价体系能够完全适应供应链管理的需要。(　　)

(2)供应链节点企业产需率指标接近1,说明上下层节点企业间的供需关系不协调,准时交货率低。(　　)

(3)企业绩效评价是对传统财务管理的自然升级。(　　)

(4)产需率是指在一定时间内节点企业已生产的产品数量与其上层节点企业(或用户)对该产品的需求量的比值。(　　)

(5)供应链绩效评价是对企业的整体运行情况以及企业内部各分支机构、各部门、各位员工绩效的考察。(　　)

2. 选择题

(1)供应链绩效评价指标是基于(　　)的绩效评价指标。

　　A. 供应业务　　　　B. 渠道业务　　　　C. 生产业务　　　　D. 业务流程

(2)标杆管理制度的基本构成可以概括为最佳实践和(　　)。

　　A. 衡量标准　　　　B. 激励制度　　　　C. 惩罚制度　　　　D. 工资标准

(3)供应链管理绩效评价的最终标准是(　　)。

　　A. 整体满意度　　　　　　　　　　　B. 运营满意度
　　C. 资金满意度　　　　　　　　　　　D. 最终用户对产品的满意度

(4)在绩效体系的建立过程中,最重要的是(　　)的选取问题。

　　A. 供应链　　　　B. 合作伙伴　　　　C. 评价指标　　　　D. 评价标杆

(5)在供应链管理体系中,为确保供应链管理可持续发展,迫切需要解决的问题是建立科学、全面的供应链(　　)。

　　A. 绩效评价体系　　　　　　　　　　B. 成本考核体系
　　C. 人员评价体系　　　　　　　　　　D. 合作关系评价体系

技能题

1. 实训内容：在当地调查一个小型企业，了解企业供应链绩效评价工作的主要特征和所采取的方法。

实训目的：要求学生了解该企业供应链绩效评价工作的主要特征和所采取的方法。

实训要求：仔细观察，认真听讲解；结合所学知识进行认真思考。

2. 实训内容：选择一家你熟悉的企业，运用标杆法为该企业寻找榜样。

实训目的：要求学生了解标杆管理制度的相关内容，并能学以致用。

实训要求：仔细观察，认真收集材料，结合所学知识找出该企业的学习标杆。

●综合案例

弗莱克斯特罗尼克斯公司的供应链绩效管理

在统计流程控制中，最具挑战性的任务往往是如何界定那些导致失控的根本原因。在供应链绩效管理（SCPM）中，同样也是这样。当例外情况被分辨出来后，必须分辨出导致这些例外的根本原因是什么。正如医生给病人看病，诊断是关键，一旦做出了正确的诊断，具体治疗通常是很简单的事情。供应链绩效管理系统也应该支持这种对任务的理解和诊断。这将允许管理者迅速找回相关数据，正确综合或分解数据，并根据地理和历史因素剖析数据。而且，与恰当的内部人员和外部关键人员进行交流同样重要。信息不再为"专家们"分析和决策所独用，而是分散到组织中恰当的人那儿，以使他们能够理解问题、评价可选方案，并且采取合适的行动。成功的供应链绩效管理也需要受过大量对口教育的人和绩效管理方法，需要创造一个合作性环境，以及将责任分派给合适的人。

弗莱克斯特罗尼克斯公司能够甄别出生产运营的例外情况，理解导致这些例外情况的根本原因和潜在的替代性方法，并采取改变供应商的行动，修正超额成本和调节谈判力量。该方法包括用网络软件实施系统装备 SCPM 循环。正如本项目【引例】所言，弗莱克斯特罗尼克斯公司在 8 个月内节约了几百万美元，最终在第一年就获得了显著的投资回报。这都是供应链绩效管理带来的好处。

为了甄别出绩效例外，弗莱克斯特罗尼克斯公司的系统可以不断比较合同条款内容和经许可的供应商名单。如果供应商并非战略性的，或者订货价格高于约定价，该系统将对采购方提出警告。另外，如果生产运营价格低于约定价格，该系统将提醒管理者这个可能的节约成本的机会。

弗莱克斯特罗尼克斯公司的管理者还利用该系统理解问题和找到可选方案。他们评价例外条件，决定是否重新就采购价格进行谈判，考虑可选方案，或者证明基于业务需要的不一致性是必要的（例如，及时满足客户订货的需要）。同样，采购经理分析市场条件，综合考虑费用，再区分节约成本费用的机会。然后，系统用户针对有高度影响力的问题和机会采取行动。SCPM 循环之前和循环过程中，弗莱克斯特罗尼克斯公司都会确认数据、流程和行动。当实施绩效系统之时，弗莱克斯特罗尼克斯建立关键指标和必要的门槛高度，还要确保数据质量和时间性要求。在日常使用中，弗莱克斯特罗尼克斯还需确认行动的结果，加速整体的例外解决循环。

问题：弗莱克斯特罗尼克斯公司如何利用供应链绩效管理提高采购灵活性？

● **综合实训**

供应链管理的绩效评价指标及评价体系运作

一、实训目标

本实训通过演示供应链管理绩效评价体系的构建与运作,模拟供应链绩效管理的绩效评价,使学生一方面了解供应链绩效管理的重要性,另一方面掌握供应链绩效评价中重要指标的应用。

二、环境要求

配备有计算机和"供应链管理"桌面实训卡的物流实训室。

三、操作步骤

1. 绘制供应链评价调查表。
2. 根据资料建立供应商供应链绩效评价指标体系。
3. 根据资料建立批发商、零售商供应链绩效评价指标体系。
4. 根据资料建立制造商供应链绩效评价指标体系。

四、实训报告

实训报告应包括实训内容、实训目的、实训步骤、具体做法和结论等。

项目 10 智慧供应链的创新

· 思政目标 ·

◎在具体实施供应链管理过程中,培养创新的思维方式。

· 知识目标 ·

◎理解智慧供应链创新的应用环境;
◎掌握智慧供应链的创新模式;
◎认识智慧供应链的发展趋势;
◎了解智慧供应链创新的实例。

· 技能目标 ·

◎能运用智慧供应链管理的相关理论对供应链创新状况进行分析;
◎能结合企业具体情况提出供应链创新的一些措施。

跨越速运智慧物流和一站式数字供应链

近年来,在构建以国内大循环为主体、国内国际双循环相互促进的新发展格局中,物流供应链模式该如何创新已成为物流行业热议的话题。跨越速运作为国内领先的现代化综合速运企业,对于这一问题,其在2021年参加以"双循环并重,供应链制胜"为主题的第十六届中国(深圳)国际物流与供应链博览会时,给出了自己的答案,即以智慧物流和一站式数字供应链为新驱动,将精准服务贯穿全业务流程,在业务处理、流程创新、服务客户等方面进行积极探索与实践,从而为客户提供基于行业的一站式全链路解决方案。比如针对生鲜行业,在应对中秋期间的大闸蟹配送时,跨越速运开发了独有的产地协同模式,依托跨越领鲜平台百万中高端积分客户流量及价值过亿的待消费积分,有效整合大闸蟹商家,做到全程冷链、专线专配、产地直发。在航空资源方面,跨越速运抢占了70%的腹舱资源,依托航空运力组网,有机场的地方就有跨越速运,实现全国各大机场全天候不间断提供航班服务,为大闸蟹鲜活到家寻求最快的运力保障。跨越速运自成立以来,始终坚持科技创新,用科技提升物流企业核心竞争力。近年来,企业利用大数据、云计算、人工智能、地理信息识别等物流科技,整合和跨越航空资源优势,为企业提供了"敏捷、高效、智能"的全链条"端到端"行业解决方案,助力企业实现可视、可管、可控的数字化、智能化综合物流服务。作为"智慧冷链仓网"的搭建基础,铸剑系统的运营将强大的中台系统和货车版地图系统相结合,通过模型建立、数据处理和系统的运筹学算法,进一步突破了行业"动态路由"的难题,不仅让"跨省8小时"的领先时效百尺竿头更进一步,还能提供更为高效的配载方案,通过重轻搭配,提升车辆装载率,解决"空返"等行业难题,从而进一步降低一票货成本。另外,企业努力为行业客户提供数智化管理与精细运营方案,提升企业管理效能,降低运营成本。截至目前,跨越速运已经在精密仪器、服装、3C电子等十多个生产物资板块形成了贯穿供应链上下游的智慧物流生态体系,为数万家企业实现物流降本增效的同时,也积累了海量的供应链大数据。跨越速运通过实践积累和创新,以数字化、标准化、产品化的理念打造产品解决方案,以科技服务升级助力企业经营链和价值链升级转型。"双循环"背景下的物流供应链创新正在带来全新的掘金机遇。对此,跨越速运在接下来的发展中,也将积极布局国际限时速运供应链,探索未来"一票制"多式联运的技术解决方案。

【分析】跨越速运的成功说明了"双循环并重,供应链制胜"的重要性,也说明了智慧供应链确实是发展趋势。物流供应链基于数字化、标准化不断进行创新,才能提供优质的物流服务。

资料来源:http://news.sohu.com/a/651348405_120996714.

任务 10.1　智慧供应链创新应用环境

10.1.1　供应链创新发展策略

供应链创新发展策略主要体现在如下几个方面。

第一,加强现代信息技术在企业发展中的应用。从国家层面看,应继续提高基础设施效能,为供应链更好发展提供有力支撑。具体来说,要加快建设低延时、更可靠、广覆盖、高安全的互联网基础设施,制定具有协同性的制造技术标准,支持制造企业、互联网企业、信息技术服务企业接入统一的数据平台,实现制造资源、制造能力和物流配送的开放共享,更好顺应当前制造服务化和服务制造化发展的大趋势。从企业层面看,则需构建和优化企业内部和产业间的协同平台,带动上下游企业形成完整高效、节能环保的供应链链条。

第二,不断深化供应链平台服务,支撑产业发展。供应链服务平台的大发展,能够快速、有效地促进上下游企业的协同发展,推动产业整体降本增效。未来,供应链服务平台企业应进一步聚焦细分环节,以专业化的服务推动业务的分离外包;并购整合渠道,以规模化的服务促进产业间的协同;重视创新要素,将数字、知识等供应链要素融入管理,推动供应链运营的智能化和集成化;运用好数据资源,以数字化技术解决信息不对称难题。在"去中介化"的趋势下,推动不同业务领域之间的协作,实现供应链的商品多元化、管理集中化、数据可视化和服务专业化,打造新型供应链服务业态。

第三,推动企业更深融入全球供给体系。从国家层面看,应坚定不移地推动全方位高水平对外开放,有效创建供应链的跨境合作网络。从企业层面看,大企业是深度嵌入全球市场的主要力量,是提升我国全球供应链话语权的重要支撑。

10.1.2　制造业供应链创新发展方向

2017年10月,国务院办公厅印发《关于积极推进供应链创新与应用的指导意见》,旨在通过供应链创新实现资源整合和流程优化,促进产业跨界和协同发展,加强从生产到消费等各环节的有效对接,降低企业经营和交易成本,促进供需精准匹配和产业转型升级,全面提高产品和服务质量。其中,制造协同化、服务化和智能化是未来供应链创新发展的方向。

(1)协同化。精益供应链等管理技术在制造业的广泛应用,将会完善从研发设计、生产制造到售后服务的全链条供应链体系,使得供应链上下游企业实现协同采购、协同制造、协同物流,大中小企业专业化分工协作,快速响应客户需求,缩短生产周期和新品上市时间,降低生产经营和交易成本。

(2)服务化。服务型制造公共服务平台的建立,将会有利于制造企业发展基于供应链的生产性服务业,向供应链上游拓展协同研发、众包设计、解决方案等专业服务,向供应链下游延伸远程诊断、维护检修、仓储物流、技术培训、融资租赁、消费信贷等增值服务,从制造供应链向产业服务供应链转型,提升制造产业价值链。

(3)智能化。感知技术在制造供应链关键节点的应用,将促进全链条信息共享,实现供应链可视化,而人机智能交互、工业机器人、智能工厂、智慧物流等技术和装备的应用,将极大地提高制造供应链的敏捷制造能力。

【案例分析10-1】

西安每一天便利店的智能化选址

西安每一天便利店正处于高速发展期,截至2017年8月,其各类线下门店总量接近800家;其中,直营门店的单店日均销售额超过7 000元,高于全行业平均水平。当时,公司计划从2017年起利用3年时间,打造以西安为中心的200千米便利生态圈和200米便利生活圈,包括发展3 000~5 000家连锁门店、实现单店日均进店客流2 000人等目标。这意味着公司平均每天要开5家左右新店,绝大多数在西安。这些新店的选址对公司业绩的影响很大。公司管理层感到过去的人工经验选址法越来越跟不上如今的开店需求,能否建立一个智能化的门店选址决策模型,来辅助公司应对快速增长的开店需求?

【分析】智能化选址,让数据说话,可以辅助公司做出正确经营决策。

10.1.3　供应链创新的基本原则

供应链创新的基本原则包括如下几项。

(1)坚持创新引领。以创新引领发展为根本路径,优化供应链创新生态,集聚供应链创新资源,以供应链创新推动形成产业转型发展竞争新优势,培育壮大发展新动能。

(2)坚持统筹协同。统筹大中小企业协同发展,既要注重"大而强"的核心企业,也要兼顾"小而精"的中小企业,突出宽领域、多维度的代表性。建立全局视野和系统思维,以供应链关键环节推动上下游全链条整合,以区域核心节点促进城市间供应链一体化协同。着眼国内大循环畅通高效,统筹国内国际双循环融合衔接。

(3)坚持融合发展。将现代供应链理念融入实体产业体系、组织管理、经营机制、业态模式等各领域,重塑和改造产业链、价值链,为传统产业转型与实体经济发展注入新动能,全面提升产业链、供应链发展层次。

(4)坚持巩固深化。巩固供应链创新与应用试点成果,结合新问题、新形势、新要求,深化拓展试点范围和任务,优化完善供应链治理机制和发展环境,形成培育供应链创新动能的长效机制。

任务10.2 中国智慧供应链的创新模式与发展趋势

10.2.1 中国智慧供应链的创新模式

21世纪的企业竞争,其实质是供应链的竞争。唯有通过更加柔性化的供应链模式来支持更加贴近用户的产品设计,支撑更加精准的市场营销,才能在商战中拔得头筹。因此,我们有理由相信,中国的供应链创新者将出现在那些理解并精通供应链知识工具,正在寻求通过供应链的创新而成为行业佼佼者的企业名单中。

一类是位居行业前列,并且已经拥有良好的供应链管理基础的企业。例如华为、联想、海尔、中粮、一汽等大型企业,以及那些虽然规模不大但在所谓的"Niche"市场中处于领先地位的中小型企业。

另一类是那些正在通过供应链的工具方法改造传统行业的平台企业。这类企业极有可能来自互联网行业或者属于行业B2B平台企业,因为它们在某些方面拥有独特的能力和技术,在与传统行业的碰撞中将迸发出新的灵感,并将这些灵感转化成一个个具体的行动方案去推进、去试错,从而创造出新的供应链模式。

以供应链金融来举例,近些年,我们惊喜地发现,在这些企业的推动下,供应链金融的模式正在发生快速的迭代更新。从过去的"1+N"模式,到"N+1+N"、互联网供应链金融,再到"未来区块链+供应链金融"的模式,中国必将成为供应链金融创新的前沿阵地!

从全球运输管理信息化的发展看,互联网的发展促进了SaaS软件的应用,oTMS运输协同平台解决了传统运输管理系统无法跨越运输链条的弊端,成为运输管理的发展方向。oTMS心怀一个伟大的梦想:改革中国运输产业,改善数千万运输产业中普通从业者的生活。

【案例分析10-2】

小米的经营战略

小米,一家年轻的公司,2013年8月实现新一轮融资时,被估值100亿美元!这意味着小米排在腾讯、阿里、百度后面成为中国第四大互联网公司,在硬件公司领域的排名则仅次于联想集团。在拥有上千个品牌、老手高手强手如林的中国手机市场,在 Moto、诺基亚等世界手机巨无霸都败得先后被人收购的年代,小米的仗怎么能够打得如此漂亮?它的供应链模式毫无争议地成为2013年的十大创新模式之一。这里不妨从产品定位、营销模式、盈利模式、供应链模式的角度对小米的经营战略进行解读。

(1)产品定位。小米将自己定位为苹果的补缺者,以侧翼战为主要战略形式,定位在手机"发烧友"这个市场,"为发烧友而生"!

(2)营销模式。小米采取的最重要的营销策略是饥渴营销模式,在当时,购买者如果没有F码,有钱也未必能在第一时间买到小米手机。在这个互联网时代,粉丝经济特征凸显,小米完全依靠社交媒体,走的是电商路线,大大地降低了营销成本,超高的性价比仍然保证了利润。

(3)盈利模式。单独卖手机的利润其实并不高,小米在卖手机的同时,还卖各种增值服务和衍生产品,通过打造互联网平台来实现盈利。2013年,小米推出了一系列粉丝需求的产品:盒子、电视、路由等。可以预测,未来的小米依托粉丝经济卖的将是智能生活。

(4)供应链模式。小米采取的是"C2B预售+电商模式交易渠道扁平化+快速供应链响应+零库存"策略。C2B预售在供应链资金流上得到重要的保障,同时,将传统的卖库存模式变革成卖F码,这是饥渴营销模式的重要一环。整个交易过程实现彻底扁平化,只有通过线上的途径才可以购买。然后通过需求集约来驱动后端的整个供应链,后端的供应链组织大概在2~3周内满足需求。这种供应链模式对于小米来说几乎是"零库存"管理,每一个动态的库存都属于顾客。

【分析】小米作为互联网思维颠覆传统行业供应链模式的革新者,将传统手机这一"重资产供应链组织模式"转变为"轻资产供应链组织模式",取得了令人称赞的成就。

10.2.2 中国智慧供应链的发展趋势

1. 以消费者为中心,服务化特性增强

近年来,新零售概念、新技术等使得供应链向着以消费者为中心的方向发展。未来消费者将成为供应链的"话语主导者"。消费者对所购买商品的售前和售后服务要求越来越高,越来越注重个性化、定制化。消费者需求的变化重塑了品牌商与消费者的链接,整个供应链向消费者驱动转型,企业内部供应链进行自我迭代,供应链的专业化、服务化能力增强。从传统供应链到智慧供应链,不再仅仅关注某一个环节或实现单一功能,而是从多功能服务到场景化服务等方面满足不断变化的客户消费需求。企业的研发、生产、营销、物流等活动都将以客户数据作为驱动力和决策依据,企业对全价值链进行数字化改造,包括对大数据、新技术、新平台、新金融和新制造等的全面升级,重塑供应链各环节。在未来的市场竞争中,具备供应链创新能力的企业将赢得先机。

2. 人工智能的发展为供应链打开新的大门

近年来,人工智能领域的投资增长迅猛。机器人、无人驾驶汽车、计算机视觉、虚拟助手、机器学习等热门领域吸引着人们的目光。目前,人工智能在大部分行业中的应用仍处于早期试验阶段,未来发展前景广阔。人工智能在整个供应链领域的每个环节都将发挥关键的作用。

例如,利用机器学习,通过分析生产、交货时间的历史变化,可以更好地预测交货日期和物流提供商的表现。人工智能赋能零售行业,智能零售以大数据和智能技术驱动市场零售新业态,优化从生产、流通到销售的全产业链资源配置效率。根据罗兰贝格预测,到2030年,人工智能技术将为中国零售行业带来约4 200亿元的降本与增益价值。从目前看,全球智能零售行业参与者主要以电商行业巨头与创业公司为主。各大巨头纷纷发力,包括亚马逊的Amazon Go、阿里巴巴的淘咖啡、京东X无人超市等。在智能零售供应链场景方面,美国的UPS在佛罗里达州测试了无人机送货;沃尔玛的"自提塔"正在全美大范围铺设;美团点评推出无人配送开放平台;京东正在打造以无人配送站、无人仓"亚洲一号"以及大型货运无人机"京鸿"等为一体的全生态智能零售物流体系。未来人工智能对于供应链的影响将不容忽视。

3. 科技赋能供应链,立足当下、触碰未来

区块链、3D打印、无人驾驶等技术的成熟,将为供应链带来巨大的影响和变革。运用新技术,可以推进供应链领域的标准化进程;物联网技术附能硬件,将逐步实现真正的万物互联。在未来10~15年,区块链的力量将凸显,实现信息价值化,从而推动基于价值和信用的交换更加高效、快捷、公平。利用技术还可以为供应链赋能,例如实现供应链可视化发展,涉及销售、市场、采购等业务,对消费者需求、网上库存、物流动态等信息进行可视化展示,从而实现更高效的管理。

4. 社交媒体的作用依然强劲

社交媒体对供应链的影响将继续深化。社交媒体数据无处不在,例如最近流行的小红书、微博、抖音等,网络平台的达人们定期讨论产品和服务需求,对消费者的导向作用不容忽视,进而影响相关制造商的生产计划,制造商将接收、处理大众通过社交媒体向他们提供的数据,据此进行供应链规划。随着互联网的发展,媒体日益活跃,线上线下整合加强,供应链仍需不断优化。

5. 全球化程度加深

2018年,全球首个以进口为主题的国际级博览会实现578.3亿美元的意向成交额;天猫双11全球购物节以2 135亿元的单日成交额创下全球电商纪录。"中国消费"下的全球进口和跨境电商成为拉动全球经贸平衡发展、实现互利共生的新便车。供应链系统正以全球化的视野延伸至整个世界范围。"一带一路"建设稳步推进,跨境电商也在快速发展。随着中国人口红利优势变弱,企业将生产外包到劳动力成本更低的国家,生产趋向于本地化,国际产能转移,供应链呈现全球化趋势。

6. 变革趋势明显

新经济背景下,新零售商业模式崛起,在其快速发展的驱动下,传统供应链领域亟须新的变革。例如,新零售对配送行业提出了革新需求,高频次、高效率的订单需求大大增多。面对新的发展模式,柔性、敏捷、智慧将成为未来供应链非常重要的特征,打造大数据支撑、网络化共享、智能化协作的智慧供应链体系成为未来供应链的发展趋势。数据挖掘与机器算法将会普遍用于供应链管理,让品牌商的实时供应链与市场的实际需求完美地连接起来,实现网络化

共享。供应链各个环节的智能化协作,将使整个供应链更具灵活性和敏捷性。

7. 向着网状协同的价值网络发展

当产品的需求是确定的,信息是少量、结构性的时候,供应链是链式结构。而在未来,当消费者海量个性化需求出现,数据也是海量、非结构化的时候,链式供应结构是很难满足市场需求的。随着分销渠道的整合,供应链企业由单一线性结构转向动态网状拓扑结构,由单一的"串联"转向"并联",互联网、物联网、大数据、云计算等技术推动供应链发展,未来供应链将呈现以资源共享、互融互通的信息平台为载体,以商业银行、信托、担保等金融实体为依托,采用智慧化的物流技术手段,共同构建动态高效、共生共享、多方互赢的供应链生态圈态势。

8. 绿色化发展

随着消费的升级和环保理念的传播,我国消费群体在追求产品服务质量的同时,也开始注重产品、消费行为以及消费方式的环保性,越来越关注绿色化发展。消费者与企业进行良性互动,注重构建绿色供应链体系,即产品从物料获取、加工、包装、仓储、运输、使用到报废处理的整个过程中,对环境的影响(副作用)最小,资源效率最高。供应链整体的绿色化水平对于物流绿色化发展起着至关重要的作用。物流环节实现环保和绿色化不单单要做到技术的升级,更要关注规模效应的影响。

9. 数字化转型升级加速

消费者需求驱动着技术赋能数字化供应链转型,大数据成为新的行业价值点。未来,企业对于供应链节点数据的分析将会越来越重视,深入挖掘数据背后的巨大价值,便于进行供应链管理以及及时应对消费者需求。未来的供应链是数据驱动的供应链。数据驱动可以优化仓储点及提升物流路线布局的效率。数字化将为企业带来业务增长,提升产品品质及客户体验,助力实现流程自动化。

10. 风险管控力度加大

供应链系统是一个复杂的系统,供应链风险来源于各种不确定的因素。例如,对于跨境电商来说,提高供应链安全水平对于保证货物的顺利跨界运输非常重要。越来越多的企业认识到供应链的重要性,开始加强供应链风险管控力度,采取了一系列措施,包括:建立并完善供应链的标准,提升商业信息分析与共享的能力;提升整条供应链的可见度;建立综合的追踪及监控系统;做好根源预防;开展过程检查与控制;建立精干有力的供应链安全管理队伍等。

【案例分析 10-3】

联通智慧供应链平台

中国联通集团于 2021 年初将原五家专业子公司合并,成立联通数字科技有限公司。联通数科公司定位为"可信赖的政企客户数字化转型服务商",全面整合"云、大、物、智、链、安"基础能力,构建包含"云、网、平台、数据、应用、集成、运营服务"在内的综合数字化产品和智慧运营体系,对内为集团基础数字化平台使能,对外为政企客户数字化转型赋能。联通数科以打造自主创新平台能力、产品和行业应用为核心,以多年服务政企客户积累的行业理解为基石,以遍布全国的营销和服务体系为触角,以解决客户的实际问题为导向,打造5G＋"ABCDE"(人工智能、区块链、云计算、大数据、边缘计算)融合创新的差异化竞争优势,引领各行各业数字化转型的新趋势、新方向和新征程,加速推动我国数字经济的高质量发展。未来,联通数科将不断提升在数字政府、智慧城市、生态环境、智慧文旅、数字国企、智慧医疗、智慧教育等领域的服务能力,为政企客户的数字化转型赋能,成为数字中国建设的"国家队"和"主力军"。

一、案例背景

为全面落实国家招投标法律法规及国资委"公开采购"要求,推进供应链创新与实践,实现数字化转型及智慧化升级,中国联通自2009年起,按照现代供应链管理理念,结合公司"聚焦、创新、合作"的企业发展战略及全面数字化转型要求,通过对供应链制度、平台与组织进行系统性重构,建立具有央企特色的现代供应链管理体系。随着管理水平和技术架构的不断升级,中国联通在成功实现供应链数字化转型的基础上,实施供应链智慧化升级,最终形成整合供应全链条的智慧化采购管理平台——联通智慧供应链平台。平台依托大数据、人工智能、区块链等技术,不断完善创新合作新生态,全面提升企业核心竞争能力。

二、主要做法

联通智慧供应链平台是企业专属采购管理平台,平台引入电商化采购模式,利用云技术、中台等先进技术,基于协同供应链管理的思想,配合供应链中各实体的业务需求,实现寻源采购、招标谈判、交易市场、利旧处置、财务结算的企业采购全流程闭环管理,使操作流程和信息系统紧密配合,做到各环节无缝链接,形成物流、信息流、商流和资金流四流合一,打造业财一体化的B2B采购平台。平台以供应链服务为载体,物流为基础,互联网为手段,打造跨界融合、共享共赢的智慧供应链商业生态圈,推动企业采购转型,为企业采购管理提供有力抓手。平台在不断迭代和发展中形成了"1＋6＋N"的产品体系。其中"1"代表可以提供一套核心全流程业务管理产品,涵盖从供应商入驻到资产处置的全供应链链条业务,实现企业供应链采购全流程管理;"6"代表产品六大核心业务板块,各核心板块间可以实现耦合和解耦,进而实现各核心板块能力的拆解和组装,提供不同产品模块能力的支撑;"N"则代表了平台可进一步细化,将业务管理中各个应用场景能力拆解,形成独立型业务支撑类产品。

三、亮点和特色

联通智慧供应链平台的亮点和特色主要体现在如下几个方面。

(1)全流程、全业务覆盖平台整合了采购管理、电子招标、电子合同、订单交易、统一结算、库存物流、物资处置等全流程供应链业务,实现流程贯通、数据共享,彻底解决供应链管理中信息孤岛的问题。针对供应链中不同业务场景,提供电子谈判室、仓储监控、积分商城、福利商城、商旅商城、利旧商城、扶贫商城等专有解决方案,满足供应链管理中各个业务场景的需要。

(2)结构化、标准化体系平台基于结构化的目录体系,将目录属性信息应用于采购需求编制、招投标过程中;根据采购场景创建标准采购模板库,应用信息化手段固化采购管理要求,统一采购方案编制标准,规范采购人员行为,降低差错率,稳定采购效率;将采购管理制度嵌入招采过程,实现流程标准化、文件模板规范化、内容编辑结构化、业务场景化的统一采购管理模式。

(3) 多层级、多租户架构平台支持集团型企业多层级架构体系,既满足集中采购的统一管理和供应需求集中,又满足各层级单位、分子公司自行采购、独立结算的需求。除此之外,平台还通过数据隔离方式满足多租户主体的采购管理个性化定制需求和数据保密要求。

(4) 数字化、智慧化交易平台基于人工智能、大数据等技术应用,针对人、财、物、风险防控等数字化运营场景,深挖供应链价值,着力于降本增效,不断完善供应链体系。在不断迭代过程中,实现了智能评标、供应商智能推荐、业会智能核对、需求计划智能预测和提醒、商品智能推荐、智能巡检、库存自动预警、自动价格检测、供应商画像等智慧化场景的应用。

(5) 可视化、自主化报表平台具有完备的大数据分析能力,通过采用大数据分析方法将企业供应链数据进行整合,为企业管理层提供精细、丰富的采购、财务统计分析报表。同时,针对关键指标提供可视化报表,将报表组合形成领导数据驾驶舱,辅助管理层决策。除此之外,还支持报表维度的自定义,业务部门可根据数据需求自行生成报表。

(6) 标准化、成熟化对接平台能够打通内外部信息系统数据流,针对外部供应和内部信息系统,提供标准的系统接口;能够完美对接 Oracle、SAP、用友、金蝶等主流 ERP 管理系统,实现组织人员数据实时同步、预算信息实时校验、合同信息实时绑定、自动转资、自动制证、自动报销等功能。另外,平台具备完美适配麒麟操作系统、人大金仓数据库、达梦数据库等主流信创环境的能力,目前已完成信创厂商认证,获得认证证书 16 项,平台完全实现自主可控。

四、取得成效

(一) 内部成效

1. 规范提升

联通集团依托联通智慧供应链平台实现了采购全流程的公开和"阳光采购"的全覆盖。同时,大幅提升了采购管理水平,实现供应链的全面风险防控。

2. 效率提升

联通集团依托联通智慧供应链平台,实现了采购方式的创新、运营流程的优化、审批层级的减少,同时大幅提高了供应链全环节协同效率。

3. 效益提升

联通集团依托联通智慧供应链平台,实施集中采购模式,有效提升规模效益。另外,通过创新询价直购方式,实施对标市场的敏捷交易,实现精细化提升运营效益的成果。尤其在近三年里,集采资金节约率达到 22.7%,总节约成本超百亿元,物资效益提升近 50 亿元。借助联通智慧供应链平台,公司降低了供应商准入门槛,能够广泛招募合格供应商入驻,持续扩大服务范围,满足公司"大连接、大计算、大数据、大应用、大安全"五大主责主业的物资需求。同时,上线 10 余项数字化创新应用、100 项服务专区,助力联通特色供应链管理应用全面发展。

(二) 外部成效

在外部推广方面,联通始终不忘推动国家数字化建设的使命,在提升自我供应链管理水平的同时,不断帮助其他企业完成供应链数字化转型。目前已经积累包括通信、保险、银行、建筑、交通、能源、化工等十大行业的供应链转型经验。联通智慧供应链平台已经帮助 40 多家企业实现供应链管理的数字化过渡,累计实现超过千亿元的交易值。展望未来,中国联通将继续行走在供应链建设的路上,不断将内外部供应链建设的经验、能力输送给各类企业,为中国数字化供应链建设提供助力。

资料来源：https://www.iot101.com/news/5649.html。

【案例分析 10-4】

物流智慧供应链领域创新举例

  在物流供应链领域技术创新方面，哪些让你难忘？是达摩院"小蛮驴"的广泛落地，还是美团无人机试航？是智加科技、华润万家、车夫网完成国内首次零售商超仓到仓自动驾驶运营，还是双 11 赢彻科技量产自动驾驶卡车为买家送货？是霍尼韦尔推出新一代多层穿梭车系统还是顺丰完成首例遥感测试卫星运输业务？站在行业视角，下面是供应链数智化、智能仓储、无人驾驶、车联网、碳中和等方向代表性技术创新案例，以及在全渠道探索方面的模式创新代表。

  一、京东物流——京慧 2.0

  京东物流是行业当中科技探索与应用的典型。在 2021 年的全球智能物流峰会（GSSC）上，京东物流一口气发布了四大技术产品：京慧 2.0、京东物控、三代天狼以及第五代智能快递车。其中，京慧 2.0 是京东物流基于对市场需求、产业的洞见而打造的集供应链咨询规划、供应链智能系统、供应链专家运营于一体的数字化供应链服务解决方案。相比于 1.0 时期的软件服务产品，京慧 2.0 着力打造的服务解决方案是从精准满足用户需求出发，逐渐从单环节系统服务走向整体运营，关注点从效率转向效益，致力于通过供应链设计、智能决策和精细化运营实现供应链优化和价值增值，助力企业实现供应链数智化的战略转型。图 10-1 为京慧 2.0 供应链服务全景。

图 10-1 京慧 2.0 供应链服务全景

  据介绍，京慧 2.0 已经在快消、服饰、3C、家电、家居、汽车等六大行业服务着数万家企业，管理着百万量级的商品，为众多企业带来贯穿供应链全域的效益改善，实现高可靠、高响应、低成本、高效率的供应链管理目标。

二、极智嘉——新一代货到人拣选方案 PopPick

2021年,围绕着仓储自动化、智能化,我们看到了先锋企业的大量创新探索,比如极智嘉。对于仓储物流自动化来说,存储、效率和成本这三个指标往往无法兼顾,不同行业的仓储运营难以用一套解决方案去解决所有难题。极智嘉在2021年10月份推出新一代货到人拣选方案PopPick,通过超高吞吐、超高兼容、超高存储和超低成本四大优势,助力不同行业的客户破解运营难题。图10-2为PopPick工作站。

图 10-2　PopPick 工作站

据介绍,基于订单预测与智能理货算法,PopPick工作站能够在夜间或者闲时自动理货以提高货架订单命中率。目前,PopPick解决方案可以做到单趟搬运60个料箱,一次搬运命中10个料箱。P系列潜伏式搬运机器人的路径丰富,因此机器人在整个场地的布局中密度能够做到最大化。PopPick工作站也符合人体工学设计,双点箱式拣选效率可达650箱/小时/工位。数据显示,PopPick通过货箱间距极限压缩和配合四向车拓展高层空间的方式,实现存储能力较人工仓提升4倍的领先优势。不仅如此,其大、中、小件全兼容,货箱、货架、托盘全融合,支持整托、整箱和拆零拣选的模式,同时支持集货。此外,PopPick成本仅为传统方案的50%。

三、旷视科技——3A 智慧物流解决方案

我们也注意到,AI技术在仓储物流的应用有了新进展。如业内所知,在现阶段,柔性物流建设普遍面临快速交付和不易部署等切实痛点。为此,旷视科技推出3A(AS/RS+AMR+AI)智慧物流解决方案,通过智慧物流操作系统"旷视河图"实现整体调度,将传统AS/RS自动化物流系统与新兴AMR柔性物流系统接口打通,实现有机集成。同时,凭借底层AI技术,通过视觉感知和算法赋能仓储物流,切实帮助客户降本增效、简化管理。图10-3展示了旷视科技的智慧物流操作系统。

该方案包括一系列模块化的产品和子系统方案,可根据不同场景需求灵活配置,满足批量储存/快速进出、柔性化/可扩展等需求,并将AI赋能各个环节,提供最优的整体解决方案。目前,该方案也已在多个行业落地应用,如助力国控广州在边改造、边生产的情况下实现数智化升级,改造后的物流中心整体效率提升25%,作业完成时间提前2小时,未来五年内将节约上千万元成本。

项目10 智慧供应链的创新 261

图 10-3　智慧物流操作系统

四、灵动科技——"Pick2Go"AMR人机协作拣选解决方案

作为第四代移动机器人企业代表,灵动科技首推"Pick2Go"AMR人机协作柔性拣选方案。该方案通过一人拣多车、一车对多人、人车相汇、动态分区模式赋能仓库拣选,实现流程优化、降本增效。在收到客户订单后通过对接 WMS 系统,灵动科技将订单对应到各个货位,并判断订单密集程度,据此划分冷、热拣选区,选区也会根据订单变化而不断调整。在订单密集区,采用"Hive Mode"(包围模式)拣选策略,人员只需在划分的区域内依次配合 AMR 拣选即可,人的移动范围小;针对货物少且分散的冷区,则采用"Pilot Mode"(跟随模式)接力拣选策略,人员与 AMR 相遇后,AMR 引领人员以最优路线进行协作拣选,一辆 AMR 协作拣选任务完成后,灵动科技会引导另一辆 AMR 在最后一处拣货位旁等待人员继续进行任务协作,上一辆 AMR 则自主导航至下一拣选区完成接下来的拣选任务。图10-4 展示了 AMR 人机协作拣选系统。

图 10-4　AMR 人机协作拣选系统

灵动科技"Pick2Go"具备"无痕迹部署、零成本迁移、自适应业务、一分钟上手"的特点,可以用一半投资带来两倍的拣选效率,实现人效、坪效双提升。此外,"Pick2Go"无须改造仓库和现有软件流程,并可覆盖广泛的仓库类型。目前,灵动科技"Pick2Go"已在50多家仓库上

线,拣选效率提升 50%～200%。

五、主线科技——L4 级自动驾驶卡车

自动驾驶迎来了一系列政策利好,企业在技术创新和商业落地方面也收获了新进展,比如主线科技率先开启自动驾驶卡车的规模化商业应用。据悉,2021 年,主线科技率先实现港口无人驾驶,集卡累计交付量破百台,参与了天津港、宁波舟山港、中海油、招商局港口等多个国内智慧物流枢纽项目。同时,主线科技率先在国内开启干线物流自动驾驶运营业务,目前已构建一支规模达数十台的干线物流自动驾驶卡车车队,并与京东物流、申通快递、德邦等物流企业开展专线运输业务合作。主线科技自主研发的 L4 级自动驾驶卡车,将带来更高效、更安全、更经济的物流运输服务,可使燃油成本降低 10% 以上,极大推动物流数智化升级,提升管理与运营效率。

六、准时达——智慧供应链协同平台 Juslink

新冠疫情影响之下,供应链与跨境物流依然是业内外关注的重点。"保障产业链供应链稳定畅通"的提法频频出现在各种文件与新闻之中,而这既离不开一批企业保供,也离不开技术的支撑。作为富士康科技集团授权的供应链科技管理平台服务公司,准时达凭借服务国际知名制造业企业累积的全球化平台供应链管理能力,助力制造业品牌出海。其率先在行业提出"从原材料采购端到工厂制造,再到终端消费环节"的端到端供应链整合解决方案——C2M2C。此外,准时达还运用先进的科技研发实力,构建供应链科技超级智慧大脑——准时达 Juslink 数字化供应链实时协同平台,该平台基于庞大的数据信息链接能力,集合全球范围的海陆空等综合物流资源,提供从采购、运输、仓储到关务的全产业供应链解决方案,实现供应链端到端的无缝对接与协同配合,通过供应链高效协作和赋能,帮助全球企业降本增效,提升供应链效率。图 10-5 展示了准时达 Juslink 数字化供应链实时协同平台。

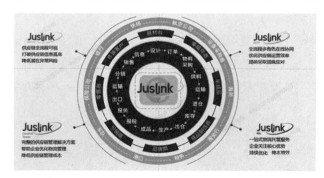

图 10-5　准时达 Juslink 数字化供应链实时协同平台

七、安得智联——"一盘货"统仓统配模式

零售领域的革新依然遍地开花。在这当中,线上线下融合、全渠道一盘货是重要的发展方向,而这就需要在物流供应链方面提供创新支撑。在该方面,安得智联堪为典型代表——其通过 BC 一体、"一盘货"助力企业全域增长。

以安得智联"一盘货"统仓统配模式为例,基于此安得智联提升了制造业柔性化、敏捷化生产的能力,解决了传统销售渠道压货、库存高、产销协同难等核心痛点,支持企业应对全渠道融合变局,把线上线下渠道的库存融合为"一盘货",促进库存的充分共享与快周转,建立更高效、

更具竞争力的供应链体系,协助企业推动渠道升级与供应链效率优化。安得智联"一盘货"统仓统配解决方案已在家电3C、家居、日化、食品母婴、饮料酒水等多行业中成功应用。数据显示,在启动美的"T+3"项目变革后,美的在全国的仓库从2 200多个减少到136个,仓库数量下降了95%;550多万平方米的仓库面积减少到了160多万平方米,整个仓库面积下降70%;订单的交付周期也从原来的45天缩短到了20天,而行业整体周期为40余天;库存周转天数从51天下降到35天。在库存大幅下降的同时,仓库效率大幅提升。

八、达达快送——"仓拣配"全链路即时履约服务

多家巨头将同城零售放在了更加重要的位置。而要发力于此,同样需要物流底盘支撑。作为在这一领域率先布局者,达达集团也在通过多种探索提升自身竞争力。比如,2021年,达达快送首次正式发布"仓拣配"全链路即时履约服务全景图,基于海博系统、沧海系统、智慧物流系统等数智化能力,对门店仓储、拣货、配送三大环节进行全面升级,致力于为商家和消费者带来即时履约的极致体验。图10-6展示了达达快送"仓拣配"全链路。

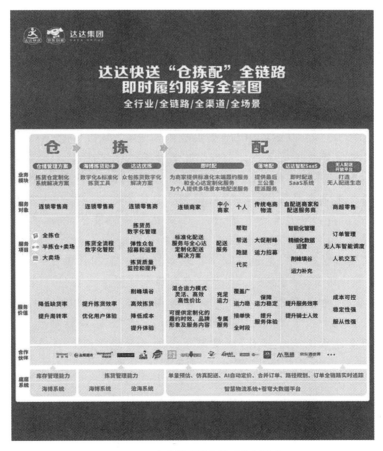

图10-6　达达快送"仓拣配"全链路

在"仓"的环节,根据不同商家业态、单量规模的具体需求,提供门店拣货仓定制化系统解决方案,帮助商家打通线下库存、降低缺货率、提升库存周转率。

在"拣"的环节,达达优拣依托沧海系统,在业内首创众包拣货数字化解决方案,助力商家

招募众包拣货员,实现拣货作业、拣货管理的数字化和产品化,提升全渠道订单拣货的效率和质量。

在"配"的环节,针对连锁品牌商家,达达快送基于灵活、高效、高性价比的混合运力模式,可以为商家提供全品类、全渠道、全时段、全距离的即时配送。依托智慧物流系统和苍穹大数据平台,达达快送还在无人配送、达达智配等新领域进行了探索和布局。

资料来源:https://baijiahao.baidu.com/s?id=1720460213796283395&wfr=spider&for=pc.

【案例分析 10-5】

海尔 COSMOPlat 供应链创新模式成功经验

为推进全国供应链创新与应用试点,2019 年,商务部在青岛举办两期全国供应链创新与应用试点工作培训,来自各省市商务厅有关负责人、全国 55 个试点城市商务主管部门和 266 家试点企业代表参与培训。作为全国首批供应链创新与应用试点企业,海尔的 COSMOPlat 被推荐为此次培训的唯一现场学习样板,旨在总结、复制、推广试点经验。

第一期培训时间为 7 月 30 日至 8 月 2 日。8 月 1 日下午,商务部建设司副司长郑书伟一行来到海尔工业智能研究院参观调研,深入了解 COSMOPlat 供应链方面的创新举措。同时,学员们走进海尔互联工厂和 COSMOPlat 行业赋能万里行"移动体验中心",深入参观学习海尔 COSMOPlat 供应链智慧生态系统的创新与实践成果。

2017 年 10 月,国务院办公厅发布《关于积极推进供应链创新与应用的指导意见》,其中提出到 2020 年,形成一批适合我国国情的供应链发展新技术和新模式。海尔 COSMOPlat 积极响应国家战略,打造供应链智慧生态系统,致力于满足用户的最佳体验,实现供应商、企业、用户全链条的价值增值,为供应链创新与应用提供了新思路。

根据此次全国供应链创新与应用试点工作培训日程安排,8 月 1 日下午,学员们来到海尔智研院,参观体验了全球首个"智能+5G"大规模定制验证平台。在中德生态园海尔滚筒洗衣机互联工厂和海尔中央空调互联工厂,来自全国 266 家试点企业的代表们深入了解 COSMOPlat 打造的"用户交互定制平台""精准营销平台""开放设计平台""模块化采购平台""智能制造平台"等全流程七大子平台,感受与用户的零距离交互。商务部有关负责人指出:"海尔 COSMOPlat 能紧贴用户需求,用大规模定制的方式进行供应链创新,是值得推广的模式。"

为配合此次培训活动,海尔 COSMOPlat 行业赋能万里行"移动体验中心"展示了平台、科技以及生态赋能创新成果,现场展示的 COSMOPlat 供应链智慧生态系统产品解决方案及应用案例吸引了众多企业负责人交流互动,大家高度认可 COSMOPlat 跨行业、跨领域生态赋能的创新实践,并期望能够与平台合作,实现企业由传统大规模制造向大规模定制的转型升级。

海尔 COSMOPlat 积极探索供应链创新与实践。从流程再造到模块化,到互联工厂,再到工业互联网平台,海尔创造了一种以用户体验取代计划的供应链新模式,满足用户个性化需求,逐步形成高精度下高效率的智慧供应链生态系统。海尔在"人单合一"管理模式下,率先开启了物联网时代的生态品牌建设。海尔COSMOPlat创新供应链将走向物联网、智慧化、模块化,通过跨行业、跨领域的赋能与实践,推动各行业供应链的整合优化,形成可复制的供应链新模式,为供应链的管理创新提供新的思路。

资料来源:http://lifeforever.cn/?h=home&c=newsdetail&a=index&id=313250.

● 基本训练

☐ 知识题

1.1 阅读理解

1. 如何理解智慧供应链创新的趋势?
2. 简述智慧供应链创新的模式。
3. 分析智慧供应链创新的环境。
4. 供应链创新的基本原则是什么?
5. 供应链激励模式的具体内容是什么?

1.2 知识应用

1. 判断题

(1)传统的供应链效果好,不需要创新。(　　)

(2)海尔创造了一种以用户体验取代计划的供应链新模式,满足用户个性化需求,逐步形成高精度下高效率的智慧供应链生态系统。(　　)

(3)京慧2.0是京东物流基于对市场需求、产业的洞见而打造的集供应链咨询规划、供应链智能系统、供应链专家运营于一体的数字化供应链服务解决方案。(　　)

(4)供应链创新不应坚持融合发展。(　　)

(5)供应链平台要不断深化服务,支撑产业发展。(　　)

2. 选择题

(1)供应链创新的基本原则有(　　)。

A. 坚持创新引领　　　　　　　　B. 坚持统筹协同

C. 坚持融合发展　　　　　　　　D. 坚持独立创新

(2)达达快送首次正式发布"仓拣配"全链路即时履约服务全景图,基于海博系统、沧海系统、智慧物流系统等数智化能力,对门店(　　)三大环节进行全面升级。

A. 仓储绩效评价体系　　　　　　B. 拣货

C. 配送　　　　　　　　　　　　D. 运输

(3)中国联通智慧供应链平台不断完善创新合作新生态,全面提升企业核心竞争能力,采用的技术依据是(　　)。

A. 平台依托大数据　　　　　　　B. 人工智能

C. 区块链　　　　　　　　　　　D. 云技术

(4)海尔COSMOPlat创新供应链将走向(　　)。

A. 物联网　　　　　　　　　　　B. 智慧化

C. 模块化　　　　　　　　　　　D. 规模化

(5)海尔COSMOPlat积极响应国家战略,打造供应链智慧生态系统,致力于满足用户的最佳体验,实现(　　)全链条的价值增值,为供应链创新与应用提供了新思路。

A. 供应商　　　　B. 合作伙伴　　　　C. 企业　　　　D. 用户

☐ 技能题

实训内容:在当地调查一个企业,了解其供应链管理概况。

实训目的:要求学生分析该企业在供应链创新方面的主要特征和所采取的方法。

实训要求:仔细观察,认真听讲解;结合所学知识进行认真思考。

● 综合案例

阿里巴巴:社会化平台供应链整合模式

2013年,马云在物流供应链领域可算大火了一把。先盘点一下2013年马云与物流供应链相关的大动作:

(1)年初,马云宣布颠覆传统银行,在商流、物流基础上延伸出来做供应链金融服务;

(2)4月29日,阿里巴巴以5.86亿美元购入新浪微博约18%的股份;

(3)5月10日,阿里巴巴以2.94亿美元投资于高德地图,获得28%的股份;

(4)5月28日,整合"三通一达"和顺丰,启动菜鸟网络;

(5)6月,天猫将"八万单车厘子"C2B预售模式从美国引入中国;

(6)9月,马云宣布将阿里大物流并入菜鸟;

(7)11月初,阿里巴巴"淘工厂"试运营,整合供应链前端平台;

(8)双11期间,全面启动O2O战略;

(9)12月5日,以28亿港币投资于海尔日日顺,这是年底的收官之作。

从上述这些大动作可以看出马云的平台供应链整合步伐。阿里巴巴的整合模式完全是利用社会化的平台进行整合,2013年是全面布局的一年,但从这个布局可以看出,阿里巴巴是在组织未来互联网经济时代的社会供应链平台的一张大网,可以从如下几个方面进行解读:

(1)收购新浪微博,是从用户需求角度出发,为实现精准的用户需求数据挖掘和电商前端营销打埋下的重要手段,从供应链角度来看,是抓住用户需求的前端;

(2)淘宝、天猫等平台控制的是商流,同时还有聚划算等平台;

(3)支付宝、余额宝和阿里金融控制的是资金流;

(4)启动菜鸟网络整合快递企业,同时在全国核心城市圈地,年底投资于海尔日日顺,控制全国2 800个县级配送站、26 000个乡镇专卖店、19万个村级服务站,这一切都是布局中国电商物流的一张大网;

(5)阿里巴巴的"淘工厂"试运营,这是以虚拟工厂供应链模式——"整合制造+代工"推动C2B的大战略,从中可以看出马云力推C2B的决心;

(6)最后,用大数据将整个供应链串起来,驾驭整个供应链。

问题:试分析阿里供应链整合的社会价值。

● 综合实训

我国智慧供应链创新与应用的研究重点

一、背景资料

在既有的关于智慧供应链的学术文献中,不论是理论研究,还是产业应用以及政策设计类的研究,真正考虑到智慧供应链区别于传统供应链典型特征的学术研究成果仍旧非常有限。实际上,智慧供应链具有许多区别于传统供应链的典型特征,如智慧特征、技术特征、管理特征以及组织特征。智慧特征是智慧供应链的综合表现,它体现在供应链全程运作的可视化、可感知、可调节;技术特征体现在智慧供应链高度融合智能技术和供应链决策技术,从而具有前瞻性;管理特征体现在智慧供应链的柔性化管理和快速响应机制;组织特征体现在供应链多主体的特征,需要协调供应链上下游各个相关主体的利益。因此,如何充分考虑这些关键特征,研究智慧供应链的创新与应用问题将成为学术研究的重点。

智慧供应链是一种全球范围内正在兴起与迅速发展的组织形态,世界各国都在积极推进智慧供应链的创新与应用。然而,由于国情不同,各国在智慧供应链的产业实践和政策制定实施方面存在不少显著差异,国外相关理论与经验并不能完全适用于中国的智慧供应链发展实践。因此,迫切需要考虑中国智慧供应链的发展现状,围绕中国企业智慧供应链创新的典型实践特点,深刻揭示其创新模式与创新路径,从而制定出既符合中国实际情况又与国际接轨的产业政策体系。

二、实训目的

明确我国供应链创新的模式。

三、实训要求

收集关于中国企业智慧供应链创新的典型实践资料,探讨我国智慧供应链创新的路径。

参考文献

[1] 曹惠清.零售企业的供应链管理战略探析[J].改革与开放,2009(09):68-69.

[2] 陈积光,周蜜.基于泛在电力物联网的智慧供应链研究[J].控制工程,2020,27(06):1098-1102.

[3] 陈子侠,蒋长兵,胡军.供应链管理[M].北京:高等教育出版社,2005.

[4] 高文华,王桂花.供应链管理[M].北京:清华大学出版社,2009.

[5] 何开伦.供应链管理[M].武汉:华中科技大学出版社,2010.

[6] 姜方桃.集成化供应链管理的绩效评价研究[D].南京:河海大学,2006.

[7] 蒋新梅.论供应链战略联盟[J].物流科技,2008(08):119-121.

[8] 李华焰,马士华,林勇.供应链整体绩效驱动及其平衡分析[J].决策借鉴,2002(05):13-18.

[9] 李雅雯,汪丽,牛影.智慧供应链下供应链金融创新发展新模式研究[J].中外企业家,2020(20):60-61.

[10] 刘宝红.采购与供应链管理:一个实践者的角度[M].北京:机械工业出版社,2015.

[11] 刘跃,楚实.制造业供应链一体化能力构建问题与对策[J].改革与战略,2010,26(06):159-162.

[12] 柳艳娇,朱天高,龚云峰.大数据对供应链物流管理发展影响分析[J].商场现代化,2019(16):65-66.

[13] 罗明,刘元洪,马卫.面向制造业供应链的管理信息系统[J].中国市场,2007(41):96-99.

[14] 马丽娟.关于供应链绩效评价的探讨[J].现代管理科学,2005(10):94-95.

[15] 马士华,林勇.供应链管理[M].北京:机械工业出版社,2014.

[16] 阮喜珍.生产与运作管理实务[M].大连:东北财经大学出版社,2023.

[17] 沈莹.供应链管理[M].北京:北京交通大学出版社,2008:134-135.

[18] 王丹,吕本富.企业不同发展阶段的供应链管理战略规划[J].管理评论,2004(02):45-48+64.

[19] 王晋,颜浩龙.智慧供应链视角下零部件产业智能化升级模式研究[J].物流科技,2020,43(07):128-130.

[20] 徐贤浩,马士华,陈荣秋.供应链绩效评价特点及其指标体系研究[J].华中理工大学学报(社会科学版),2000(02):69-72.

[21] 张彤.大数据背景下智慧物流业务体系构建与运营[J].商业经济研究,2019(21):86-89.

[22] 大卫·辛奇-利维,菲利普·卡明斯基,伊迪斯·辛奇-利维.供应链设计与管理:概念、战

略与案例研究[M].季建华,邵晓峰,译.北京:中国人民大学出版社,2010.

[23] 肯尼斯·莱桑斯,布莱恩·法林顿.采购与供应链管理[M].鞠磊,吴立生,张晶,译.北京:电子工业出版社,2007.

[24] 乔恩·休斯,马克·拉尔夫,比尔·米切尔斯.供应链再造[M].孟韬,张丽萍,译.大连:东北财经大学出版社,2003.

[25] 苏尼尔·乔普拉,彼得·迈因德尔.供应链管理:战略、计划和运作[M].刘曙光,吴秀云,等,译.北京:中国人民大学出版社,2014.

[26] 唐纳德·J.鲍尔索克斯,戴维·J.克劳斯,M.比克斯比·库珀,等.供应链物流管理[M].梁峰,译.北京:中国人民大学出版社,2021.

与本书配套的二维码资源使用说明

　　本书部分课程及与纸质教材配套数字资源以二维码链接的形式呈现。利用手机微信扫码成功后提示微信登录,授权后进入注册页面,填写注册信息。按照提示输入手机号码,点击获取手机验证码,稍等片刻收到 4 位数的验证码短信,在提示位置输入验证码成功,再设置密码,选择相应专业,点击"立即注册",注册成功(若手机已经注册,则在"注册"页面底部选择"已有账号立即注册",进入"账号绑定"页面,直接输入手机号和密码登录),即可查看二维码数字资源。手机第一次登录查看资源成功以后,再次使用二维码资源时,只需在微信端扫码即可登录进入查看(如申请二维码资源遇到问题,可联系宋焱:15827068411)。